日中戦争の国際共同研究
6

日中終戦と戦後アジアへの展望

Sumio Hatano　*Toru Kubo*　*Motoya Nakamura*
波多野澄雄・久保亨・中村元哉 編

慶應義塾大学出版会

『日中戦争の国際共同研究』(第 6 巻) に寄せて

　2001年に始まった「日中戦争の国際共同研究」は17年目を迎えました。その発案は、エズラ・ヴォーゲル教授(ハーヴァード大学アジア・センター長)と山田辰雄教授(慶應義塾大学)との国際文化会館における同年初頭の会合から生まれました(肩書は当時のもの)。ヴォーゲル教授は、とくに日中間の歴史問題をめぐる紛糾に強い懸念と憂慮を示され、その解決のための一助として日米中3国の研究者による日中戦争の国際共同研究を提唱されました。日中戦争の問題を日中両国の研究者で取り上げる試みはそれまでも行われていましたが、第三国の研究者を交えることにより、より円滑な対話を促し、異なる視点の導入や視野の拡大を意図されたものであったといいます。

　山田教授もこれに賛同され、他の協力者とともに、国際共同研究の推進のため日本組織委員会[1]を立ち上げ、活動の趣旨として、(1) 若手研究者の研究支援と成果の国際的発信の奨励、(2) 関係資料の発掘と公開、(3) 政治的・感情的要素を排し、客観的事実の解明とそれに立脚した研究の推進、の3点を確認しました。これらの趣旨を踏まえ、日本組織委員会は、「日中戦争に関する国際共同研究」の開催とその成果の刊行を主な事業としてきました。組織委員会は、戦争の多面的な把握とトータルな理解をめざし、とくに若手研究者の国際的な対話と発信を後押しすることをねらいとして、以下6回の国際会議を開催し、その成果を慶應義塾大学出版会の協力を得てシリーズ「日中戦争の国際共同研究」として刊行してきました[2]。

第 1 回「中国地域政権」2002年6月25〜28日、ボストン・ハーヴァード大学
　姫田光義・山田辰雄編『中国の地域政権と日本の統治』(2006年)
第 2 回「日中戦争の軍事史(1937-1945)」2004年1月4日〜7日、ハワイ・マウイ島

波多野澄雄・戸部良一編『日中戦争の軍事的展開』(2006年)
第3回「日中戦争期の中国における社会と文化」2006年11月23日～26日、箱根
　　E・ヴォーゲル・平野健一郎編『日中戦争期中国の社会と文化』(2010年)
第4回「日中戦争の外交と国際関係」2009年9月6日～11日、重慶
　　西村成雄・石島紀之・田嶋信雄編『国際関係のなかの日中戦争』(2011年)
第5回「第二次大戦下の日中戦争」2013年9月13～16日、重慶
　　久保亨・波多野澄雄・西村成雄編『戦時中国の経済発展と社会変容』(2014年)
第6回「日中戦争とそのアジアへのインパクト」2015年12月26～27日、台北

　本書は「総論」と「あとがき」に記されているように、2015年12月に台北で開催された第6回目の国際会議の成果ということになります。
　それぞれの巻のねらいや母体となった国際会議の概要などの詳細については、各巻の「まえがき」などに譲りますが、多くの内外の研究者の協力を得て、組織委員会のねらいはおおむね達成されつつあるといえましょう。会議参加者の地域的分布のみを取り上げても、当初は日本、中国、台湾、米英に限られていましたが、会議を重ねるにつれグローバルなものとなり、第5回重慶会議や第6回台北会議の参加者はそれぞれ100名を超え、10カ国・地域にも広がってきています。また、それぞれの会議のテーマも、日中戦争をめぐる政治・軍事・外交から社会・文化、経済発展と社会変容、そして今回の日中終戦というように、戦争のひろがりと衝撃の大きさの深い意味を問いかけるシリーズとなったものと自負しています。
　日中間の政治的関係が必ずしも進展していない今日、シリーズ全体として、日中戦争はなにゆえに「抗日戦争」たり得たのか、また、その国際的意味は何か、といった根源的な問いかけに思いを馳せていただければ、これに優る喜びはありません。

　　2017年8月9日

　　　　　　　　　　　　　　　　　　　　　　　　　　編　者

注
1）発足時の組織委員会メンバーは、山田辰雄（慶應義塾大学）、姫田光義（中央大学）、平野健一郎（早稲田大学）、西村成雄（大阪外国語大学）、石井明（東京大学）、本庄比佐子（東洋文庫）、加藤幹雄（国際文化会館）、山本有造（京都大学）、波多野澄雄（筑波大学）。各氏の所属は発足当時。

　　現在のメンバーは、西村成雄（大阪大学名誉教授）、波多野澄雄（筑波大学名誉教授）、久保亨（信州大学）、中村元哉（津田塾大学）。

2）外国語による出版は以下の通りです。

・Stephen R. MacKinnon, Diana Lary, and Ezra F. Vogel, eds., *China at War: Regions of China, 1937-45*, Redwood City, CA: Stanford University Press, 2007.
・Mark Peattie, Edward Drea, and Hans Van de Ven, eds., *The Battle for China: Essays on the Military History of the Sino-Japanese War*, Redwood City, CA: Stanford University Press, 2011.
・楊天石他編『戦時中国各地区』北京：社会科学文献出版社、2009年。
・楊天石他編『戦略与歴次戦役』北京：社会科学文献出版社、2009年。
・楊天石他編『戦時中国的社会与文化』北京：社会科学文献出版社、2009年。
・楊天石他編『戦時国際関係』北京：社会科学文献出版社、2011年。

目　次

『日中戦争の国際共同研究』（第6巻）に寄せて　　i

総論　日中終戦と戦後アジアへの展望　　編者　3

第1部　日中終戦と戦後構想

第1章　太平洋戦争末期における日本の対中和平構想　　戸部良一　11
はじめに　11
一　重慶「政治」工作　11
二　小磯内閣の対中和平案　14
三　南京政権への「信義」　18
おわりに　21

第2章　戦争末期の日中戦争と日ソ関係
　　　　　──「日中ソ」提携構想をめぐって　　波多野澄雄　27
はじめに　27
一　国共関係の変化と対ソ政策　28
二　重光外相と「容共」問題　31
三　日中ソ提携構想　35
四　もう1つの和平論　37
五　広田・マリク会談と日中ソ提携構想　39
おわりに　42

第3章　韓国臨時政府の本国帰還問題に対する中国国民政府の対応
　　　　　──終戦前後における東北アジア国際秩序再構築の一側面
　　　　　　　　　　　　　　　　　　　裴京漢（丸田孝志訳）　47
はじめに　47

一　戦争終結前の国民政府の対韓国政策構想　48
　二　戦後韓国臨時政府の本国帰還問題と国民政府の立場　52
　おわりに　58

第4章　国共内戦下の戦後日中提携
　　　　――支那派遣軍と国民政府　　　　　　　　　加藤聖文　65
　はじめに　65
　一　ポツダム宣言受諾と「対支処理要綱」　66
　二　支那派遣軍と国民政府の接近　71
　三　日本人の留用と送還　73
　おわりに　77

第5章　台湾における日本人墓地および遺骨の処理問題　浜井和史　81
　はじめに　81
　一　復員・引揚げ時における遺骨処理　82
　二　戦後における日本人墓地および遺骨の状況と日本政府の対応　85
　三　日本人墓地および遺骨をめぐる日台交渉とその帰結　89
　おわりに　95

第2部　中国の変動

第6章　戦後中国における憲政への移行と警管区制　　吉見　崇　105
　はじめに　105
　一　警管区制と自由・憲政　107
　二　上海市警察局が主張する警管区制　109
　三　アメリカ型の警察制度としての警管区制　111
　四　警管区制をめぐる対立のゆくえ　113
　おわりに　115

第7章　戦後中国の税政と工商同業公会
　　　　——上海の貨物税制度を素材に　　　　　　　　　金子　肇　121
はじめに　121
一　戦後上海の貨物税制度——1946年「貨物税条例」を対象に　122
二　貨物税稽徴業務と工商同業公会の反発　126
おわりに　132

第8章　1940-50年代の中国経済と日中関係　　　　久保　亨　135
はじめに　135
一　大戦終結前後の中国経済と日中経済関係——1940年代　136
二　1950年代の貿易構造と対外依存症　139
三　対外依存症克服の努力——1940-50年代　141
四　1950年代の日中経済関係　145
おわりに　149

第9章　国民党政権と南京・重慶『中央日報』
　　　　——戦時から戦後にかけての自立化傾向　　　中村元哉　151
はじめに　151
一　制度と政策から見た南京・重慶『中央日報』　153
二　ジャーナリズム学と南京・重慶『中央日報』の人事　155
三　国民党政権と南京・重慶『中央日報』社論　158
四　『中央日報』の経営自立化への道程　163
おわりに　165

第10章　リベラル派知識人の国際情勢観
　　　　——1945年前後を中心に　　　　　　　　　　水羽信男　171
はじめに　171
一　国際情勢認識（1）——政治的な側面　172
二　国際情勢認識（2）——思想的な観点から　176
おわりに　179

第11章　錯綜する願い
　　　　　──国民政府教育部に寄せられた学生の手紙から
　　　　　　　　　　　　　　　　アーロン・W・ムーア（李仁哲訳）　183

はじめに　183
一　若者の動員と国民党の革命的伝統　184
二　中断された生活──教育部への陳情　189
おわりに──浪費された資源と失われた青春　199

第3部　東南アジアの変動

第12章　戦争・民族・国家
　　　　　──抗戦前後における雲南土司の苦境と選択：1942-1952
　　　　　　　　　　　　　　　　呉啓訥（藤井元博訳）　207

はじめに　207
一　苦境と伝統のつながり　208
二　保家、保族のための抗戦参加　211
三　切迫した危機の消失と旧来の苦境の再来　214
　　──国民政府および土司の選択と妥協
四　新たな主人との対面
　　──人民共和国成立期における歴史的慣性と最終的な転換　218
おわりに　220

第13章　重慶国民政府のビルマ国境政策と軍事占領　1942－1945
　　　　　　　　　　　　　　　　　　　　　　藤井元博　227
はじめに　227
一　ビルマ反攻以前における重慶政府の国境問題意識　228
二　民族問題への波及　231
三　土司をめぐる中英間の対立　233
四　再占領と管轄権をめぐる議論　235
五　イギリス植民地側から見た国境問題　240
おわりに　241

第 14 章　日中終戦前後の国民政府と東南アジア
　　　　——重慶当局の戦後ラオスに対する構想および実践を中心に
　　　　　　　　　　　　　　　　　　　　　王文隆（柳英武訳）　247
はじめに　247
一　三・九クーデタ（仏印処理）前の中華民国とラオスの関係　249
二　中泰回廊開拓の構想　252
三　三・九クーデタ（仏印処理）より占領降伏まで　255
おわりに　260

特論　南京大虐殺と難民の宗教生活　　　　　　張連紅（土肥歩訳）　267
はじめに　267
一　南京大虐殺時期のキリスト教コミュニティ　267
二　難民収容所における宗教活動　271
三　難民のキリスト教認識の変化　275
四　宗教の違いを超えて　279
おわりに　282

あとがき　　　　　　　　　　　　　　波多野澄雄・久保亨・中村元哉　287
編者・執筆者紹介／訳者紹介　289
索引　295

【凡例】
1．文中で使用する漢字は、原則として常用漢字を用いた。ただし、蔣介石、買辦など正字を用いた場合がある。
2．原則として新かなづかいを用いた。ただし、引用史料中で旧かなづかいを用いた場合もある。
3．訳文および引用文中の（　）は原文に用いられていた（　）であり、〔　〕は翻訳者もしくは引用者による注記である。

日中終戦と
戦後アジアへの展望

総論

日中終戦と戦後アジアへの展望

編　者

台北国際会議とその成果

　本書は、2015年12月、「日中戦争とそのアジアへのインパクト（The Sino-Japanese War and Its Impacts on Asia, 中日戦争衝撃下的亜細亜）」をメインテーマに、台湾・台北市の中央研究院で開催された台北国際会議（終戦70周年国際会議）に提出された80本を超える論文のなかから、日本側参加者を中心に16本を選び、編集したものである。

　日本組織委員会は、台北国際会議を6回目の「日中戦争の国際共同研究」と位置づけ、日中戦争の終結をめぐる諸問題を、主に3つの観点からとりあげることにした。①日中戦争は、どのような戦後構想のもとに、どのように収拾され、東アジアにどのような影響を与えたのか。②日中戦争を通じて中国はどう変化し、戦争は戦後中国の政治経済の再建にどのような影響を与えたのか。③日中戦争は中国の辺境と周辺地域にどのような影響を与えたのか。

　これらの課題に応えるため、組織委員会は、台北国際会議における発表者について実績のある研究者に加え、公募に応じた若手研究者のなかから選抜した発表候補者をもって準備研究会を重ねた。最終的に本書に収録した諸論文は、いずれも準備研究会の成果をそれぞれ台北国際会議で発表したうえで、

さらに手を入れたものである。

　また、編集にあたっては、中国、台湾、韓国、イギリスからの参加者の優れた関連論文を加えることとし、5本を選んで本書に収録している。5本のうち南京虐殺事件に関する張連紅論文は、日中終戦とは直接の関わりはないが、「日中戦争の国際共同研究シリーズ」ではとりあげてこなかった戦争の「負の遺産」をめぐる問題に重要な一石を投じたものとして、「特論」として本巻に収録することにした。

各論文の概要

第1部　日中終戦と戦後構想

　戦争終末期に日本政府内部に存在した和平をめざす動きがどのようなものであり、どのような意味と特徴をもっていたかを、戸部良一「太平洋戦争末期における日本の対中和平構想」（第1章）と波多野澄雄「戦争末期の日中戦争と日ソ関係」（第2章）が検討している。戸部論文によれば、敗色濃厚になっても、日本は、連合国に対し和平を求めなかった。連合国側が示した無条件降伏という要求を受け入れることはできないと判断していたからである。しかし日本は、中国に対しては、政府でも、あるいは軍中央でも、単独和平を企図していた。本稿は、とくに小磯内閣期の対中和平構想に焦点をあて、その特徴を考察した。

　戦争末期の日本にはさまざまな和平論が渦巻いていたが、その1つに、1944年後半からの「第3の和平論」ともいうべき「日中ソ提携論」がある。これは、日中提携という構図のなかにソ連を誘導し日中戦争を日米英戦争と切り離して解決しようというもので、中国国内における共産党勢力の伸長と国民党勢力の後退という情勢の変化を前提にした構想であった。その意味を考察したのが波多野論文である。

　ところで、国民党政権は、植民地時代に維持されていた「中韓の相互扶助」の関係を基礎に、「韓国軍隊の創建を通じた、韓国における親中国政府の実現」を模索する。裴京漢「韓国臨時政府の本国帰還問題に対する中国国民政府の対応」（第3章）は、戦後の韓国独立を展望した複雑な動きを分析し、中韓は

「勝者」となったとはいえ、その道筋は簡単ではなかったことを示している。米ソ両国が戦後東北アジアでの主導権を争うなか、親中的な韓国臨時政府が戦後の韓国独立の主役となる道は開かれなかった。

一方、日中間の戦後処理上、最大の課題の１つになった在華日本軍の取り扱いを考察したのが加藤聖文「国共内戦下の戦後日中提携」（第４章）である。加藤論文によれば、国民党政権は、ほぼ無傷なままに残された日本の支那派遣軍を、大戦終結の直後には戦後復興のために、そして自らの統治が危機に陥った1940年代末には共産党の攻勢に対抗するために、用いようとした。そうした政治的な思惑から日中提携が模索された結果、戦争責任問題が曖昧な形で処理されることになったことも、明らかにした。

戦争終結と同時に進行した北東アジアの国際秩序の再編問題の大きな波が、「勝者」であるはずの国民党政権のさまざまな戦後構想を押し流したという意味では、加藤論文、裴論文ともに共通している。

浜井和史「台湾における日本人墓地および遺骨の処理問題」（第５章）は、長きにわたって残された日本帝国圏における慰霊や遺骨収集という課題の処理にメスを入れている。浜井論文は、日本人墓地や遺骨の処理問題が日本政府と中華民国政府との外交交渉によって展開したことに着目し、おもに日本外務省に残された戦後外交記録に基づいて外交史的アプローチからこの問題の解決に至るプロセスをたどる。そのうえで、この問題が戦後日本の海外戦没者処理問題や日台関係に有した意義を考察している。

第２部　中国の変動

日中戦争期から戦後にかけ、中国では戦後の政治経済をめぐって多様な可能性が存在した。吉見崇「戦後中国における憲政への移行と警管区制」（第６章）が論じるような憲政実施という大きな進展があったとはいえ、金子肇「戦後中国の税政と工商同業公会」（第７章）が明らかにしているとおり、戦後国民政府の財政経済は多くの困難に直面し、それは久保亨「1940-50年代の中国経済と日中関係」（第８章）が指摘するように人民共和国にも引き継がれた。こうした現実に対応し、メディアにも大きな変化が生じていたことが中村元哉「国民党政権と南京・重慶『中央日報』」（第９章）で明らかにされ、知識人

の思想的な深化については水羽信男「リベラル派知識人の国際情勢観」(第10章) が扱っている。さらに、こうした一連の動きの背景には、開戦以来、中国社会各層の間に積み重ねられてきた歴史的体験が横たわっていた。

　まず、吉見論文は、戦後中国では憲政への移行が最も重要な政治課題になり、警察制度の改革もその一環として位置づけられ、推進されたと指摘する。警察官の勤務態勢に関する議論はすでに戦前から存在したとはいえ、それがもつ意味が政治的自由の保障と関連づけ議論されるようになったのは、戦後中国の時代状況を反映している、と主張する。

　次の金子論文は、戦時から戦後にかけ国民党政権の税収のなかで貨物税が占める比重は急速に高まったことを示す。しかし、経済の中心地、上海で貨物税を納める主な担い手たる中小商工業者の組織化は遅れており、徴税機構の整備は立ち遅れていた。そのため、十分な貨物税収入を得られない一方、業者からは税負担をめぐり多くの不満が噴出した、という税収をめぐる国民政府財政の困難を、説得的に論じている。

　戦後の中国経済の困難とその克服の試みを論じたのが久保論文である。第二次世界大戦の終結をはさむ1940年代、中国経済は大きく落ち込み、対外依存性の克服は1950年代になっても容易ではなかった。そうしたなかにあって、紡織機械製造業のように対外依存性を脱却する動きは存在しており、中国自身による技術者の養成も強化されていた。十分な成果は生まなかったとはいえ日中経済関係にも期待がかかっていた。

　中村論文は、国民党中央と国民政府の意向を忠実に反映する最も重要な新聞として、『中央日報』をとりあげ、長いスパンでその自立化傾向に着目する。同論文によれば、『中央日報』紙は、実際には当時の国民党支配の実態や内外の情勢を反映し、そのスタンスは揺れ動き、特に日中戦争時期から戦後にかけては、言論の内容の面でも、経営面でも、政権から距離を置き、自立化する傾向が生まれていた。

　水羽論文は、戦時期に雲南省昆明の西南連合大学によって雑誌『戦国策』を刊行していたリベラル派知識人に着目し、彼らが第二次世界大戦の終結を迎え、どのような国際情勢認識を示していたかを検討した。彼らは、国際秩序が大きく変動し、米ソの冷戦が開始されるなか、自由と民主主義の発展を可

能にする社会を展望し、期待していたのである。

　アーロン・W・ムーア「錯綜する願い──国民政府教育部に寄せられた学生の手紙から」（第11章）は、日中戦争期に民族主義の高い理想を掲げ「青年軍」に動員された若者たちが、戦後、復員の遅れと社会経済状態の悪化のため、国民党政権に対する幻滅を深めていくさまを描く。それは国民党政権の統治基盤の崩壊を意味したが、青年軍の幻滅がただちに共産軍や他の政治勢力への支持につながったわけではなかった。同章は、こうした複雑な過程を、若者自身が政府教育部宛に出した書簡の分析を通じて具体的に明らかにする。戦時から戦後にかけ、中国の若者の精神がどれほど深刻な変化をこうむっていたか、それを鮮明に映し出している。

第3部　東南アジアの変動

　日中終戦を含む第二次世界大戦とその結末が、いかに戦後世界を規定したかを考えるうえで、東南アジアの事例は示唆に富む。

　呉啓訥「戦争・民族・国家──抗戦前後における雲南土司の苦境と選択：1942-1952」（第12章）は、ビルマに接する辺境、雲南の在地支配者（土司層）が、大戦中から戦後にかけ、日本軍とイギリス軍の間で熾烈な戦闘が展開されるなか、中国軍の動向も意識しながら、複雑な対応を見せたことを示す。その過程全体を通じ「中華民族」という意識が形成されていく一方で、国民党政権と共産党との対立も影響を及ぼし、土司制度自体の存立基盤が掘り崩されていった、と分析する。

　国民政府にとって、ビルマの占領による奪回は、国境問題の解決と密接にからむ問題であったが、ビルマの宗主国・イギリスとの関係を踏まえながら、これを論じたのが藤井元博「重慶国民政府のビルマ国境政策と軍事占領　1942-1945」（第13章）である。蔣介石や国民政府外交部は、東南アジアに植民地をもつイギリスとの協力関係を重視する立場から、東南アジアにおける中国軍の作戦行動について慎重に対処していた。それに対し軍令部やビルマ遠征軍の軍人の間には、現地社会との協力関係を重視し、植民地の独立をめざす勢力とも積極的に連携しようとする傾向が見られた、という。

　東南アジアにおける日本軍の展開を牽制するうえで、雲南に隣接するラオ

スとの関係は、国民党政権にとって重要な意味をもったが、おそらく初めてこの問題を本格的に論じたのが、王文隆「日中終戦前後の国民政府と東南アジア」（第14章）である。1945年3月、日本軍が仏領インドシナを直接統治（仏印処理）するようになると、中国軍は東南アジアの戦後をにらみながら、独自の行動計画を立案するとともに、日本軍に対抗しインドシナ諸民族の独立を支援する立場を模索した。王論文は、こうしたプロセスのなかで翻弄されたラオスの立場を浮き彫りにしている。

本巻の締めくくりに、張連紅「南京大虐殺と難民の宗教生活」（特論）をおいた。南京虐殺事件に関する中国の代表的研究者である張氏が、この事件とキリスト教信仰との関係に初めてメスを入れた論考である。南京大虐殺が発生した時期、南京の市街地には20人あまりの欧米人がとどまり、虐殺で傷つき、恐怖におびえる多くの中国人難民を慰労し、伝道活動を展開した。本稿はクリスチャンが残した日記や書簡を素材として、彼らの足跡を整理するとともに、それが難民の生活や心の安定にどのような意味をもったかを考えようとしている。

張論文は、日本軍の南京占領のさなかにも、日中のキリスト教会と牧師間の協力によって、「中国の敵を1人の誠意ある友人に変える」という事例をさりげなく紹介し、強く印象に残る。

最近の日中戦争に関する研究は、対象地域や領域も大きく広がり、分析手法も格段に多様化している。したがって、戦争のアジアへのインパクトという課題に焦点を合わせるとしても、本書に示されたように、新しい知見や新鮮な見方を提供する可能性は、ほとんど無限に広がっているといえよう。そこで、現在求められている研究展望が、中華人民共和国成立の歴史的意味をどう理解すべきか、現代中国は一体、どこに向かうのか、といった点にあるとすれば、戦後中国の国家建設や国民統合といった課題を、戦時中国の経験や戦後東アジアの国際関係、さらに経済社会とのダイナミックな結びつきを意識しながら、1つ1つ解き明かしていくことが、必要な作業であろう。

第 1 部

日中終戦と戦後構想

第 1 章

太平洋戦争末期における
日本の対中和平構想

戸部良一

はじめに

　太平洋戦争中、日本は、敗色が濃厚になってからも、交戦相手の連合国に対して和平を求めなかった。例外は、中国（重慶政権）に対する和平の試みである。日本は、連合国の一員であり交戦相手である中国に対して、政府でも、あるいは軍中央でも、単独和平を企図した。なぜ、中国とだけは単独和平が可能だと考えたのか。本章では、特に小磯内閣期の対中和平構想に焦点をあてて、その特徴を考察する。

一　重慶「政治」工作

　太平洋戦争開戦直前に策定された日本の戦争計画によれば、戦争を勝利に導くためには、イギリスと中国を屈服させてアメリカの継戦意志を喪失させなければならないと考えられた[1]。ただし開戦当初は南方作戦に重点が置かれたので、中国を「屈服」させるために大規模な軍事行動を実施する余裕はなかった。もっぱら政治的措置による「屈服」が模索されたにすぎない。開

戦直後の方針では、諜報路線を設定して重慶政権の動向を探り、その動揺を察知したならば、適時、諜報工作を屈服工作に切り換える、とされている[2]。

しかしながら、緒戦の勝利にもかかわらず、諜報工作を屈服工作に切り換える機会は生まれなかった。中国は連合国の最後の勝利を信じており、抗戦意志を失ってはいないと判断された[3]。1942年7月の参謀本部情報部長の報告によれば、中国が和平を求めてくる可能性は、米英が屈服でもしない限り皆無に近いとされ、仮に和平の素振りを見せることがあっても、それは米英を牽制して援助を引き出そうとするポーズにすぎない、とみなされた[4]。重慶政権を屈服させるためには、軍事的圧力を強化する必要があると考えられ、南方作戦が一段落した後、重慶攻略作戦が計画されたが、ガダルカナルの攻防をめぐる戦局悪化により、その余裕もなくなり、同年12月、作戦中止が決定されることになる。

一方、汪精衛率いる南京政権に対しては、同政権の自主性を尊重して内政に干渉せず対等関係の構築をめざす「対支新政策」が実施された。これを主唱した重光葵（南京駐在大使）は戦後、次のように述べている。日中間に対等の関係が築かれれば、重慶政権は日本と戦う理由がなくなり、和平の可能性が生まれるだろう。また、日本の対中政策が米英の主張と差はないことが理解されれば、米英との妥協の余地も出てくるだろう。その意味で、「対支新政策」は日中戦争のみならず太平洋戦争全体の和平のための「基礎工作」だったのだ、と[5]。

陸軍の側にも、「新政策」に呼応する動きがあった。それは特に、戦局が次第に悪化するなかで、日中和平の実現により、中国に駐留する兵力を南方の戦場に転用することを望んだからである[6]。だが、和平実現の可能性は依然として低かった。重慶政権には抗戦意志放棄の兆候がほとんど見られなかった。1943年5月末、大本営政府連絡会議で、重慶工作の是非があらためて論議されたときも、和平をめざす「政治」工作が成功する可能性は低いと判定された。そして、早まって「政治」工作に着手すると、日本の弱みを見せることになって不利をもたらすと考えられた[7]。

このときの連絡会議では、それまでの重慶「屈服」工作という文言が「政治」工作という表現に変わっている。戦局の悪化により、重慶政権を一方的

に屈服させることは難しくなったと判断されるようになったからだろう。また、「政治」工作は適当な時機を見て南京政権に実施させることとされ、実施の時機は、連合軍の反攻を撃破したとき、独ソ戦でドイツの勝利が決定的になったとき、あるいは「対支新政策」の具現化によって重慶政権が動揺の兆候を見せたとき、などが想定された[8]。いずれも、日本を取り巻く状況の好転が、工作開始の時機と考えられたのである。

　工作開始にゴーサインが出たのは1943年9月である[9]。しかし、その時点で状況が好転していたわけではない。むしろ戦況は悪化し、イタリアの戦線離脱など国際情勢も日本にとって不利となった。つまり、状況の好転ではなく、その悪化が重慶工作を開始させたのである。当面、情勢が日本に有利になる見込みはないが、もはや工作に着手して日本の弱みを見せることを懸念する事態ではない、と考えられるようになった[10]。

　重慶工作のねらいは、主として、中国に駐屯する米英軍の武装解除もしくは国外退去や、日本の戦争遂行に対する「実質的協力」を要請することにあった[11]。その交換条件としては、日華基本条約改定の趣旨（中国からの撤兵、駐兵権の放棄、特殊地帯の廃止など）が考慮されていたが[12]、これは大本営政府連絡会議の了解とはされなかった。連絡会議では、基本条約改定の主目的が南京政権の育成強化なのか、それとも重慶工作なのかについて議論があり、最終的に前者であることに意見が一致したとされている[13]。交換条件が連絡会議の了解に残らなかったのは、おそらくそのためであった。

　前述したように、重慶工作は南京政権に実施させることとされたが、ここには、いくつかの複雑な問題が絡んでいた。まず、重慶と和平を試みること自体が南京政権に不安や動揺を与えるのではないかという懸念があった。次に、南京政権との条約改定と重慶工作とをどのように関連づけるのかという問題があった。外相の重光葵は、南京政権との条約改定を先行させ、「対支新政策」を具現化して日本の根本的な政策転換を世界に明示したうえで、南京政権に重慶工作を実施させるべきである、と主張した[14]。つまり、重光にあっては、重慶工作の前に「対支新政策」が実現されなければならなかった。

　南京政権との条約改定は、日華同盟条約の締結という方向に向かったが、これに対して大東亜相の青木一男は反対を唱えた。連合国に敵対する同盟条

約とすれば、連合国の一員である重慶政権に対する工作に支障が出る、と青木は主張した[15]。青木は、南京政権との同盟よりも、重慶工作すなわち重慶政権との和平を優先した、と考えるべきだろう。

　最後に、重慶工作に成功の可能性はあるのかという問題があった。その見通しは依然として明るくなかったのである。重慶政権は依然として抗戦意志を保持していると観測され、太平洋戦争全体の戦局が好転した場合にのみ、条件によっては和平実現の可能性がないわけではない、と見られたにすぎない[16]。日本は、戦局が不利になったがゆえに、それを好転させるため中国との和平を実現し兵力を他の戦場に転用させようとした。ところが、中国との和平は、戦局が好転しなければ可能性が乏しいとみなされたのである。

　実際、南京政権による重慶工作は、情報収集以上には発展しなかった。陸軍は、現地の支那派遣軍が南京政権の重慶工作に関与することを禁じ、重慶に対する諜報工作も廃止した[17]。こうして、重慶工作にゴーサインが出たにもかかわらず、実績はほとんどあがらなかったのである。

二　小磯内閣の対中和平案

　その後、戦局はいよいよ悪化した。「絶対国防圏」は破綻し、1944年6月にはサイパンが陥落した。同じ頃ヨーロッパでは、連合軍がノルマンディー上陸に成功し、枢軸陣営の不利はさらに深刻化した。同年7月、開戦以来政権を維持してきた東條内閣が総辞職し、その後を受けて小磯内閣が登場する。

　枢軸陣営の不利に伴い、政府および軍中央で重視されたのは対ソ工作である。もともと対ソ工作のねらいはドイツを米英との戦争に専念させるための独ソ和平に置かれていたが、独ソ両国の拒否的態度にあい、この時期には、ソ連の対日参戦の回避、日ソ中立条約の維持に重点が移行しつつあった。対ソ工作に積極的だったのは陸軍である。陸軍中央の中堅幕僚たちは、1944年秋頃を目途として、日中間の和平、少なくとも延安政権との停戦をソ連に斡旋させることを検討していた。そこでは、日中和平条件として、日華同盟条約の廃棄、南京政権と重慶政権との合作（状況によっては南京政府の解消）、対米英戦での中国の厳正中立、対米英戦終了後における日本軍の撤兵（日中戦争

前への復帰）などが構想され、さらにソ連に対する譲歩条件としては、防共協定の廃棄、南樺太の譲渡、満洲の非武装化もしくは北部満洲の譲渡、重慶政権支配地域をソ連の勢力圏とし日本の占領地域（南京政権統治地域）を日ソ勢力の混淆地域とすること、南京政権・重慶政権・延安政権の合作に蔣介石が応じない場合は中共を支援すること、などの項目が検討されていた[18]。

これに対して外務省は陸軍ほど対ソ宥和的ではなく、対ソ譲歩（代償）条件のうち中国関連の項目も、北満鉄道の譲渡、満洲・内蒙古・中国におけるソ連の「平和的活動」の容認、満洲・内蒙古におけるソ連の勢力範囲の承認、などにとどまった[19]。ただし、このような対ソ交渉に関する協議は、９月中旬の最高戦争指導会議（大本営政府連絡会議を改称）で重光外相が取り下げることになる[20]。その後、重光外相は同会議で、外務省の対ソ交渉方針を報告したが、その方針に具体的な対ソ譲歩条件などは提示されなかった[21]。

小磯内閣では、以上のような対ソ工作の検討と並行して、重慶工作についても具体的な検討が重ねられた。閣内で重慶工作に最も積極的だったのは小磯國昭首相である。最高戦争指導会議で「世界情勢判断」が協議されたとき、小磯首相は重慶工作に「異常ナル熱意」を示したという[22]。８月中旬に最終的に合意された情勢判断では、重慶政権の継戦意志がなお相当に強固であるとしつつ、戦局の推移や、米英ソの動向、日本の態度如何によっては蔣介石が政策転換を考慮する可能性がないとはいえないとされた。日本が「完全屈伏」した場合に、中国が「米英ノ圧迫ニ依ル苦難」に直面するかもしれないという懸念が対日和平に向かわせるだろう、との観測もなされた[23]。こうして、重慶工作の速やかな「発動」が方針とされ、これについては「極力」ソ連の利用に努めることが定められた[24]。

最高戦争指導会議は、８月30日、南京政権による重慶工作実施という従来の方針を確認し[25]、そのうえでその後、和平条件をめぐる具体的な検討を重ねてゆく。

同会議に最初に提示されたのは外務省案である。これは、工作の目的を重慶政権の対日抗戦停止に置き、日華同盟条約の内容を日中関係の基準としながら、和平条件としては、以下のような事項を列挙している。①和平達成後に中国は米英に宣戦を布告する（好意的中立でもよいが、中国に駐留する米英軍

を武装解除する)。②蔣介石が南京に帰還し統一政府を樹立する。③満洲国は究極において中国の領域であることを認める。ただし、その処置については対ソ関係を考慮する必要がある。④台湾・澎湖島は現状維持とする。⑤香港を中国に返還する。⑥中国に日本の南方占領地の一部を領有させる(または同地域の経済開発に参加させる)。⑦蔣介石と延安政権との関係に対する態度については、そのときの日ソ関係を考慮して決める。日ソ提携強化を優先する場合には、延安政権援助を蔣介石圧迫に利用する。⑧戦争による中国の荒廃地の復興を援助する[26]。以上の外務省案は、前年のカイロ宣言を意識し、蔣介石による統一政府、香港の返還、南方占領地の一部供与など、注目すべき条件を含んでいる。満洲の返還については曖昧であり、対ソ提携を優先していることも興味深い。

外務省案に対しては、大東亜省から次のような問題点が指摘された。①日本軍の撤兵についても案を示さなければならない。②満洲国問題については、その代償的意味合いを含んで、南方地域に関する条件を匂わす決心が必要である。③中国と米英との関係については、できるだけ先方の意向を尊重しなければならない。④将来の保障として、日中ソ３国の平和保障機構設置案を考慮することが適当であり、これは対ソ施策にも関係する[27]。

外務省案を批判した大東亜省案は、中国問題解決の根本が「対華新政策ノ根本精神ノ徹底具現」にあるとし、その徹底具現こそが重慶工作というべきであって、新政策を発展させて重慶政権をその方向に同調させるよう誘導しなければならないと述べている。和平条件については、日華同盟条約と同じ内容にするとともに完全な平等条件を決意する必要があるとしながら、具体的な項目を掲げなかった。さらに大東亜省案は、重慶工作にソ連を利用することを通じ、中立条約を維持して日ソ友好関係を増進させ、中共の宥和措置を引き出すことも指摘した。また、重慶工作が南京政権に与える影響や、米英による妨害を警戒し、反共を掲げて重慶との和平を試みると米英に日ソ離間の材料を与えるので、そういうことにならないよう注意した[28]。この大東亜省案は、重光外相兼大東亜相の意向を反映したものであった[29]。「対支(対華)新政策」の強調にそれが端的に示されている。和平条件については、外務省案に比べると、具体性が乏しいのが特徴的である。

陸軍でも対案が作成されている。外務省案と大東亜省案との折衷案のようだが、以下のような和平条件が注目される。①和平達成後は、中国の好意的中立で満足するが、在中国の米英軍を「自発的」に撤退させる。②蔣介石の南京帰還、統一政府樹立を認める。③日華同盟条約を廃棄し、「日華永遠ノ平和ヲ律スヘキ友好条約」を締結する。④中国駐留の米英軍が撤兵すれば、日本軍も撤兵する。⑤満洲国の現状を変更せず、その代償的意味合いを含んで、南方地域への中国の関与を考慮する。⑥蒙疆は中国の内政問題として処理する。⑦香港を中国に「割譲」する。⑧将来の保障として、米英軍が再び中国に侵入した場合、日本も派兵することを認めさせる。陸軍案も、ソ連利用について積極的であった。日ソ関係を好転させて重慶工作の促進を図るだけでなく、ソ連にその仲介をさせることも考慮された。さらに、大東亜省案と同じく、重慶工作が日ソ離間に利用されないよう注意を喚起した。重慶工作が成功しなかった場合、「延安政権トノ提携ヲ強化ス」という項目も掲げられた[30]。

以上の3案のほかに小磯首相も案を提示した。小磯案は、蔣介石を中国政府の主席とし、日本の宣戦の詔書を基礎として立案さるべき「太平洋憲章」を蔣介石から米英に呼びかけさせる、としている。米英がこの呼びかけに応じれば、日中米英間に（和平）交渉を開始し、応じなければ、蔣介石が連合国から離脱して厳正中立を声明し、できれば日本と攻守同盟を締結し米英に対して宣戦を布告する、というのが小磯案の中心部分である。和平条件については、①「支那ハ支那人ノ手ニ完全ニ返却ス」、②政治経済上の平等条約、③共同防衛条約の締結、④既成事実としての満洲国の独立承認、⑤対米英戦に必要な部分を除き日本軍の即時撤兵、戦争終了後は完全撤退、⑥ソ連との友好関係維持、⑦中国の治安維持と防衛のために日本が支弁した金額の返済、などがあげられた[31]。小磯案は、日中和平を米英との和平に連動させるという点が注目されるが、それに現実性があったかどうかは疑問である。また、①の原則と満洲国の独立承認とがどのようにして論理的に整合するのかも問題であった。小磯は、満洲国の独立を認めさせる代償として、仏印を中国に与えることも考慮する、と述べたこともあった[32]。治安維持・防衛経費の返済という条件も現実性に欠けていたというべきだろう。

以上、4つの案のうち、最高戦争指導会議に提出されたのは、陸軍案を除

く3案である。3案を踏まえて妥協案が作成されたが、9月5日、最高戦争指導会議で決定された重慶工作の実施方針は、実は陸軍が作成した対案をベースにしていた。特に和平条件はほぼ陸軍案そのままである。違いがあるとすれば、香港は中国に「譲渡」し、南方権益については、満洲国現状維持の代償として、という但し書きがなくなり、「別ニ考慮ス」とされただけであった[33]。

三　南京政権への「信義」

　1944年9月6日、重慶工作の実施方針を首相と参謀総長・軍令部総長が天皇に上奏したとき、天皇は次のような質問をした。①この工作は日本の弱みを暴露することにならないか、②工作成功の見込みがあるか、③軍の士気に影響することはないか、④国民政府を対手とせずとの近衛声明に抵触しないか、⑤南京政権、汪精衛に工作実施の意図があるのか、⑥南方権益を別に考慮するとはいかなる意味か、⑦香港以外に、海南島はどうするつもりか、⑧日華同盟の廃棄が日本と同盟関係にあるビルマ、タイ、フィリピン等にどのような影響を与えると考えているか、⑨こうした重要なことは御前会議で決定すべきではないか[34]。このような質問を見ると、天皇はこの重慶工作の方針に不満だったように思われる[35]。おそらく、締結したばかりの日華同盟条約を簡単に廃棄することが南京政権への信義に悖ると天皇は考えたのだろう。その点は、重光外相も同意見であった。その3日後、天皇は重慶工作について再び注意を与えている。単なる謀略に終わらせず、正道を踏んで信義を重んじ大義名分を誤らず、一時的効果に満足せず、永久的な成果を収めよ、という趣旨の注意であった[36]。「信義」という文言に天皇の思いが込められていたといえよう。

　最高戦争指導会議は、重慶工作の実施方針を決めた後、これを南京政権に伝達し了解させる要領を協議した。9月9日にまとまった要領によれば、南京政権には実施方針の和平条件をかなりオブラートに包んで内示することになった[37]。

　南京政権への伝達役を務めたのは陸軍次官（前南京政権最高軍事顧問）の柴山兼四郎である。柴山は南京に赴く前、重光外相と話し合ったが、そのとき重

光は、重慶工作には成功の見込みがないとの判断を述べたという³⁸⁾。帰国後の柴山の報告によれば、南京政権側は、重慶工作の見通しについて「極メテ困難」と指摘し、できるだけ努力してみると応じるだけであった³⁹⁾。また、現地の日本側の判断でも、蒋介石を和平に応じさせることはほとんど不可能と観測された。ただ、日本が最後まで戦う場合、日本軍はパルチザン化し、中国をさらに荒廃させる危険性があるので、その前に終戦を実現したい、と蒋介石は考えているのではないかという推測があったにすぎない⁴⁰⁾。

　小磯首相は、重慶工作に進捗が見られない状況の打開を図るためか、10月中旬の最高戦争指導会議で、工作の実施主体を南京政権としてきた従来の方針の再検討を提起した。これに対して重光外相は、重慶工作が日中関係全体を破壊しかねないことに警告を発し、南京政権による工作実施の再検討案を、それほど簡単な問題ではないと一蹴した⁴¹⁾。

　レイテ沖海戦で敗れた翌日の10月25日の最高戦争指導会議では、あらためて南京政権以外による重慶工作実施の可否が議論され、南京政権以外による工作実施でも、それを南京政権が承認すれば、従来の決定の趣旨に反しないのではないか、との提案がなされたが、重光はこれにも反対を示した。重光によれば、南京政権に重慶工作実施の熱意がないことは否定できないが、問題は南京政権に熱意をもたせようとしていないことにあるとされたのである⁴²⁾。

　11月10日、汪精衛が死去した。小磯首相は、南京政権に重慶工作を実施する能力があるのかどうか、疑念を表明し続けた⁴³⁾。12月に入って、ようやく方針の一部修正がなされたのは、その結果であろう。12月13日、重慶工作は南京政権が実施するが、中国駐在の日本大使と陸海軍最高指揮官が協力してその「指導」にあたることになった⁴⁴⁾。また、日本側では首相が工作を担当し、現地での連絡担当は南京政権最高軍事顧問とすることがあらためて申し合わされた⁴⁵⁾。要するに、外務省や陸軍が従来の方針の原則を維持しようとしたのに対し、小磯首相はその柔軟な運用を図ろうとしたわけである。

　この日の会議で小磯は、工作実施方針の「再検討」を主張し続けながら、中国は蒙疆、華北、華中、華南等から構成される連邦組織となることが望ましいとの持論を披瀝したが、重光はそれを時代錯誤的であると切り捨てた。重光はさらに、日本は南京政権を承認し、同政権を通じて中国国民との関係

を構築しているのだから、この政権を相手として政策(「対支新政策」)を実行することが「大義名分」に合致するとし、蒋介石が和平の必要性を認めるとすれば、この政策実行を理解したときであり、その意味でこの政策実行こそが最大の重慶工作にほかならない、と論じた[46]。対中和平に関する小磯と重光の考えはすれ違ったままであった。

　以上のような両者の和平構想の違いは、いわゆる繆斌工作をめぐる対立にもつながってゆく。この工作をめぐる閣内の対立では、和平仲介者としての繆斌の資格や、彼の和平ルートの信頼性が問題視されたが、それとともに南京政権に対する信義の問題も重要であった。繆斌工作では、南京政権を即時解消し、重慶側が承認する有力者で構成された「留守府」政権を組織することが和平条件の主要部分だったからである[47]。こうした構想に、重光は次のように真っ向から反対する。「繆斌の策動に乗せらるれば〔中略〕国際信誼も大義名分も敵の謀略に依つて二つ乍ら失はれてしまう。記者〔重光〕が勅旨を奉じて対支新政策以来樹てて来た信誼を基とする大義外交は崩壊するのであつて、日本の履み又は履み行くべき大道は全く顚〔覆〕へされる次第である」[48]（〔　〕は引用者注)。　南京政権への信義を重んじたのは、あるいは信義にこだわったのは、重光だけではない。昭和天皇もそうであった。

　さらに重光は、重慶工作の可能性を高く買ってはいなかった。戦後の回想によれば、カイロ宣言以降、蒋介石には米英の意向に反して対日和平を図る意志も力もなく、まして日本と連合国とを仲介して、無条件降伏を緩和した和平を達成する能力もなかったと判断していたという[49]。

　一方、小磯は、南京政権に対する信義を、少なくとも重光ほどには重視しなかった。繆斌工作について小磯に協力した情報局総裁の緒方竹虎は、「不幸にして愚にもつかぬ汪精衛政権工作は日華問題を底知らぬ泥沼に突落した」と述べ[50]、南京政権は嫌いであり道義的にも許されないと語っていたという[51]。小磯や緒方からすれば、たとえ南京政権に対する「信義」に配慮するとしても、汪精衛の死後、その必要性は弱まったとみなされたのだろう。

　小磯内閣は、繆斌工作をめぐる閣内不一致が原因の1つとなって、1945年4月に総辞職した。そして4月下旬、陸軍は、支那派遣軍総司令官に対し、対重慶政治工作と対延安謀略施策とを強力に実行し、重慶政権との「停戦」を

実現することに努力せよ、と指示する[52]。重慶工作の実施を南京政権だけに委ねるという方針がようやく緩和され、現地軍が実施しても差し支えないことになったのである。起案者の意図としては、「終戦計画ノ一環トシテ」重慶政権を介して連合国の対日要求（無条件降伏）を緩和させることにねらいがあったという[53]。

　だが、5月中旬、最高戦争指導会議構成員会議は、重慶政権やスイス、スウェーデンのような中立国に仲介させても、無条件降伏要求を緩和させた連合国との和平は実現不可能であるとの結論を出した[54]。現地での重慶政権との接触も本格化しなかった。東郷茂徳外相は、6月初旬の御前会議で、以下のように述べている。戦局の現状から判断して、日中間だけの和平は実現が難しい。米英との和平を考慮した日中和平も現在のところ実現不可能である、と[55]。このときの御前会議決定では、対ソ施策と対中施策の「活発強力ナル実行」を謳ったが、この後、終戦工作の重点は対ソ工作に絞られていくのである。

おわりに

　太平洋戦争開戦時の重慶工作は、軍事的・政治的圧力を加えて重慶政権を屈服に追い込み、これと並行して独伊両国と協力してイギリスを屈服させ、それによってアメリカに継戦意志を失わせて戦争を終結に導くという大戦略の一部であった。だが、こうしたねらいをもつ重慶工作を本格的に実施する機会をつかむことはできなかった。やがて戦局が不利になると、重慶との停戦・単独和平を実現して、中国から他の戦場に兵力を転用することが企図された。

　しかし、開戦以来ほぼ一貫して重慶が対日和平に傾く気配は見られなかった。ソ連の影響力を通じて、あるいは延安への接近という牽制により、重慶を和平に向かわせようとのアイデアが浮上したのは、そもそも重慶との直接交渉が難しかったからにほかならない。そして、ソ連の利用という発想は、重慶との和平よりもむしろ日ソ中立条約の維持、ソ連の対日参戦防止というポイントに重点があり、対ソ宥和に傾斜した。日本はしばしば、中国の主権

に関わる条項を、対ソ宥和の取引材料に使おうとした。

　重慶工作の可能性が乏しいにもかかわらず、なぜ日本はその可能性を重視したのか。その理由の1つは、米英が無条件降伏を要求したことにある。日本には、中国は無条件降伏要求に与しないだろうという期待ないし先入観があった。また、中国に対しては軍事的に負けていないという自信が、それほど厳しくない条件での和平を獲得できるという楽観的な見通しを生んだ。さらに、「対支新政策」の理想主義的な内容が重慶政権に理解され、戦う理由がなくなるはずだとの思い込みがあった。中国と米英との関係についての分析は、それほど実態を離れることはなかったが、しばしば両者の利害対立を過大評価するきらいがあった。蔣介石がアジアにおける米英の勢力拡大を望んでいないという観測も、重慶工作の可能性を過大に評価させた。

　敗色が濃くなった小磯内閣期に、小磯首相が重慶工作を対米英和平に連動させようとする構想を提示したことは興味深い。ただし、この小磯の構想がどれほど真剣に練り上げられたものだったのか、現実的諸条件を検討したうえでの構想だったのか、疑問なしとしない。

　重光外相は、小磯の重慶工作構想に否定的であった。それは小磯の中国認識を時代錯誤的だと見たからであり、小磯構想が南京政権に対する「国際信義」を軽んじていたからでもあった。それに加えて重光は、重慶が日本と連合国との間に立って無条件降伏要求を緩和する意志や能力をもっているとは考えなかった。この点は、彼の後任の東郷外相も同じ判断であった。

　日本は、連合国のうち、中国にだけ和平を求めようとした。そのための工作の実施方法、和平条件等も真剣に検討を重ねた。しかし、本格的な和平工作を実施することはできず、戦争の最終段階になって連合国に和平を求めようとしたとき、日本が仲介役として期待したのも中国ではなかったのである。

注
1）「対米英蘭蔣戦争終末促進ニ関スル腹案」（1941年11月15日、大本営政府連絡会議決定）参謀本部編『杉山メモ　下』原書房、1967年、82-83頁。
2）「情勢ノ推移ニ伴フ対重慶屈伏工作ニ関スル件」（1941年12月24日、連絡会議決定）同上、83-84頁。
3）「世界情勢判断」（1942年3月7日、連絡会議決定）同上、69頁。

4）「連絡会議席上対重慶諜報工作ニ関スル第二部長説明」（1942年7月25日）臼井勝美・稲葉正夫編『現代史資料　太平洋戦争4』みすず書房、1972年、44-46頁。
5）重光葵『昭和の動乱　下巻』中央公論社、1952年、167-168頁。
6）1942年12月18日、連絡会議での杉山参謀総長の発言、前掲、参謀本部編『杉山メモ　下』308頁。
7）「重慶政権ノ動向」「対重慶政治工作ノ見透シ如何」（1943年5月31日、御前会議質疑応答資料）同上、415-417頁。
8）「大東亜政略指導大綱」（同日、御前会議決定）同上、411頁。「国民政府ノ行フ対重慶政治工作開始ノ時期如何」（同日、御前会議質疑応答資料）同上、416頁。
9）「対重慶政治工作ニ関スル件」（同年9月18日、連絡会議決定）同上、459頁。
10）「次期ノ重要政略ニ関スル件」（同年8月13日）栗原健・波多野澄雄編『終戦工作の記録　上』講談社、1986年、116-118頁。
11）「対重慶政治工作ニ関スル件」（同年9月21日、連絡会議了解）前掲、参謀本部編『杉山メモ　下』463頁。
12）「対重慶政治工作ニ関スル件」（同年9月20日、連絡会議了解案）『大東亜戦争関係一件・本邦の対重慶工作関係』（外交史料館蔵）。
13）前掲、参謀本部編『杉山メモ　下』455頁。
14）伊藤隆・渡邊行男編『重光葵手記』中央公論社、1986年、411頁。同編『続重光葵手記』中央公論社、1988年、153-154頁。
15）前掲、参謀本部編『杉山メモ　下』455-457頁、460頁。
16）「対外方策」（1943年9月25日、連絡会議提出）同上、494-495頁。
17）「対重慶諜報路線工作廃止ニ関スル件」（同年10月7日、大本営陸軍部）前掲、臼井・稲葉編『現代史資料　太平洋戦争4』136頁。
18）「今後採ルヘキ戦争指導ノ大綱ニ基ク対外政略指導要領（案）」（1944年8月8日、陸軍省部主任者案）参謀本部『敗戦の記録』原書房、1967年、35-38頁。
19）「対『ソ』施策要綱」（1944年9月6日、外務省案）前掲、栗原・波多野編『終戦工作の記録　上』320頁。
20）軍事史学会編『大本営陸軍部戦争指導班　機密戦争日誌　下』錦正社、1998年、584頁。
21）「対『ソ』施策ニ関スル件（案）」（1944年9月28日、最高戦争指導会議報告）前掲、参謀本部『敗戦の記録』186-187頁。対ソ工作については、本書所収の波多野澄雄論文を参照されたい。
22）伊藤隆・武田知己編『重光葵　最高戦争指導会議記録・手記』中央公論新社、2004年、16-17頁。
23）「世界情勢判断」（1944年8月19日、最高戦争指導会議決定）前掲、参謀本部『敗戦の記録』52-54頁。
24）「今後採ルヘキ戦争指導ノ大綱」（同日、最高戦争指導会議決定）同上、56頁。
25）「対重慶政治工作実施要綱」（同年8月30日、最高戦争指導会議決定）同上、163頁。

26)「重慶工作実施ニ関スル件」(同年8月31日、外務省案) 前掲、栗原・波多野編『終戦工作の記録　上』353-356頁。
27)「重慶工作ニ関スル若干ノ問題」(同年9月1日) 前掲『大東亜戦争関係一件・本邦の対重慶工作関係』。
28)「対重慶政治工作ノ実施ニ関スル件」(同年9月1日、大東亜省案) 前掲、伊藤・武田編『重光葵　最高戦争指導会議記録・手記』47-49頁。
29) 前掲『大東亜戦争関係一件・本邦の対重慶工作関係』所収の同名の文書には、「9月2日最高戦争指導会議ニ於テ外務大臣ヨリ披露」と欄外注記されている。
30)「対重慶政治工作実施ニ関スル件」(1944年9月2日、軍提案) 前掲『大東亜戦争関係一件・本邦の対重慶工作関係』。
31)「重慶工作要綱試案」(同年9月2日) 同上。
32) 前掲、伊藤・武田編『重光葵　最高戦争指導会議記録・手記』36-38頁。
33)「対重慶政治工作実施ニ関スル件」(1944年9月5日、最高戦争指導会議決定) 前掲、参謀本部『敗戦の記録』163-164頁。
34)「9月6日総理及総長聯立上奏ニ際シ御下問」同上、165-166頁。前掲、伊藤・武田編『重光葵　最高戦争指導会議記録・手記』61-64頁。
35) 前掲、軍事史学会編『大本営陸軍部戦争指導班　機密戦争日誌　下』580頁によれば、天皇の質問に対する両総長の回答に「御上ニハ御不満ノ態ニ拝セラレタリ」という。
36) 前掲、伊藤・武田編『重光葵　最高戦争指導会議記録・手記』68頁。前掲、参謀本部『敗戦の記録』176頁。前掲、軍事史学会編『大本営陸軍部戦争指導班　機密戦争日誌　下』581頁。
37)「対重慶政治工作実施ニ関シ国民政府ニ対スル伝達要領」(1944年9月9日、最高戦争指導会議申合) 前掲、参謀本部『敗戦の記録』175-176頁。
38) 前掲、軍事史学会編『大本営陸軍部戦争指導班　機密戦争日誌　下』581頁。
39)「対重慶政治工作実施ニ関シ国民政府ニ対スル伝達経過ノ要旨」(1944年9月14日、柴山中将) 前掲、参謀本部『敗戦の記録』177-180頁。
40) 前掲、伊藤・武田編『重光葵　最高戦争指導会議記録・手記』80-81頁。
41) 同上、159頁。前掲、軍事史学会編『大本営陸軍部戦争指導班　機密戦争日誌　下』596-597頁。
42) 前掲、伊藤・武田編『重光葵　最高戦争指導会議記録・手記』170-171頁。
43) 同上、211頁。
44)「現地ニ於ケル対重慶政治工作指導ニ関スル件」(1944年12月13日、最高戦争指導会議決定) 前掲、参謀本部『敗戦の記録』217頁。
45)「重慶工作ニ関スル内閣総理大臣ト陳主席代理トノ連絡事項ニ関スル件」(同日、最高戦争指導会議申合) 前掲、伊藤・武田編『重光葵　最高戦争指導会議記録・手記』234頁。
46) 同上、228-232頁。
47)「中日全面和平実行案」前掲、参謀本部『敗戦の記録』239-240頁。

48）前掲、伊藤・渡邊編『重光葵手記』474頁。
49）前掲、重光『昭和の動乱　下巻』171-172頁。
50）緒方竹虎『一軍人の生涯』文藝春秋新社、1955年、129頁。
51）緒方竹虎伝記刊行会『緒方竹虎』朝日新聞社、1963年、130頁。
52）「大陸指第2467号」（1945年4月28日）前掲、臼井・稲葉編『現代史資料　太平洋戦争4』162-163頁。
53）前掲、軍事史学会編『大本営陸軍部戦争指導班　機密戦争日誌　下』706頁。
54）東郷茂徳『時代の一面』中央公論社、1989年、476頁。
55）「御前会議ニ於ケル外務大臣兼大東亜大臣発言要旨」（1945年6月8日）前掲、参謀本部『敗戦の記録』273頁。

第 2 章

戦争末期の日中戦争と日ソ関係
――「日中ソ」提携構想をめぐって

波多野澄雄

はじめに

　長年の懸案であった北樺太利権問題や漁業問題の解決（1944年3月）による日ソ関係の改善は、新たな対ソ・アプローチを模索する契機となった。その1つはソ連を活用した中国問題の解決という方向であった。それまで、日ソ間で中国問題が議論となるとき、もっぱら米ソによる重慶政権に対する物資援助が中心であった。日本側がソ連の重慶援助に関する疑惑や風説を持ち出し、ソ連側がそれを否定するという応酬が続いていたが、新しいアプローチは、こうした次元に留まらないものであった。
　44年5月末、重光葵外相は、「帝国の対ソ・対支方策に関する件」をモスクワの佐藤尚武大使に打電し、そのなかで、東アジアにおけるソ連の将来の発言権増大を見通しつつ、2つの可能性に言及している[1]。①「帝国としては、日ソの間に衝突なきを得る素地を得たる今日、これを延長して、支那問題について何等話合いを行ひ、妥協の途を発見すること能はざるや、又その方法如何」。②「更に国共妥協より進んで日ソ支の関係に於て支那における戦争の終結を導くの方策を考え得られざるや」。

いずれも中国問題の解決に向けた日ソ提携の可能性を示しているが、②の提案は、「最近の英米の反重慶世論はソ連の利用する所にして支那における国民党、共産軍の妥協はその重圧の下に実現せられんとしつつあり」という現状認識を背景としていた。

これに対しモスクワの佐藤大使は、「重慶政権を中心としたる支那に対し、ソ連が発言参加し来るべき地盤を有するかは疑問」、「ソ連を我に協力的なる地位に置かんとする予想も実現不可能」とし、国共妥協についても、米英ソの重圧のもとで、その可能性は否定できないが、「さしあたって両者の妥協容易ならざるべく、仮にありとするも一時的」と指摘する。佐藤の「結論」は、「米英ソ間に協調維持せらるる以上、支那に於てのみソが米英と手を切りて日本と協調的態度を執るべしとは想像し得ざること」というものであった。

重光が中国問題でソ連と提携する可能性を主張し、佐藤がこれを否定するという応酬はその後も続く。重要なポイントは、中国戦場における共産党の地位の高まりと国共妥協の可能性であった。

本章は、大戦末期の中国戦場における国共関係の変化が、日本の対ソ・対中政策にどのような影響を与え、新たな「和平論」につながったのか、その意味は何かを探る。

一　国共関係の変化と対ソ政策

よく知られているように、1944年の中国は、アメリカ政府の重慶政権に対する不信感と、その裏返しとしての共産勢力に対する期待感が表面化した一時期であった。アメリカは、対日抗戦初期の民主化の動きを後退させていた重慶政権の独裁制や腐敗に対する批判を強め、逆に延安（共産勢力）に対する期待と評価を高めていた。この年の夏、中共勢力の現状を視察するため派遣された、いわゆるディキシー・ミッション（延安視察団）の一員であったジョン・エマーソン（John K. Emmerson）は、44年11月、大統領特使として延安に派遣されたパトリック・ハーレー（Patrick J. Hurley）を歓迎する共産党指導部によるパーティに臨んだ。その際の印象を、エマーソンはのちに、「おそらく、このときが中国共産党と米国の友情のクライマックスであった。それは、1972

年にリチャード・ニクソン（Richard Nixon）が毛沢東と乾杯するまで、二度と見られなかった光景である」と記している[2]。

この間、憲政実施をめぐって国共両党の折衝が開始され、1944年5月、中共中央委員会は、民主主義的政治制度の採用、中共および一切の愛国的政党・団体の合法的地位の承認、地方自治行政の実現保障など20ヵ条を提案する。しかし、重慶政権は一党独裁を崩さず、これらの民主化要求を受け入れなかった。こうした重慶と延安の対立は、「国共の論争は続いており、内乱の危険は除去されていない」という情報として日本側にも伝わっていた[3]。

1944年春からの日本軍の軍事攻勢（「一号作戦」）による国民党軍の壊滅的な後退という事態も共産党の比重を高める一要因であった。いずれにしても、広範な民主化要求と抗日戦体制における共産党軍の存在感の高まりは、日本側の中共認識にも変化を与えていた。陸軍部内からは、「中共は重慶政権と決して相容れぬ本質を有するにかかわらず、同政権の抗戦継続に便乗して巧みにわが占拠地区内に勢力を扶植拡大して、重慶政権に対立する全く別個の半独立政権を確立しつつある実態を正視しなくてはならぬ」[4]と説く議論が起こっていた。

1944年7月3日、「対支作戦に伴う宣伝要領」を審議した大本営政府連絡会議は、中国における共産勢力を「延安政権」と呼称し、「反共、剿共、滅共」や「中共」といった言葉の使用はできるだけ避ける方針を確認している[5]。中国における共産勢力を、拠点を有する独立した「延安政権」と認めたのは、日本政府としてはこれが最初であった。支那派遣軍は「対支作戦に伴ふ宣伝要領」を伝達されたとき、「以上の対共態度は実に180度の転回なり、北支軍〔北支那方面軍〕の剿共方針、対国民政府指導にも影響する処頗る大なり」と反発した[6]。こうした反発をよそに、一種の「容共政策」あるいは中共に対する宥和政策を政府レベルで推進したのは重光葵外相であった[7]。

中共に対する認識の変化は、まず、中央における重慶政権に対する和平アプローチに新たな展望をもたらす。開戦以来、重慶政権に対する和平工作は南京国民政府の手にゆだね、日本政府は直接関与しないという方針が日本の一貫した施策であった[8]。しかし、南京政府の態度は、重慶政権を含む「全面和平」の前提は南京政府の政治力強化にあり、というものであり、重慶へ

の和平アプローチに熱意を示さなかった。また、支那派遣軍や参謀本部も南京政府を通じてのアプローチに懐疑的であった。小磯国昭内閣は、行き詰まった重慶工作の見直しを行うが、従来とは異なる特色が見られる。

その1つは、中共に関する認識の変化を背景に、ソ連の活用という観点が浮上してきたことであった。1944年8月19日に最高戦争指導会議で決定された「戦争指導大綱」は、「重慶に対しては速かに統制ある政治工作を発動し支那問題の解決を図る。之が為極力『ソ』の利用に努む」と規定していた[9]。それまで政府が追求してきた独ソ和平斡旋という目標は形のうえでは対外施策の第1位に掲げられ、「速やかに独ソ間の和平実現に努む」とされたが、重光の御前会議における説明のように、「世界政局がソ連に有利となり、独ソ和平の意向なきこと更に明らか」となっていた。独ソ和平斡旋というアプローチは、44年9月に実質的に挫折する。

対ソ外交に関する陸軍省と参謀本部の調整案（「今後採るべき戦争指導の大綱に基く対外政略指導要領」）によれば、1944年8月下旬頃に特使をモスクワに派遣し、ソ連をして「帝国と重慶〔延安を含む〕との終戦を、已むを得ざるも延安政権との停戦妥協」を斡旋させるもの、とされている[10]。

これらの構想に見られる特徴は、ソ連の中共や重慶への影響力を自明の前提としていることである。

ところで同年秋は、ソ連に提供する具体的な代償をめぐって陸軍と外務省の間で最も真剣な議論となった一時期であった。まず、外務省案（対ソ施策要綱）は、ソ連が中立条約の延長に同意し、何らかの国交増進のための協定に達した場合には、(1)津軽海峡の通航容認、(2)漁業権の放棄、(3)北満鉄道の譲渡、(4)満洲、内蒙古におけるソ連の勢力範囲の承認、(5)日独防共協定と3国同盟の廃棄、(6)南樺太、北千島の譲渡、などの譲歩条件を考慮していた。

また、上記の陸軍省と参謀本部の調整案では、日本がソ連に提供すべき条件は、(1)日独防共協定の廃棄、(2)南樺太の譲渡、(3)満洲の非武装化または北半分の譲渡、(4)重慶地区はソ連の勢力圏とし、日本占領地域は日ソ勢力の「混淆地帯」とする、(5)戦中・戦後における日ソ間の特恵的貿易の促進、などであった[11]。陸軍との調整を経た「対ソ外交施策に関する件」（9月12日）では、朝鮮を日本に残すことを前提に、満洲や内蒙古ではソ連の勢力範囲を認めて

いる。しかし、ソ連参戦の危機が迫った最悪事態でも、南樺太や北千島は放棄するものの、南千島の譲渡は政府や軍において念頭になかったことが確認できる。

いずれにしても、これらの譲歩条件がソ連側に伝わることはなかった。その理由の1つは、小磯内閣にも留任した重光外相の対ソ・アプローチが変化したからであった。9月12日の調整案が9月15日の戦争指導会議に提出されたとき、重光は「従来研究せる対ソ交渉の件は全部中止し、今後は日ソ間の共通問題に関し理念的なものを研究し度」と発言して、同案は白紙となる[12]。では、重光のいう「理念的」なものとは何か。そこには、国際秩序を律する原則や理念、さらに共産主義イデオロギーに関わる重光の独特の考え方が反映されていた。

二　重光外相と「容共」問題

南京の畑俊六・支那派遣軍総軍司令官は、「対延安政権宣伝謀略実施要領」を目にして、これは「容共政策」であり「恐らくソ連への御機嫌とり政策なり」と観測したが[13]、延安政権に対する妥協策（「容共」政策）は、逼迫する戦況のなかで対ソ関係に対する配慮から生みだされたもの、との判断が一般的であった。しかし、延安に対する妥協策を中央において推進した重光にとって、中国における「容共キャンペーン」は単なる宣伝・謀略ではなかった。

重光によれば「防共」や「容共」は思想や主義の問題ではなく、対外政策の問題として位置づける必要があった[14]。彼の分析によれば、ソ連の対外政策は、帝国主義的な国家建設という側面とともに、「ボルシェヴィキ革命の世界的実現」という側面があり、注意を要するのは、ボルシェヴィキ革命に適すよう巧みにアジア民族主義政策を運用し、特に中国において延安政権を支援し、ナショナリズムと「赤露」の結合を推し進めていることであった[15]。こうした観点から中国情勢を観察した場合、「支那に於ては現在、事実上共産党跋扈し居り、帝国としては実際問題としては之を黙認（或る意味に於て容共的政策）せざるを得ない立場」にあった[16]。

重光は1944年11月のスターリン（Joseph Stalin）演説直後の佐藤宛電報にお

いて、中国問題に関して「何等かの地方的了解（例へば民主主義を基礎とする国共妥協の下に日蘇支間に安全保障条約を締結する等）に達する」可能性についてソ連側に打診するよう指示している[17]。米英は世界的規模での対ソ妥協のために、欧州においても、中国においても、「共産勢力」を容認する方向に動いている。しかるに中国における共産軍の「全支的勢力」に鑑み、日ソ関係の調整のためには中国の「民主主義」を承認する必要がある。そこで「日蘇妥協の一要項は日本が支那に於て防共の看板を下し、民主主義を容認すること」にあるという。

　重光は、すでに東條内閣時代に、日ソ関係の改善を図るためには、華北における「共産軍に対する遣り方にも改善を加え」る必要があると東條英機首相に説いていたが[18]、小磯内閣時代にはそれが現実のものとなり、中国における「容共政策」は対ソ妥協のポイントとなるのである。

　重光は入閣間もないころ、中国北方の共産党軍は「武力を以てしては之を鎮圧すること容易にあらず。寧ろ政治的手段に委せ武力を用ゐざる方針」に転換するならば、共産党軍をもって「対日前哨戦」とみなしているソ連に対して「緩和的効果」をもたらすはずである、と東條首相に説いている。こうした観点で重光は中国における「容共政策」の支持者となっていたのである[19]。

　ただ、「容共」政策は、あくまでソ連を対日妥協に誘う重要な手段であり、それが奏功すれば、「日蘇中立条約の強化乃至は安全保障を目的とする日蘇間条約の如きものに遭ぎ着くる基礎」となるはずであった[20]。その場合に重要な対ソ説得の材料と考えられたのが「内政不干渉」と「民族主義政策の尊重」という２つの原則の強調であった。この２点の強調は、重光の「対支新政策」とその延長である「大東亜新政策」と深く関連している。

　重光は、駐華大使の時代から、自ら「対支新政策」と呼ぶ新たな中国政策の推進力となっていた。それは、南京政府の自主自立を促すため、政治と経済の両面における「自由」を最大限に容認し、主権尊重と平等互恵を保障しようとするものであった。こうした関係が構築されるならば重慶政権の「抗日名目」は消滅することになり、日中全面和平の基礎が築かれるはずであった。1942年12月に御前会議決定となった「新政策」では、その主目標は、日華基本条約（1940年）を全面改定し、主権尊重と平等互恵を基調とする新たな

条約（日華同盟条約）を締結することに置かれていた。大東亜新政策は、こうした対支新政策の延長に位置づけられ、日比同盟条約や日緬同盟条約、さらに仏印の解放などに現れていた。

以上の新政策を前提として「容共政策」を推し進める場合、日本としては２つの考慮が必要であると重光はいう。第１は、日本の国策は共産主義を容認するものではなく、その点で「容共政策」は日本の国策と矛盾するものであり、そこで「内政不干渉の原則」をもって対応すること、第２は、大東亜宣言など日本の東亜政策は「東亜民族の解放と独立とを目的」としており、それは「ソ連の民族政策と一致するもの」として強調することであった[21]。

重光にとって、対ソ妥協の手段としての「容共政策」の最大の問題点は、ソ連が「デモクラシー」実現の名の下に「欧州赤化」に続いて「東方赤化」をねらっていることにあった。すでに東條内閣時代に、「世界赤化」との関連で、中国共産党の動向に注意を促し、「東方赤化」を防ぐ手段が「対支新政策推進及ビルマ独立等の大東亜新政策の推進」である、と重光は東條に述べていたが[22]、それが現実のものとなったのである。そこで「大東亜新政策」がソ連の東アジア政策と「民族主義の尊重」という点で同一であることを説いて対ソ妥協を図る一方、第85議会演説で述べたように「統治形式や指導理念は内政問題」という論理を前面に押し出すことによって、容共にともなう「赤化」を防ぐというのである。モスクワの佐藤大使にも、「民主主義の採用は無条件に何れの国に対しても之を承認すべきものに非ざることもとよりなるに依り、我方方針としては常に内政不干渉の原則を表示することとせり」と率直に述べている[23]。

要するに、「東亜民族の解放と独立とを目的とする我政策はソ連の民族政策と一致するものなること」を説くことによって、「日ソ両国の大局上の利害関係の一致あること」についてソ連の理解を深めるならば、「日ソ中立条約の強化乃至は安全保障を目的とする日ソ間条約の如きものに漕ぎ着くる基礎」となるはずであった[24]。

こうした重光の「理念的」アプローチを強く反映した対ソ施策が1944年９月28日の戦争指導会議決定「対蘇施策に関する件」である[25]。日ソ中立条約の維持と国交好転を「方針」に定め、「要領　一」として次のように述べてい

る。

　　　蘇をして対日提携を中心とする東亜の安定を理解せしめ帝国の世界政策に同
　　調せしむるに努む。之が為公正なる戦争目的を闡明し、帝国の対ソ提携の意図
　　を徹底せしめ東亜国家としての蘇の東亜建設及安定に対する理解を促進し、我
　　世界政策の基本理念に同調せしむるに努む。

「公正なる戦争目的」とは、大東亜共同宣言を指していることは明らかである。日本との提携がソ連にとって有利であることを認識させるために、大東亜宣言の趣旨を徹底してソ連に説くというのである。また、「要領　四」ではソ連に対する代償を用意することを避け、もっぱらソ連の対日要求の提出を待って考慮するという趣旨を述べている。

　10月28日、この新方針を佐藤大使に訓令した重光は、「此際種々の具体的提案（例へば国境に於ける相互防備撤兵案、不可侵条約案、日支ソ間の安全保障条約又は日蘇同盟条約案等）を提出するも其の目的を達すること能はざるは明か」であり、そこで「日蘇両国の世界政局上の立場より相互の立場を理解する努力」によって、「漸次共通の利害関係を見出」すことが重要と述べている[26]。大東亜宣言や対支新政策を貫く理念の公正性を説き、日ソの民族政策における利害の一致を説く「理念的」アプローチは、これらの具体的提案のための基礎作業と位置づけられていた[27]。

　その一方、中国に対しては、重慶、延安、南京の3政権の存在を認めつつ、その動向に介入せず、「中国人により中国を治めて貰ふ」という「対支新政策」の趣旨を徹底するとしていた。こうした重光の考え方は、「対支作戦に伴ふ宣伝要領」の決定から2日後の1944年7月5日に発表された「帝国政府声明」に反映されている。そこでは「今次支那に於ける我が軍事行動の目的は、一に敵米英の侵寇制覇の企図を破摧するに存し、支那民衆は固より我が友にして苟も米英との協力を排するものは重慶側軍隊といえども我が敵にあらず」と述べていた[28]。この声明は、「対手とせず」声明を修正した第2次近衛声明（1938年11月）、すなわち、国民政府（蔣介石政権）といえども、従来の指導政策を変更するならば、あえてこれを拒否するにあらず、と述べた声明と類似し

ている。実際、数次の近衛声明を参照しつつ作成されたものであった[29]。

三　日中ソ提携構想

ところで、1944年10月28日の重光の訓令（上記）には具体的提案の１つとして、「日支ソ間の安全保障条約案」が含まれているが、その発案者は大東亜省支那事務局長・杉原荒太であった。杉原は、利権問題の解決を機に、「日ソ支提携」の可能性を研究していたが、44年９月に「対外施策管見」をまとめている[30]。これによれば、「極東の情勢が今後如何なる変動推移を辿るやに付き最も影響を蒙るものは極東の地に於て互に相接壌する日ソ支三国であることは明瞭である」との認識のもとに、３国間の安全保障体制の樹立をめざすべきであり、その第一歩が日ソ間の「安全保障条約」であった。杉原は同年12月にも「極東安全保障協定案」をまとめているが、それらの条約案の特徴は、日ソ中立条約の延長ではなく、「世界政策的な観点」から共通の問題を捉え、利害の一致点を求めようとするものであるとし、「本案に於て最も留意せる事項の一つは、其の内容が閉鎖的排他的となることを厳に戒め出来得る限り普遍性（世界性）を持たしめんとしたことである」という。

具体的な条約案として、善隣友好の原則（第１条）、不脅威不侵略の原則（第２条）、極東の平和及安全保障の為の外交提携の原則（第３条）、第三国の参加（第４条）、世界平和機構との関係（第５条）などを示し、第４条は中国（重慶を含む）を想定し、第５条は「将来の対米英関係に備ふる含みを持つもの」であった。

杉原案は、日ソ条約案の眼目が、「閉鎖的排他的となることを厳に戒め出来得る限り普遍性（世界性）を持たしめんとした」と指摘されているように、重光の考え方をかなり反映したものであった。重光のいう「理念的なもの」とは、「大西洋憲章的なもの」と理解していた参謀本部戦争指導班は[31]、新たな交渉案の検討に入り、その１つとして「日『ソ』支東亜共同宣言案」をまとめていたが[32]、杉原と戦争指導班の種村佐孝大佐の親密な関係からすれば、その内容はこれに近いものであったと考えられる。

杉原案のように戦争末期には「日中ソ提携」構想が浮上したが、その背景

には、東南アジアの植民地を失った場合に備えた、戦後東アジアの秩序維持の枠組みという意味が潜んでいた。杉原案は、少なくも満洲と朝鮮半島を保持した形での終戦を想定していた。陸軍が44年末から追求していた日中ソ連合構想も、東南アジアからの撤退を前提に組み立てられたもので、満洲と朝鮮半島からの撤退は想定してはいなかった。

重光自身も、1944年後半には、もはや東南アジア占領地は放棄するものの、ソ連との妥協を前提に杉原案と同様に、満洲と朝鮮を領有したままの形での終戦が念頭にあったように思われる。というのは、第二戦線設定をめぐって軍事戦略的対立のみならず、政治的にも英米とソ連は矛盾を深めつつあると認識していた重光は[33]、東アジアの安定勢力としてソ連を迎え入れ得るという見通しをもっていたからである。前述のように、44年9月末に最高戦争指導会議で採択された対ソ政策では、日本の「公正なる戦争目的」としての大東亜宣言を説いてソ連を対日提携に誘導し、「東亜国家」として東アジアの地域的安定に貢献させるという構想が述べられている。日中ソ間のパワー・システムとして東アジアの戦後秩序を組み立てようという発想がそこに見られる。

例えば、重光は、ソ連がアジア太平洋地域において望むものは、米国の東アジア進出を防止する「国際態勢」をつくることであり、日本の壊滅や弱体化は望んでいないと分析する。そのうえで、ソ連はこうした目標のために、共産主義の中国への浸透を図っているが、日本としては、中国における「防共」政策を放棄して、対ソ妥協を図るべきであるという[34]。

しかし、大東亜新政策は共産主義を容認する政策ではかったがゆえに、「内政不干渉」原則を「外交五原則」（第81帝国議会における重光演説）の1つに加え、大東亜宣言を補完しなければならなかったのである。言い換えれば、民族の独立・互恵という国際主義的な原則による戦後国際システムと、日中ソ提携によって、アジア太平洋に台頭するであろう英米勢力に対抗するというパワー・システムとは両立可能と考えられたのである。

日中ソ提携という構想を抱いていたのは、外務省のみではなかった。1944年1月、木戸幸一内大臣は、ドイツの敗北が予測されるなかで、「我国が孤立し、有色人種として世界より総攻撃せらるる」という事態を避けるため、「東

洋的なるソ支と提携し、臨機応変の態勢を整え、ひそかに実力を蓄ふるを最も策の得たるものなり」35)と記している。

翻って、重光らの対ソ・アプローチに懐疑的であったのは佐藤大使であった。佐藤の観察によれば、ソ連をして「大東亜新政策」に同調せしめんとする日本の施策は、結局、ロシア革命以来の反共政策の放棄を意味し、それは「大戦下の日本として容易ならざる問題」であった。中国において共産軍を敵としない程度であればいまだ主義の問題ではないが、「一旦蘇連との協力の為容共の建前を取るに至らば長年帝国の取り来れる態度を棄つることとなり、次々と其の影響を受くるに至るべし」36)。

佐藤を通じて重光の対ソ施策の説明に接したモロトフ（Vyacheslav Molotov）外務人民委員も、国共関係は中国内政問題であるとして「不干渉主義」と、ソ連外交の「自主性」を強調するのみで、具体的な進展はなかった37)。佐藤の憂慮は、米英ソ3国結束の強化の進展にもかかわらず、中立維持以上の関係設定を可能とみなす日本政府の対ソ政策にあった。

四　もう1つの和平論

戦争末期の対ソ妥協策や、大陸における「容共政策」（「延安政権」との妥協策）は、日本の少なからぬ指導者にとっては共産化の脅威と映っていた。例えば、1945年2月14日、拝謁をゆるされた重臣・近衛文麿（元首相）が天皇の前で読み上げた、いわゆる近衛上奏文のなかには、「親ソ空気は次第に濃厚になりつつある様に思はる。軍部の一部にはいかなる犠牲を払ひてもソ連と手を握るべしとさへ論ずるものあり。又延安と提携を考へ居る者もありとのことなり」との指摘がある。上奏文によれば、ソ連は「共産党公認、共産主義者入閣」といった形で「やがて日本の内政にも干渉し来れる危険十分ありと思はる」のであった。

近衛上奏文に反映されている危機感は特異なものではなかった。近衛上奏文に影響を与えた人物として大東亜共同宣言の立案にも関わった外務省調査局第2課長・尾形昭二をあげることができる38)。尾形は1944年頃から近衛をはじめ重臣の求めに応じて、数度にわたって国際情勢の説明を行っている。

近衛家には尾形を通じて提出されたと思われるいくつかの資料が残されている。その1つは、ソ連勢力の欧州・東アジア進出の意図を強調し、次のように論じている[39]。

ソ連は、資本主義諸国間の抗争激化による混乱と弱体化に乗じて、「親ソ容共」的政権の樹立による「勢力の扶植」を図っており、東アジアでの当面の闘争目標は、「反帝国主義即ち半植民地乃至従属国の解放闘争」を通じた、中共を中心とする「民族統一戦線の結成」である。その意味で中共は、ソ連の「対東亜前衛」である。すでに、中共勢力の傘下に、日本人共産主義者同盟や日本人反戦同盟が結成され、その影響は日本内地、朝鮮、台湾に及びつつある——。こうした分析は近衛上奏文と一致している。

木戸内大臣も、一種の「親ソ論」を説いていた。1945年3月3日、宗像久敬が旧知の木戸を訪問して米英との直接和平の必要を説いた際、木戸は、戦争の帰趨を左右するのはソ連であり、米英との直接和平は考慮外であるとして次のように述べた。ソ連は、ドイツ降伏後には日本に仲介を申し入れ、それを受け入れなければ武力侵攻するであろう。そうなれば共産主義者の入閣を要求するだろうが、日本は条件次第では受け入れてもよい。「共産主義といふが、今日はそれほど恐ろしいものではない、世界中が共産主義ではないか、欧州も然り、支那も然り、残るは米国位のものではないか」[40]。

近衛にも面会していた宗像は、「日本が率直に米と和し（時期は別として）民主主義を容れ、皇室及国体を擁護するか、ソビエットと手をにぎり共産主義でゆくべきかは之は大なる問題なり」[41]とその日記にしたためているが、共産主義の浸透に対する危機感は、2つの和平論を生んでいた。1つは、共産化を避けるためにも米英との直接和平を急ぐべきだという近衛らの和平論であり、もう1つは、この際、共産主義の浸透をある程度容認することを前提に、ソ連を仲介とした和平を模索するという方向であった。

重光や杉原が陸軍と提携しつつ推進しようとした日中ソ提携という構想は、「第3の和平論」というべきものであった。すなわち、中国共産党を独立した「延安政権」と認めることを前提に、共産党に大きな影響力をもつとみなされたソ連を利用して、延安政権（共産党）と重慶政権（国民党）との妥協、あるいは日本と重慶政権との和平斡旋を促そうとするのである。つまり、日中戦

争を対米英戦争とは切り離して終結させるため、「容共政策」をもってソ連と中共を引きつけ、「日ソ支提携」の素地を作ろうとしたのである。これを推進した重光外相の構想は、中国における「容共政策」だけではなく、「東亜の解放」や民族主義の尊重という政策は日ソ共通のもの、と説く点でも特徴的であった。

1945年1月、佐藤はクレムリンにおいてモロトフと会見した。数日前の『イズベスチア』紙に、中共とソ連の協力がなかったために重慶政権は日本軍の打倒に失敗した、という趣旨の論説が発表され、佐藤はこの趣旨を問いただす形でソ連の対中国政策の基本を問いただした。しかし、モロトフは「中国には共産党と共産軍が存在するが、彼らは本物の共産主義者であるか否か疑わしく、ソ連が支持しているわけではない。ソ連の基本政策は内政不干渉である」と述べた。それは、「容共政策」によってソ連を対日妥協に誘導するというアプローチが婉曲に否定されたことを意味した[42]。戦争末期の政軍指導者の国共関係に対する態度は、かなりの部分がソ連の中共に対する影響力の強さや両者の親密な関係を前提に形成されていたが、モスクワと延安の関係は、日本の指導者がイメージするほど親密ではなかったのである。

それでも日中ソ提携という構想は、小磯内閣の退陣による重光外相の辞任後にも、有力な和平論として受け継がれる。

五　広田・マリク会談と日中ソ提携構想

1945年4月に成立した鈴木内閣の外相は東郷茂徳であった。東郷は外相と大東亜相を兼ね、その東郷のもとで、大東亜省総務局長に転じた杉原荒太は、同月末に「対重慶問題に関する意見」をまとめている[43]。この意見書は、重慶政権は米ソ両勢力の中国進出を避ける形での戦争終結を望んでいるとし、その点で対日妥協の可能性があるとするものであった。そこで杉原は、対ソ政策との関連を重視するならば、重慶側に提示すべき条件には、「将来の極東平和安全保障に関する抱負」を盛り込む必要があるとする。これは、重光外相時代に提案した、中国の参加を前提とした「極東平和安全保障条約」を指している。日中戦争の処理と対ソ関係とを対英米戦争から切り離し得るとい

う判断のもとに、「日中ソ」提携をなおも展望するものであったといえよう。

　杉原によれば、重慶政権は戦後経営上、延安とソ連の勢力拡大はもとより、アメリカの中国進出も望まないから、日中ソ３国間の集団安全保障構想の提案に応じるだろうという。この杉原構想は、重慶工作を復活させていた参謀本部でも好意的に受け止められた[44]。

　日中ソ提携構想が、政軍指導者の間でかなり支持されたことは、45年５月中旬の最初の最高戦争指導会議構成員会議（６巨頭会談）における合意事項に見ることができる。この６巨頭会談は、ソ連に対する和平仲介依頼について初めて合意したものであるが、対ソ提案の１つとして、「支那に就ては日蘇支三国の共同体制を樹立すること最も望ましき所なり」と述べている[45]。これに関して、６巨頭会談でどのような議論がなされたのかは不明であるが、「日中ソ提携」が有力な外交構想として浮上していたことを示している[46]。

　「日中ソ」提携構想は、中立条約廃棄通告後のソ連の参戦防止、好意的中立の獲得を目指した広田弘毅・元首相とマリク（Yakov Malik）駐日ソ連大使との箱根会談の席上に持ち出されることになる。東郷は広田にマリクとの接触に備え、参戦防止と好意的中立の獲得、さらに戦争終結に関する仲介という最終目的にソ連を誘導するために、「将来ソ連と米国と対抗するに至るべき関係上、日本が相当の国際的地位を保つはソ連にとっても有利なるを説き、かつまた日ソ支三国団結して米英に当るの必要あるを説示」するよう要請した[47]。

　６月３日、「偶然」を装ってマリクを訪問した広田は、対ソ友好関係の樹立について、「我々はアジアの安全の問題はアジアの主要国であるソ連、中国、日本によってのみ解決が可能であると考えている。……ソ連邦はアジアのかなりの部分を占めており、アジアの安全はソ連、日本、中国の協力のもとにのみ築かれる。この協力の基礎になるのが、日ソの友好である」と述べた。つまり、日ソ友好関係の構築を基礎として、アジアの安全保障に関する日中ソ間の協力関係に発展させるという構想であり、「日蘇支３国の共同体制」の樹立が最も望ましい、という６巨頭会談の合意事項に沿った提案であった。広田はマリクの回答は求めず、長期的な友好関係の樹立について国内では真剣な討議がなされており、自らも全力を尽くすことを強調して会談を終えた[48]。

　翌６月４日の会談では、マリクはアジアの安全保障に関する日ソ中間の協

力構想の具体化の方法と形式について質問した。広田はこれに対して、日ソ友好関係を増進し、それに中国をも引き入れたい、と答えている。さらに、広田は最近ではソ連の立場を正しく評価しようという傾向が各方面に見られ、この傾向を利用して長年の希望を実現したい、として次のように述べた。

　　　私はソ連がサンフランシスコ会議でインドの独立を主張し、占領地の将来の平和維持について独立許容の方針であることを知っており、ソ連が将来の平和維持機構について独自の意見をもっていることを知っている。占領地区の国際信託統治制度に関しては、これらの国々に独立を与えたいと希望していることを知っている。この意味においてソ連の政策は日本の東方における政策と一致しているのである。
　　　日本は単独で大規模戦争を行っているが、この戦争の目的はアジア民族の解放である。この意味ではこの目的も諸民族の解放をめざすというソヴィエト外交の基本路線とも一致しているのである。このような状況を考慮して、日本側はなによりもまず、日本とソヴィエト連邦との間に長期にわたる平和・友好関係の樹立の道を求めている。

　広田が触れた、サンフランシスコ会議における国際信託統治制度の問題とは、国連憲章に規定すべき信託統治制度の目的について、アメリカ代表が段階的な「自治」の促進に限定すべきと主張したのに対して、ソ連や中国が、「自治」よりも「独立」促進を宗主国の義務として掲げることを主張して、対立したことを指している[49]。

　つまり、民族独立という主張を堅持するソ連外交と日本の「民族解放」政策との一致を説くことによって、ソ連を対日提携に誘導するという、重光外相時代の対ソ・アプローチの延長線上にあった。国連憲章の立案過程において、一貫して民族独立を主張したソ連に対して、日本の民族解放政策を強調することは、それなりの効果が期待されたのである。

　ソ連側がこれに応えることはなかったが、このようなアプローチをなお有効と考えていた点で、対ソ外交についてほとんど手段をなくしていた日本側の藁にもすがる思いが伝わってくるが、同時に、アジアの解放を唱えてきた日本の大東亜政策に対する一定の自負もかいま見ることができる。

6月24日、広田は前回の提案に対するソ連側の返答を求めた。しかし、マリクは一般的な見解ではなく、具体的に「どのような関係樹立を望んでいるのかを知りたい」と問いただした。広田は「まず我々は長期間にわたる二国間の相互関係を強化」するため、中立条約に代わって東アジアにおける両国の立場を一致させ得るような関係樹立を望んでいると述べた。さらに広田は、不可侵条約、中立条約、友好条約などのなかで、どの形式の条約が妥当であるか、と問い直したが、マリクはこれには答えなかった[50]。

事実上、最後の会見となった6月29日には、広田は2通のメモを用意し、新条約案の前文に相当する部分を読み上げた。

> 日ソ間に鞏固なる永続的親善関係を樹立し、東亜の恒久的平和維持に協力することとし、之が為、日ソ両国間に東亜に於ける平和維持に関する相互支持、並に両国間に於ける不侵略関係を設定すべき協定を締結するものとす[51]。

広田は、上記の合意を達成するための日本側の条件として、満洲国の中立化（戦争終結後の日本軍の撤兵、主権と領土の尊重、内政不干渉）、石油の供給と引き換えの漁業権の放棄などを示している。マリクは、これらの条件をモスクワに伝達することは約束したが、議論は避けた。

6月末に、以上の広田・マリク会談の情報を知らされた佐藤大使は、米英ソ3国が「緊密化の一途」を辿っている現状と、日本のみが「平和回復に対する唯一の障礙者として世界世論の指弾を受けんとする実状」のなかで、ソ連が日本の戦争継続を支持する結果となるような行動をとることはあり得ず、不侵略協定や満洲国の中立化提案、さらに民族独立政策の強調もソ連にとってはもはや意味をなさず、その必要をまったく感じていないと指摘した[52]。

おわりに

戦争末期に追求された和平論は、いずれも日本にとって中立大国であったソ連の動向判断を軸に展開された。第1は、近衛上奏文のように、過剰な対ソ接近や国内的混乱がもたらす共産化の危機という見通しを背景に、米英と

の和平を急ごうとする対米英直接和平論である。第2は、ソ連の要求に譲歩し、共産化の危険を冒してでもソ連の斡旋によって対米英和平を有利なものとするというソ連仲介論、そして第3は、本章で議論したように、ソ連の中国内政（延安と重慶）に対する影響力を活用しつつ、日中戦争を米英戦争から切り離して終結させようとする日中ソ提携論であった。

　見通し得る和平条件という観点からすれば、少なくとも満洲や朝鮮の「中立化」が期待できる第3の和平論であった。そのために日本外交は大東亜新政策の理念の普遍性や民族政策における利害の一致、あるいは中国における「容共」政策を説いて、ソ連を誘導することに努めたのであった。さらに、第3（および第2）の和平論を支えたのは、対日参戦という米英との一体性を示す行動がソ連にとって唯一の選択肢ではなく、その意味で東アジアにおけるソ連の行動の「自主性」への期待であった。参謀本部の分析のように、戦後東アジアの主導権をめぐって米英ソ間の角逐が激化することは確実で、その間隙に乗じて、ソ連を米英から引き離すことが可能と考えられた。しかしながら、佐藤大使がしばしば指摘していたように、ソ連は日本の誘いに乗って米英ソ3国の結束を乱すこともなく、また、重慶政権が米英から離反するという事態もあり得なかった。

　それにしても、日中戦争を米英戦争から切り離し、戦後の東アジアをにらみつつ、日中ソ提携に至るという夢物語を最後まで追求したのは、何ゆえであろうか。国内から起こる対ソ外交への過剰な期待に応え、「万一の僥倖」を求めたためであろうか[53]。その答えは、1944年7月の「帝国政府声明」が「もう1つの近衛声明」として立案されたことに1つのヒントがある。帝国政府声明は、「支那民衆は固より我が友にして苟も米英との協力を排するものは重慶側軍隊といえども我が敵にあらず」と、近衛声明と同様の言説を展開し、和平の門戸を閉ざさないことを訴えている。近衛声明以来の中国政策の底流をなすこうした日中協力論は、日中ソ提携論を導く原動力となっていたのであろう。

注
1）1944年5月25日重光大臣発佐藤大使宛電（第532号）。本電を含む電報類は、外務省

外交史料館所蔵の外務省記録（A7.0.0.9-55）または外務省編刊『日本外交文書　太平洋戦争3』（2010年）に収録。
2）ジョン・エマーソン（宮地健次郎訳）『嵐のなかの外交官』朝日新聞社、1979年、168頁。
3）情報局分室「敵性情報」（1944年8月22日）、「敵性情報」第15、16号（44年7月27日）（「第二次欧州大戦関係一件・戦後経営問題」外務省記録 A7.0.0.8-43-4）。
4）「剿共指針」防衛研修所戦史室『北支の治安戦　2』朝雲新聞社、1971年、523頁。
5）参謀本部所蔵『敗戦の記録』原書房、1967年、28-29頁。伊藤隆ほか編『続・現代史資料4　陸軍　畑俊六日誌』（以下、『畑俊六日記』）みすず書房、1983年、477頁。明石陽至「太平洋戦争末期における日本軍部の延安政権との和平模索」軍事史学会編『第二次世界大戦(3)』錦正社、1995年。
6）前掲『畑俊六日誌』（1944年7月5日、7月8日）。
7）種村佐孝『大本営機密日誌』（芙蓉書房、1979年）によれば、1945年6月初旬、重光は、「打通作戦〔一号作戦〕とも関連し重慶工作を活発にする必要がある。これがため帝国の真意を披瀝する近衛声明のようなものを必要とする。中共に対しては、これを介して、ソ、英、米を結合させないような着意の下に研究中である」と述べたとされ、「これは大本営として、希望するところ」と記されている（215頁）。
8）戸部良一「対中和平工作　1942-1945」『国際政治』第109号、1995年。
9）前掲『敗戦の記録』55-56頁。
10）同上、35-38頁。
11）外務省編『終戦史録　上』新聞月鑑社、1952年、162-164頁。
12）軍事史学会編『大本営機密戦争日誌』錦正社、1998年（1944年9月15日の条）。
13）前掲『畑俊六日記』（1944年8月21日の条）。
14）重光葵記念館編（武田知己監修・解説）『重光葵外交意見書集　第3巻』現代史料出版、2010年、289頁。
15）「欧州の政局一之に対する帝国の地位」（1937年3月）および「赤露と世界」（37年11月）前掲『重光葵外交意見書集　第1巻』。
16）1944年12月12日重光大臣発佐藤大使宛電（第1791号）。
17）1944年11月7日重光大臣発佐藤大使宛電（第1601号）。
18）伊藤隆ほか編『続・重光葵手記』中央公論社、1988年、154-55頁。
19）同上、343頁。
20）1944年11月8日重光大臣発佐藤大使宛電。
21）1944年11月25日重光大臣発佐藤大使宛電（第1699号）。
22）前掲『続・重光手記』141、154-155、206-207頁。
23）1944年11月24日重光大臣発佐藤大使宛電。
24）1944年11月25日重光大臣発佐藤宛電（第1699号）、12月12日（同第1791号）。
25）前掲『日本外交文書　太平洋戦争3』（970文書）、前掲『敗戦の記録』186-187頁。
26）1944年10月28日重光大臣発佐藤大使宛電「対蘇施策方針ニ関スル件」（第1524号）。

27) かつて重光のもとで大東亜宣言の立案に参画していた尾形昭二も、1945年3月末、日ソ中立条約の維持について、代償を提供して交渉に入るより、「寧ろ条約問題に触ることなく大東亜共同宣言の真意を説明し、日本が世界平和を希望する手段として大東亜戦争を遂行しつつある所以につき懇談すべきである」（深川周一編『本間報告書』『八幡大学法律研究所報』第2号、1968年、278頁）と説いていたが、成否を度外視して「大東亜新政策」の一貫性を追求したという理解が、重光の立場に近いのかも知れない。
28) 前掲『敗戦の記録』29頁。
29) 重光外相は「対重慶政治工作を活発ならしむ要あり、之が為、帝国の真意を披歴する近衛声明の如きもの必要とし目下研究中」と種村佐孝大佐に述べている（前掲、種村『大本営機密日誌』1944年6月2日の条）。
30) 「対外施策管見」（昭和19年9月、杉原記）伊藤隆ほか編『高木惣吉　日記と情報　下』みすず書房、2000年。
31) 同上。
32) 前掲、種村『大本営機密日誌』（1944年9月19日の条）。
33) この点、武田知己「解説」（前掲『重光葵外交意見書集　第3巻』xxii頁）を参照。
34) 1944年11月24日、重光大臣発佐藤大使宛電（第1695号）。
35) 木戸日記研究会編『木戸幸一関係文書』東京大学出版会、1967年、50–51頁。
36) 1944年11月27日佐藤大使発重光大臣宛電（第2418号）。
37) 外務省編『外交資料・日「ソ」外交交渉記録ノ一部（中立條約締結交渉ヨリ終戦迄）』（1946年2月）、109–112頁。
38) 庄司潤一郎「『近衛上奏文』の再検討」『国際政治』第109号、1995年。
39) 「『ソ』聯ノ対欧進出ト其ノ意図—其ノ東亜ヘノ意向」（独蘇抗戦力判断資料70号、昭和19年2月10日、「近衛文麿公関係資料」陽明文庫蔵）。
40) 「宗像久敬日記」を用いた松浦正孝「宗像久敬ともう一つの終戦工作（上）（下）」（『UP』第291号、第292号、1997年）による。
41) 同上「宗像久敬ともう一つの終戦工作（下）」。
42) "Magic" Diplomatic Summary, U.S.War Department, Office of A.C. of Staff,G-2 (University Publications of America, 1980, Microfilm), No.1021（10 Jan. 1945）; Jonathan Haslam,"Soviet Entry into the War against Japan, 1945", a paper presented to the 50th Anniversary Conference; *Fifty Years After: The Close of the War and the Asia-Pacific,"* at Shimoda, Japan, August 23–26, 1995, pp. 15–16.
43) 「対重慶問題ニ関スル意見」（昭和20年4月30日、杉原記）前掲、伊藤ほか『高木惣吉　日記と情報　下』。
44) 樋口秀美『日本海軍から見た日中関係史研究』芙蓉書房、2002年、284–290頁。
45) 前掲、伊藤ほか編『高木惣吉　日記と情報　下』による（「昭和二〇－七－二、東郷外相から豊田軍令部総長に手渡したものの写」）。
46) 日中ソ提携を視野に入れた対ソ政策の推進が、「革新官僚グループ」に歓迎されたこ

とは、内閣が主導した「今後採るべき戦争指導の基本大綱」(1945年6月8日御前会議決定)の立案過程に示されている。原案の対外施策が「対ソ施策の強力活発なる実行……」と記し、対ソ施策のみであったのに対して、内閣側の主張によって、「対ソ対支施策の強力活発なる実行……」と修正される(「種村佐孝陳述録」1950年8月21日、GHQ歴史課陳述録、防衛研究所蔵)。なお、「今後採るべき戦争指導の基本大綱」において「対支施策」と「対ソ施策」とは、実質的には対ソ施策が優先されるものとの条件付きではあった。

47) 広田弘毅伝記刊行会編『広田弘毅』同刊行会、1966年、359頁。
48) 「箱根会談録」〔1945年6月から同年7月にかけ、箱根で行われた広田弘毅元首相とマリク駐日ソ連大使との手書きの会談記録〕(外務省外交史料館蔵)。
49) Christpher Thorne, *Allies of a Kind: The United States, Britain, and the War against Japan, 1941-1945*, New York: Oxford University Press, 1978, pp. 598-599.
50) 前掲「箱根会談録」。
51) 同上。広田が提出した「メモ」は前掲『外交資料・日「ソ」外交交渉記録ノ部』(153頁)による。
52) 1945年7月3日、佐藤大使発東郷大臣宛電(第1330号)。
53) 重光の要請で1944年9月初旬より一時帰朝中であった守島伍郎(モスクワ大使館の公使)によれば、重光は9月28日の決定「対蘇施策方針に関する件」について次のように語っている。「……日本は今無理な戦をして居るのだ。外交も普通の外交でなく、無理な外交をしなければならぬ。君の言ふ様に、現下の情勢でソ側にアプローチすることは、我方のウイークネスを示すに過ぎないとか、右アプローチの結昆、我が方に不利となる虞があるとか云って、用心する時ではない。結果如何を問はず、汎ゆる施策を試みて、万一の僥倖でも、求めねばならない時期である」(守島伍郎『苦悩する駐ソ大使館』港出版合作社、1952年、187頁)。

※ 本論は、黄自進・劉建輝・戸部良一編著『〈日中戦争〉とは何だったのか――複眼的視点』(ミネルヴァ書房、2017年)に所収の拙稿「国共関係と日本――戦争末期の『容共』をめぐる葛藤」をやや視点を変えて再論したものである。

第3章

韓国臨時政府の本国帰還問題に対する中国国民政府の対応
―― 終戦前後における東北アジア国際秩序再構築の一側面

裴京漢

（丸田孝志訳）

はじめに

　1931年4月、尹奉吉義士が日本軍の指導部に爆弾を投げつけた上海虹口公園爆破事件の後、日本軍の弾圧を避けるため、韓国臨時政府は上海を離れて鎮江、広州、柳州等の地へ移り、1940年以後、戦争が終結するまでの約5年間は、重慶に駐在し続けた。韓国臨時政府の重慶駐在時代の最大の目標は、臨時政府が国際的承認を得ることと、独立した軍隊（韓国光復軍）を創設して抗日戦争に参加することであった。この目標は、戦争終結後に開催される国際会議のなかで、臨時政府が独立した発言権をもつことを確保するためであった。

　しかし、海外に存在する亡命政府として単独で発展するいかなる基礎もなく、中国の支持の下で命脈を保つ韓国臨時政府が、上記の目標を達成することは非常に困難であった。1945年8月10日、臨時政府主席の金九は、西安で戦争終結の知らせを聞いて、喜びに浸る一方で嘆き悔やんだ。その理由は、

上記の目標を達成する前に戦争が終わったからであった1)。この点から見ると、臨時政府にとって戦争終結はあまりに早すぎた出来事であった。

　金九が懸念し、予想したように、戦争終結後、韓国臨時政府の選択肢はすでに非常に狭まっており、金九をはじめとする臨時政府の主要構成員は帰国の段取りを順調に完了できなかっただけではなく、帰国後に国内政治に参加する過程においても、国内外の各種の制約と抵抗に遭遇した。当時アメリカとソ連は、太平洋戦争を通じて、国際秩序の再編において東北アジア地区に決定的影響力をもっており、彼らの間の利害関係によって、朝鮮半島は最終的に李承晩を中心とする親米政権の大韓民国と、金日成を中心とする親ソ政権の朝鮮民主主義人民共和国に分断された。この時から絶えず激化していく民族的、国際的対立は、直接1950年の朝鮮戦争の導火線となったのである2)。事実上、この過程のなかで、韓国臨時政府は国内での主導権争いから排除され、この問題は今日に至るまで韓国社会において建国の正統性問題に対する疑義の起点ともなったのである3)。

　本章の最も重要な目的は、抗日戦争終結前後において、中国国民政府が朝鮮半島政策についてどのように構想し、韓国臨時政府に対してどのように支援を行ったかについて詳細に考察することである。具体的には、1943年末のカイロ会談後から1945年11月の重慶韓国臨時政府の帰国までの2年間について検討する。そして、この分析を通じて、戦争終結前後、すなわち太平洋戦争勃発後に出現した、東北アジア国際秩序の新しい主導的勢力であるアメリカとソ連の朝鮮半島に対する分割占領期に展開した、中国国民政府の政策がいかなるものであったかを分析し、また、戦後明確となった中国国民政府の朝鮮半島政策に対する基本的立場について、集中的に分析する。また、1894年の日清戦争によって東北アジアの主導権を掌握した日本が敗北した後、東北アジアの国際秩序がいかに再編されたか、また中国が当時どのような位置にあったのかについて、分析を行う。

一　戦争終結前の国民政府の対韓国政策構想

　戦後韓国の独立問題が国際社会において初めて提起されたのは、1943年11

月のカイロ会談においてである。アメリカ大統領フランクリン・ローズヴェルト（F. D. Roosevelt）の提案により開催されたカイロ会談に、中国は初めて４大国の一員として参加したが、当時蒋介石が語ったように、中国はまだ４大国の実力を備えていなかった[4]。カイロ会談において蒋介石は、戦後韓国はすぐに独立すべきだと主張した。しかし、1942年以来、アメリカの朝鮮半島政策は、日を追うごとに堅固となって、「国際共同管理」政策の引き延ばしを招き、最終的に「適切な時期に（in due course）」という前提の下に合意に達し、韓国の独立の問題はここで遅滞することとなった[5]。このような結末も４大国の１つである中国が見せた現実的な限界であった。

　カイロ会談によって（「適切な時期に」という補足はあるものの）、戦後韓国独立の基本方針が確定するにともない、国民政府は朝鮮半島の戦後処理策について、積極的に検討するようになった。特に戦争終結間近の1944年９月から、駐重慶アメリカ大使・イギリス大使の共同の招請に応じて、米・英・中３国は韓国の問題について協議し、互いに情報を交換することを取り決め、協議の範囲を限定するために「韓国問題研究綱要草案」[6]が起草された。国民政府外交部も、これに積極的に対応した。

　米・英・中３国間での韓国問題についての情報交換を確実に行うため、国民政府外交部は直ちに多方面から対策を模索し始め、広範に対応を準備した。このため外交部は1944年10月中旬から10月末まで、呉国楨次長を中心に２度政策討論会を開いた。会議は韓国問題の情報収集方策と米・英の提起した「韓国問題研究綱要草案」への対応策などの問題について集中的な討論を行った。会議においては「韓国問題研究綱要草案」のなかで提起された問題に対し、個々に討論が行われ、そして、発生し得る状況に基づきグループごとに中国側がとるべき対応策が提案された。その一方で討論会は、軍事委員会麾下の軍令部をはじめとして、行政院の経済部・財政部・農林部・交通省・食糧部などの関係部門と各国駐在の中国大使館の提供する情報および提起する意見を聴取することを決定した[7]。

　これらの問題について、当時、軍令部は停戦後連合国が朝鮮半島に軍隊を派遣する際、中国も軍を派遣して遠征軍に参加すべきだと主張していた。しかし、もしアメリカ軍とイギリス軍が同時に朝鮮半島に進入すれば、漢江以

南には英米連合軍が進駐し、漢江以北には中国軍が進駐すべきであり、中国軍隊と英米連合軍の人数の割合は4対1程度を維持し、それによって、中国軍を主とする状態を保持すべきであるとした。そのほか、韓国軍を再建する際、中国の支援の下、中国で創設された韓国光復軍を中心として組織と訓練を行うべきだと強調した。軍令部はさらに、たとえソ連が対日戦争に参加する場合でも、中国軍を中心に朝鮮半島進攻の作戦計画を実施しなければならないと明確に強調したのである。ここから、中国軍部が、日本敗戦後、中国軍を中心とした朝鮮半島進攻が実現することを予測していたこと、また韓国の建国を通じて、中国軍の強い影響を受けた光復軍を中心とする韓国軍によって、戦後朝鮮半島における中国の軍事的影響力を強固にすることを望む立場をとっていたことが明らかである[8]。

　財政部は、韓国独立後、経済建設を行う過程において、中国は財政上の援助を増加する必要があると強調した。そのため、政府の援助と民間投資の増加、韓中貿易の拡大、関税特恵の付与、韓国の新通貨制度創設への協力、財政専門家の派遣などを行うよう積極的に促した[9]。また、経済部は韓国の鉱工業の現状を比較的詳しく報告したうえで、価格の比較的安い韓国産の金・鉄など鉱産品の輸入に関心をもつ必要があると指摘した。交通省は鉄道と電信部門の従業者数と現状について報告した。農林部は韓国の農・林・漁・牧畜業の現状について、食糧部は韓国の食糧問題と韓国産食糧輸入の可能性について、報告した。

　一方、当時の駐ロンドン中国大使・顧維鈞と駐米大使・魏道明の提案は注目に値する。まず顧維鈞であるが、彼は北洋政府の駐米公使、同駐英公使、外交総長などの職務を歴任した中国外交界の中心人物であり、国民政府参加後も外交部長、駐英大使、駐米大使などを担当した、代表的な中国外交官である。そのため、その朝鮮半島問題への提案は、単なる彼個人の見解とはいえないことに、特に注意が必要である。外交部が戦後韓国問題について意見の提出を求められた際、顧維鈞は以下のような提案を行った。日本の投降後の同盟軍進攻時に、韓国人団体の指導者を中心として臨時政府を建設する。しかし、この臨時政府の外交、国防、警察などの部門には最初の3年間は中国の顧問を、財政交通部門にはアメリカの顧問を、衛生部門にはソ連の顧問

を、それぞれ置く。彼は「韓国臨時政府時期の外交と国防はわが国（中国）が主宰する」と主張している。それゆえ、カイロ会談において決定された「適切な時期」は、中国が主となる顧問政治時代とすべきだというのが、顧維鈞の主張である[10]。

一方、駐米大使の魏道明は、1944年11月中旬に提出した意見書のなかで、カイロ会談でいう「適切な時期」とは実際には一定の過渡期を経るという意味であり、過渡期の間は、中国とアメリカが中心となって管理すべきだと述べた。また、現在韓国人は十分に団結しておらず、さらにシベリアの韓国人勢力が脅威となっているが、もし中国政府が重慶の韓国独立党を援助して（これを中心に）、各方面の力を集結することができれば、韓国は解放後に統一政権を樹立することができる、と表明した。経済について魏道明は、韓国人は在韓日本企業を接収すべきであり、国際機関を通じてこれを監督、支援しなければならない、と指摘した。また、東北に居住する100万人の韓国同胞を（この機会に）帰国させる措置について考慮しなければならない、とした[11]。魏道明の意見は顧維鈞と比べて具体性に欠けるが、ほぼ同様に、中国が戦後の朝鮮半島において影響力を確保するために積極的な対策を講じるよう主張している。

国民政府の一連の対応策の模索は、太平洋戦争の過程において決定的な主導権を行使したアメリカとの協議が避けられない事柄であった。われわれは、国民政府が1945年1月から2月の間に、朝鮮半島問題をめぐってアメリカと実質的な協議を行っていた事実を確認することができる。1月23日から2月17日まで、2-3日に1回、合計11回の会議がワシントンのアメリカ国務院で行われた。毎回の会議の出席者はまったく同じというわけではなかったが、中国側は主に外交部亜東司司長・楊雲竹と2名の同伴参事官が、アメリカ側は極東部（The Office of Far Eastern）部長ジョゼフ・バランタイン（Joseph Ballentine）と日本科長エリー・ディックオーバー（Erie Dickover）と数名の実務人員が参加した。この会議の開催は、上述のような、1944年9月以後の米・英・中3カ国による朝鮮半島問題の協議と情報交換の継続を実現したものであった。朝鮮半島の戦後問題についての中国側の基本的な立場は、上述したとおりである。この会議において、アメリカ側の立場は、いくつかの点にお

いて、中国の立場と相当な隔たりを見せた。まずアメリカ側は、韓国は戦後の迅速な独立には行政上の能力が不足しており、一定期間の国際共同管理の道を通ることを避けられないと考えていた。また、中国に所在する韓国臨時政府は全韓国人民の願望を代表することはできず、臨時政府が国際外交の承認を得ることは困難であるとの見解を堅持していた[12]。このほか、韓国が戦後の経済活動を維持するために、日本の技術者の残留と利用の問題を改めて検討しなければならないとの見解を堅持した。アメリカ側のこれらの態度は、基本的に日本占領の方法を用いて韓国問題を処理するという消極的な立場を表している。

　米中会談の間、中国側代表の亜東司司長・楊雲竹は、本国外交部に指示を仰ぐ電報を発し、外交部は返電のなかで、以下の問題をアメリカに提起するよう指示している。もしアメリカが同盟軍の韓国領土進入に同意する場合、韓国光復軍も同時に韓国に進入して共同作戦・共同戦略を展開するのであれば、租借方案の規定に基づいて韓国臨時政府に援助を与えることはできるのか。また、ソ連が参戦する場合、中・英・米・ソ４国同盟がヨーロッパ解放地区の解決原則を採用して極東地区の解放を行うことができるのか[13]。ここから、中国側が最も関心を抱いたのは、アメリカの許容する範囲内で、戦後朝鮮半島に重慶臨時政府と韓国光復軍を中心とする親中政府の成立を画策することであったと理解できる。

二　戦後韓国臨時政府の本国帰還問題と国民政府の立場

　上述のように、韓国臨時政府にとって戦争終結の時期は早すぎた。臨時政府が重慶に落ち着いた後の最大の目標は、国際的な承認の獲得と独立軍、すなわち光復軍の対日戦争への参戦問題であった。しかし、これらの目標が実現しないうちに、日本は無条件降伏した。国際的に承認されず、対日抗戦に参加できなかったという現実の状況下、臨時政府の直面するこれらの困難は、まず臨時政府の主要構成員の帰国問題に現れることとなった。

　日本が1945年８月15日に無条件降伏すると、韓国臨時政府はすぐに帰国工作に着手した。金九は西安にいたため、８月16日に開催された国務委員会に

出席できなかった。会議は「臨時政府が代行している政権を韓国国民に返還するため、必ず速やかに本国に帰還しなければならない」と決定した。17日に開催された臨時議政院会議において、朝鮮民族革命党を中心とする野党は、本国帰還の前にまず国務委員が総辞職して、臨時政府改組工作を実現せよという主張を提起して、帰国問題は遅延することとなった[14]。しかし、18日に西安から帰って来た金九が国務委員会を開いて、「現在の状態で即時帰国する」と決定した。

即時帰国の決定後、8月22日、金九主席は中国国民党中央党部および中央秘書処秘書長の呉鉄城を訪問して、会談を行った。会談において呉鉄城は金九に、アメリカ軍と中国軍は韓国南部地区に進駐し、ソ連軍は韓国北部地区に進駐することになり、占領軍の資格で信託統治あるいは軍政管理を実施した後、独立政府を樹立することができると告げた[15]。これに対して金九は、もしソ連軍が韓国北部に進駐するなら、共産党の勢力の拡大が心配であると語った。同時に中国政府が臨時政府を積極的に支援し、援助すること、臨時政府に対して国際的な外交上の承認を与えることを要請した。もし、すぐさま外交上の承認を行うことが困難であるならば、臨時政府が帰国して正式の政府を樹立した後、中国政府が率先して韓国政府に国際上の承認を与えるよう要請した[16]。この呉鉄城との会談を通じて、臨時政府は、アメリカ軍とソ連軍が間もなく韓国に進駐し、占領軍主導の下、韓国に対して信託統治あるいは軍政管理が実施されるという事実を知ることとなった。

呉鉄城との会談の2日後、すなわち8月24日[17]、臨時政府は中国政府に具体的な要請を含んだ覚書を提出した。具体的な内容はそれぞれ、中国政府が表に立って、同盟国に対して臨時政府に国際的な承認を与えるよう提案する、臨時政府の帰国問題についてアメリカ軍当局と協議する、統一的な機関を創設して、中国各地に分散する韓国同胞ができるだけ早く帰国するのを援助する、日本軍に強制参加させられた韓国籍兵士を優待し、彼らが韓国光復軍に編入するよう協力する、韓国臨時政府に対して帰国に必要な経費の3億元の借款を提供する[18]ということであった。ここから、臨時政府が中国側の援助を受けて、本国帰還のステップを加速するのと同時に、1940年以来の臨時政府の最大の目標、すなわち国際的な承認の獲得と光復軍拡充による対日参戦

を、引き続き推し進めていたことがわかる。

　臨時政府はまた、すでに帰国後に独立国を建設する具体的な方案を準備していた。日本が降伏宣言文書に署名した後、すなわち９月３日、臨時政府は即刻本国に帰還して国家建設を行う宣言を国内外に発表した。「国内外の同胞に告げる書」と題するこの宣言のなかで金九は、「臨時政府は最短期間内に帰国し、帰国後、国内外の民族指導者を招集して過渡期政府を樹立する。過渡期政府成立以前の国内のすべての行政権と対外関係についての職務などは臨時政府が行使する。過渡期政府成立後、臨時政府はその保持するすべての権利を引き渡し、過渡期政府の主導の下、全国で普通選挙を実施して正式な政府を樹立する」と表明した。つまり、独立国家建設の正式の日程と計画を提起し[19]、臨時政府の主導下に過渡期政府を樹立し、過渡期政府の主導下に正式な政府を樹立するという段階的な国家建設の構想を具体的に提示した。

　しかし、臨時政府のこのような構想と主張は、戦争終結後から朝鮮半島において進行していた現実から見れば、実現の可能性はなかった。ソ連が対日宣戦を布告した（８月８日）後の８月11日、アメリカ軍は、北緯38度線を境界線として朝鮮半島を占領するという内部決定を行った。この計画はソ連に全面的に受け入れられ、ここから米ソ２大国が朝鮮半島を分割占領する政策が確定していくこととなる[20]。太平洋戦争の進行と終息の過程において、決定権を行使するアメリカは、朝鮮半島問題をソ連とともに処理するなかで、中国を排除して、いかなる発言権も与えなかった。ここから見ると、８月22日に金九と呉鉄城との会見において、呉鉄城が表明したアメリカ軍は中国軍とともに朝鮮半島の南部地区に進駐するという言い方は現実とは相当な距離があり、中国側の「希望事項」にすぎないといえる。この点から見ると、臨時政府が国際的な承認を得ることを含む韓国の多くの問題の解決は、中国の影響力に依拠するだけでは相当な限界があることがわかる。金九など臨時政府の主要人員の帰国とその後の活動のなかで、中国の支援のみを要請する立場とその選択の余地は、とりわけ狭く、助けにならないものであった。

　それでも、国民政府は臨時政府の支援要請に積極的に対応した。同時に自身もまた積極的に朝鮮半島問題に介入して、その解決策を提起していた。８月24日、蔣介石は覚書についての報告を受け取った後、８月29日、１億元の

特別援助金を与える決定を下した[21]。また、9月26日、臨時政府の要請を受けて、金九と直接会談を行った。中国側の秘書長・呉鉄城と韓国側通訳の法務部長・朴贊翊が陪席したこの会談において、金九は中国政府に以下のような要請を行った。中国がアメリカと交渉して、臨時政府の主要構成員が帰国する際、移動手段について必要な援助を提供することを希望する。臨時政府は主要構成員が臨時政府の名義によらず帰国することを受け入れるが[22]、中国がアメリカと協議して、臨時政府主導下に全国選挙を行い、正式な政府を樹立することを希望する。同時に、臨時政府に一定額の借款を供与して、時下の緊急な需要を満足させることを希望する。その他、中国にいる韓国人同胞に対して合理的な形で落ち着き先を見つけることを希望する。蔣介石はこれらについて、移動手段については、すでにアメリカと協議中である、借款については考慮する、提起された韓国人同胞の問題については、臨時政府の要求に基づいて援助する、帰国後の臨時政府の国際的地位と役割の問題は、後に引き続きアメリカと交渉する、と表明した[23]。

一方、9月中旬から国民政府の内部では、軍事委員会を中心に多くの機関を組織して専門会議を開催し、戦後韓国の問題について協議が行われた。軍事委員会が招集して開催されたこの会議では、韓国臨時政府と韓国光復軍が間もなく帰国するという状況下、今後韓国国内に親中政権が樹立され、韓国光復軍が新しく成立する韓国国防軍の基礎となることが主張された。会議は、具体的な実施目標として「7項基本大綱」を提起した。その主要な内容は、以下のようであった。日本軍に所属していた韓国籍の投降兵士を中心に構成された韓国光復軍に支援を行い、韓国軍を創設し、彼らができるだけ早く韓国国内に入れるように協力する。軍事、政治、経済の専門家によって軍事代表団を組織し、韓国に派遣する。まず特派員を韓国ソウルに駐在させ、軍事委員会は工作拠点の建設を確実にする。韓国への借款援助を実現するため、韓国との租借法案を成立させる。中国各級の軍、政治、教育機関は韓国留学生の入学定員を確保して、韓国が軍事・政治幹部などを長期的に育成するのに協力する。韓国が平津一帯あるいは韓国国内に軍官学校を創設して、軍の建設に必要な幹部などを育成するのに協力する。臨時政府と韓国光復軍の各項の要求に対してどのように処理するか、討論し決議する[24]。ここから、軍

事委員会の方策が、韓国光復軍を中心とする韓国軍隊の創建を通じた、韓国における親中政権の実現にあったことがわかる。

　上述のように、アメリカが８月11日に朝鮮半島を分割占領する計画を確定した後、ソ連とアメリカはそれぞれ朝鮮半島に進軍、駐留した。アメリカ軍はソ連軍よりも、朝鮮半島に進駐するのがやや遅れた。８月15日頃、太平洋地区アメリカ陸軍司令官のダグラス・マッカーサー（Douglas MacArther）指揮下の24軍団は、占領軍として韓国に向かうよう通知を受けた。24軍団長のジョン・ホッジ（John R. Hodge）は、９月８日に24軍団を率いて、輸送船で仁川に到達した[25]。それから、ホッジは解放と革命の熱気に沸く韓国において軍事管制を実施するため、韓国進駐前にマッカーサーから受けた、「米英中ソ４大国の行政機関を樹立して、国際信託統治を実施する」という基本戦略を積極的に実行した。しかし、アメリカ軍が当時直面した韓国国内の現実は非常に複雑で、当時すでに強い政治的影響力をもち、正式に政府の形態を成立させた「朝鮮人民共和国」と、重慶臨時政府を代表とする海外独立運動勢力にどのように対応するかが、アメリカ軍の直面する最大の問題となった。ホッジは韓国に進駐した１週間後、９月15日にマッカーサー将軍に電報を送り、「重慶亡命政府に臨時政府の資格での帰国を促し、十分に軍政の名義を利用する」という建議を行った。９月下旬、東京のマッカーサー司令部と国務院は、この問題について協議を行った。アメリカ国務院の返答は、1945年１月から２月にかけて中国と協議を行った際にすでに表明した立場と同じく、依然として臨時政府の資格を承認することはできず、まとまった形でこれを韓国に帰還させることは認められないという態度を堅持したものであった[26]。

　９月26日、アメリカ政府国務長官代行ディーン・アチソン（Dean Gooderham Acheson）は、駐米中国大使・魏道明に「重慶の韓国籍人士の個人の資格を前提としての帰国時の交通問題について検討している」と通知しており、ここから当時のアメリカ国務院の立場を知ることができる。アメリカ国務院のこの返答は、９月15日に蔣介石が魏道明に送った、魏道明とアメリカ国務院との韓国臨時政府問題についての協議を手配した電報と関係があると見られる。蔣介石は、９月15日に発した電報のなかで、ハリー・トルーマン（H. S. Truman）大統領の韓国問題に対する立場を確認することを要求し、ローズヴェルト前

大統領との協議内容——まず４カ国が共同で韓国の訓政政府を樹立した後に、韓国の完全な独立を実現する——について提起した。この計画を完成させるには、重慶の臨時政府を育成して、その実力を拡充させる以外、よい方法はない。そのため、蔣介石はアメリカとの協議を指示した[27]。アメリカ側は臨時政府が「政府」の資格で帰国することに明確に反対を表明したが、これはアメリカが臨時政府を基礎にした正式な韓国政府の成立に反対することを示すものである。10月17日、アメリカ国務院・陸軍部・海軍部から構成される３部門の調停委員会（SWNCC）は、最終的にアメリカの立場を確認した後、「臨時政府に公開の承認を与えることはできないが、必要な場合、個人の資格で活動を行うことはできる」という決定をマッカーサーに伝達した[28]。

アメリカ側が、臨時政府の主要構成員は個人の資格で帰国するという立場を中国外交部に伝達すると[29]、韓国に駐在する軍政長官のホッジは自身の秘書ローガン（Logan）大佐を上海に派遣し、アメリカの立場を韓国光復軍司令官・李青天に伝えた[30]。その後、臨時政府の主要構成員は個人の資格で帰国する手続きを始めた。10月24日、中国国民党が盛大な歓送の宴を催したほか、中韓文化協会などの民間団体も韓国臨時政府のために歓送の宴を催した。10月29日、金九は蔣介石を訪問し、韓国独立運動に与えた一連の援助、特に韓国臨時政府の帰国について与えた１億元と20万ドルの支援[31]について蔣介石に謝意を表した。11月４日、蔣介石は臨時政府の主要構成員のために茶会を催し、韓国が一日も早く独立を実現するよう神に祈ると語り、皆に惜別の意を表した。同時に上海市長・銭大鈞に電報を発して、金九一行を手厚く接待するよう指示した[32]。

11月５日、臨時政府29人の主要構成員は２機の飛行機に搭乗して重慶の珊瑚覇空港を出発し、５時間後に上海に到着した。韓国臨時政府にとって13年ぶりの上海帰還であった。上海では、韓国便の飛行機の準備と個人資格での帰国についての署名などの問題で長い時間を費やし、11月19日、個人資格での帰国について署名した書類をアメリカ当局に提出した。23日、金九主席と金奎植副主席、李始栄、厳恒燮、柳東説ら15名の第１陣の人員は上海から出発し、空路３時間を経た午後４時、金浦空港に到着した。アメリカ軍政当局はこの帰国の情報をすべて封鎖しており、帰国時のもの寂しい雰囲気は彼ら

の苦難に満ちた先行きを予告するものであった。

　臨時政府の主要構成員が帰国した後も、国民政府は韓国問題に関心をもち続けた。国民政府が韓国問題に引き続きどのように関心を払っていたかを示す最もよい例が、1945年12月に国民政府外交部が提出した「韓国問題之対策」という報告書である。文章が書かれた時期から見ると、アメリカ軍とソ連の朝鮮半島における駐留体制は一定程度安定したものになっていたが、この報告書は、朝鮮半島でのアメリカとソ連の相互の勢力を調和し、韓国と北朝鮮を融和させることを目的としており、この間中国が十分に役割を果たし、金九指導下の韓国独立党を中心とする親中分子の育成を通じて、中国の影響力を拡大する必要があるとしていた。また、この報告書は、カイロ会談が決定した「適切な時期」の意味するふさわしい収束の問題を、国連の会議に提出して、アメリカ軍とソ連軍の早期撤退を実現させることを提案している。そのほか、韓国とアメリカ・イギリスの協議を助けて、金九を中心に正式な政府を組織して、できるだけ早く国際的な承認を獲得する、韓国光復軍の帰国を実現させ、韓国軍新設の基礎とするため、毎年優秀な韓国青年を選抜して中央大学を含む各大学に派遣して留学させ、同時に韓国で軍事、政治、社会などの各領域の幹部を育成する[33]ことなどを主張している。中国は1945年12月末、完全に影響力を喪失し、アメリカ軍が朝鮮半島で軍政体制を整えた後も、臨時政府と韓国光復軍の育成を中心とする親中政府と親中軍隊を建設するさまざまな方案を模索し続けていたのである。

おわりに

　戦後韓国の独立問題はカイロ会談において初めて提起されたが、アメリカ側が「国際共同管理」の推進を主張して韓国の即時独立を扼殺した際、中国側は「適切な時期」という前提条件を受け入れざるを得なくなり、戦後朝鮮半島での影響力を確保するため、多様な方策を準備することに努めた。特に戦争終結が予測されるようになった1944年9月頃から、駐華アメリカ大使館、同イギリス大使館と国民政府外交部の間では韓国問題についての協議が展開した。その後、外交部を中心に広範に軍事委員会軍令部、行政院傘下の各部

門、駐米大使館、駐英大使館などの海外外交機関の意見の収集が開始された。内容はおおよそ中国軍を朝鮮半島に派遣して進駐させることであり、焦点は重慶臨時政府と韓国光復軍への支援を通じて親中的韓国政府を樹立することにあった。

しかし、戦後朝鮮半島に対する中国の構想は、太平洋戦争後に次第に東北アジアの主導権を掌握したアメリカの構想と一定の隔たりがあった。アメリカは戦後韓国の独立能力に対して基本的に否定的な態度を保持しており、一定時期間、朝鮮半島において国際共同管理を実行することを構想した。同時にアメリカは重慶の臨時政府は全韓国人を代表することができないと認識し、そのため、臨時政府の地位を完全には承認することができなかった。このような状況下、中国は駐重慶アメリカ大使館を通じてワシントン国務院と絶えず協議を行い、中国側の主張を貫徹しようと努めたが、このような努力は成果をあげることが困難であった。

1945年8月15日に突然戦争が終わると、韓国臨時政府、中国国民政府ともに戦後韓国問題の処理過程での発言権を取り消された。特に1945年11月中旬に至ると、臨時政府の主要構成員の帰国問題をめぐって、臨時政府・中国・アメリカ間の長い協議過程において、中国と臨時政府はほとんど何の発言権もなかった。アメリカの牽制の下、臨時政府と中国側の一刻も早い帰国を達成しようとする目標は、結果として実現困難となった。臨時政府は政府の資格で帰国することを認可されず、結局個人の資格で韓国に帰還するほかなかった。すでに東北アジアの新しい主導権を掌握したアメリカとソ連の2大強国の強い影響の下、戦後東北アジアの新しい国際秩序は再編され、カイロ会談後、4大国の一員となった中国は、米ソ2大強国の主導権に抵抗し、独立した発言権をもつだけの十分な国力がなかった。

韓国が1910年に日本の植民地となって以来、中国に亡命した韓国独立運動家は、中国の積極的な支援の下、ようやく共同で抗日戦争に参加できるようになった。抗日のため、1910年から1945年の間、中韓の間には一貫して相互扶助の関係が維持されており、これは20世紀前半の中韓関係の主要な道筋ということができる。しかし、注意深く分析すると、「中韓の相互扶助」のなかには複雑な形態が存在していることがわかる。特に本章が叙述した、抗日戦

争終結前後の一定期間、韓国臨時政府の本国帰還問題をめぐって表出した「中韓の相互扶助」関係は、同様に複雑な形態となった。戦争終結と同時に進行した東北アジア国際秩序再編の問題において、「中韓の相互扶助」関係はさまざまな困難に突き当たることを避けられず、最終的には非常に曲折した局面となったのである。

注

1) 当時、韓国光復軍とアメリカ戦略情報局 (OSS) との作戦協力計画 (朝鮮半島に派遣する情報部隊が行う訓練) について、アメリカ軍と協議していた金九は西安訪問中であった。1945年8月10日夜、陝西省政府主席の祝紹周の招待を受けていた時に、間接的に日本の投降の報を聞いた (実際にはポツダム宣言受諾の報)。金九著、都珍淳注『白凡逸志』(ハングル) ソウル：ドルベゲ出版社、1997年、749-750頁。

2) 朝鮮半島の南北内戦は、同一民族間の対立という矛盾が引き起こした戦争というよりは、別の側面から見れば、東北アジア地域の国際秩序再編過程のなかで新たに台頭した主導勢力のアメリカとソ連の対立が引き起こした「国際戦争」であり、アジアの冷戦の起点へと拡大したものである。

3) 韓国歴史学界には、大韓民国建国の日を臨時政府成立の1919年4月12日とするか、李承晩政権成立の1948年8月15日とするかの論争がある。朴槿恵政権が推進した歴史教科書の国定化問題が歴史学界の強い反発を招いたのも、李承晩政権の成立をもって建国の日としたことに一定の関係がある。

4)「上星期反省」『蔣介石日記』1942年1月3日、米スタンフォード大学フーヴァー研究所所蔵。

5) 裴京漢「カイロ会談における韓国問題と蔣介石」『歴史学報』(ハングル) 224号、韓国歴史学会、2014年12月、305-335頁。

6)「美国大使館来件訳文 (1944.9.26)」『韓国問題研究綱要及資料』外交部檔案11-EAP-06113、15-17頁。「呉次長約会美国大使館艾其森団話 (1944.11.26)」『韓国問題研究綱要及資料』外交部檔案11-EAP-05862、17-19頁。

7)「韓国問題討論会記録 (1944.10.14；10.31)」『韓国問題研究綱要及資料』外交部檔案11-EAP-6113、36-158頁。

8)「有関韓国軍事部門各問題意見」『韓国問題研究綱要及資料』外交部檔案11-EAP-06113、88頁。

9)「有関韓国財政部門各問題意見 (1945.1)」『韓国問題研究綱要及資料』外交部檔案11-EAP-06113、82頁。

10)「顧維鈞致外交部電 (1944.12.1)」『韓国問題研究綱要及資料』外交部檔案11-EAP-06113、124-127頁。

11)「魏道明致外交部電 (1944.11.17)」『韓国問題研究綱要及資料』外交部檔案11-EAP-

06113、122-123頁。
12)「高麗問題中美会談紀録：第四次会議紀録（1945.1.30）」外交部檔案11-EAP-05862、91-92頁。
13)「簽呈（1945.2.21）」外交部檔案11-EAP-05862、33頁。
14) 当時臨時政府内閣は国務委員14名で構成されており、そのなかには韓国独立党8名、朝鮮民族革命党4名、朝鮮民族解放同盟1名、朝鮮革命者総同盟1名がいた。金喜坤「重慶時期大韓民国臨時政府の指導体制」、同『臨時政府時期の大韓民国』（ハングル）ソウル：知識産業社、2015年、199-200頁。朝鮮民族革命党などの臨時政府改造の要求については、「韓国臨時政府醞醸改組検之近況（1945.8.29）」、白凡金九先生全集編纂委員会編『白凡金九全集』第5冊、ソウル：大韓毎日申報社、1999年、654-655頁を参照。
15) 以下、本文で述べるように、8月11日以後、アメリカ軍とソ連軍は、戦後朝鮮半島に対して分割占領を行うことを決定する。これについて、中国軍がアメリカ軍とともに朝鮮半島南部地区に進駐するという呉鉄城の当日の発言は、現実とは一致しないが、中国側の期待を間接的に反映している。
16)「呉秘書長接見韓国臨時政府金九主席談話要点」前掲『白凡金九全集』第5冊、652-654頁。
17) 同じく8月24日、ソ連の軍隊先遣隊は平壌に進駐した。ソ連軍は平壌到着の演説のなかで、「征服者としてではなく、解放者として」韓国に入ったとし、ソ連は自ら現地の人民に彼らの秩序に従うように強制することはなく、韓国の人民がこの国家の主人である、と語った。しかし、8月26日、約3000-4000人のソ連軍が平壌に進駐すると、平壌に軍事司令部を設け、同時に朝鮮半島北側全域をつなぐ軍政体系を建設し、民政管理総局を設立して軍政執行機関とした。これに対して、アメリカ軍のジョン・ホッジ将軍は第24軍団を従え、9月3日、沖縄から出発して9月8日に仁川港に到着したが、ソ連より10日前後到着が遅れた。
18)「備忘録」前掲『白凡金九全集』第5冊、655-658頁。
19) 金九「告国内外同胞書（1945.9.3）」前掲『白凡金九全集』第5冊、670-671頁。
20) 太平洋戦争勃発後、アメリカはソ連の対日参戦を強く望んだ。ポツダム会談開催前日の1945年7月16日、原子爆弾の実験に成功すると、ここからアメリカは方針を転換し、韓国問題においてソ連を排除する戦略をとるようになった。しかし、8月6日、広島に原子爆弾が投下されると、8月8日、ソ連は突然宣戦布告して、アメリカが朝鮮半島を独占する計画は不可能となった。アメリカはすぐに国防部を中心に朝鮮半島をソ連と分割占領する計画を開始した。8月11日、アメリカ国防部戦略政策団は、1945年2月頃から国防部が検討してきた方針に沿って、北緯38度線を境界線としてソ連とともに朝鮮半島を分割占領することを決定した。ソ連は東北アジアでの影響力を確保するため、アメリカの境界線の提案を受け入れ、戦後の朝鮮半島の分断が引き起こされた。李完範「ソ連の対日戦争参戦と38度線接収　1942-1945」『韓国政治外交論叢』（ハングル）14、1996年、李完範「アメリカの38度線確定過程と政治意図（1945年8月10

21) 「簽呈：金九以臨時政府返韓及派遣幹部赴各地収編韓青年転請借」前掲『白凡金九全集』第5冊、685頁。
22) 金九のこの発言から、臨時政府はこの時すでに、臨時政府の資格で韓国に戻ることが難しいことを、ある程度懸念していたことがわかる。本文で後に詳しく述べるように、10月8日、極東地区最高司令官ダグラス・マッカーサーは、駐韓司令官ホッジの提案を受け入れ、臨時政府の主要構成員が帰国するのに同意するが、公然と臨時政府の名義を適用することはできないとし、臨時政府に個人名義での韓国帰還を許すこととした。
23) 「総裁接見韓国臨時政府主席金九紀録（1943.9.26）」前掲『白凡金九全集』第5冊、672-674頁。同日、金九は蔣介石への手紙のなかで、解放後南北分裂など国内の混乱を引き起こした政治問題を解決するため、国外の韓国人民ができるだけ早く帰国して政治上の統一を実現することを渇望する、と記した。臨時政府は国際的な承認を得ることができなかったが、事実上の政府として、国民政府に対し以下の要請を行った。中国政府とアメリカ政府が協議を通じて、非公式な革命過渡期政府という形式を黙認し、帰国後、正式な政府の成立まで、臨時政府を拡大して過渡期政府に改編することを希望する。300万の在華韓国人を適切な場所に落ち着かせるため、韓中特別委員会を創立する。中国国民党と韓国独立党の間で代表を派遣して連絡をとる。日本軍に所属していた韓国籍兵士を韓国光復軍に編入する。重慶に生活する数百名の韓国人が順調に韓国に戻ることができるよう、交通上の便宜を提供する。中国から3億元を借款する。おそらく金九はこのような内容の手紙を、蔣介石と直接会談した際に自ら手渡したものと思われる。この手紙の原文は、王正華編『蔣中正総統檔案―事略稿本』第62巻、台北：国史館、2011年、691-694頁に記載されている。
24) 「韓国問題計画大綱」国史編纂委員会編『大韓民国臨時政府資料集』（ハングル）25、果川：国史編纂委員会、2008年、359頁。
25) 鄭容郁『解放前後時期のアメリカの対韓政策』（ハングル）ソウル：ソウル大学出版部、2003年、129-132頁。
26) 同上、135-136頁。
27) 前掲、王編『蔣中正総統檔案』第62巻、575-576頁。
28) 鄭秉峻「駐韓アメリカ軍南韓進駐前後の対韓情報と初期策定占領政策」『史学研究』（ハングル）51、1996年、172頁。
29) 臨時政府主要構成員が個人の資格で韓国に帰国することに、蔣介石が初めて言及したのは、10月18日「関於韓国事項的指示」においてであった。「総裁在山洞林園指示有関韓国事項（1945.10.18）」前掲『白凡金九全集』第5冊、685頁。
30) 当時、ローガン大佐とともに上海を訪問した呉光鮮は、金九と面会しようと試みたが果たせず、結局、上海に来た韓国光復軍総司令官・李青天と面会した。金斗燦「呉光鮮将軍」『新東亜』（ハングル）1971年2月号、257-258頁。
31) 前掲、王編『蔣中正総統檔案』第62巻、319-320頁。11月4日の「上星期反省録」に、

蔣介石は「韓国独立党金九主席に1億5千万元と20万ドルを与えた。中国もやや苦しいが、韓国に援助をしないわけにはいかない」と記している。『蔣介石日記』1945年11月4日。なお、本文には10月29日付『蔣中正総統檔案』の金額を記載した。
32）前掲、王編『蔣中正総統檔案』第62巻、406-407頁。
33）「韓国問題之対策1945年12月」『韓国問題研究綱要及資料』外交部檔案11-EPA-06114、33頁。

第4章

国共内戦下の戦後日中提携
—— 支那派遣軍と国民政府

加藤聖文

はじめに

　日中戦争は8年（1937-1945年）にわたる戦争であったが、最終的に戦勝国となった中国が一方的な被害を受けた点で大きな特徴をもっている。本来ならば戦勝国となった中国が敗戦国日本に対して巨額な賠償請求および戦争犯罪人の処罰に関する権利を有していた。しかし、結果はそのようにはならなかった。当時の米ソを中心とした国際政治の影響は無視できないが、それ以上に中国が抱える内部事情によって敗戦直後から日中間で奇妙な提携が築かれたことが重要な意味をもっているといえる。

　1945年8月に日本がポツダム宣言を受諾した際、国外に展開していた日本軍は350万人を数えた。その多くは軍組織が壊滅するか本国と切り離されて孤立したものが多かったが、中国本土に関しては支那派遣軍がほぼ無傷のまま105万人の兵力を保持していた。一方、中国は戦勝国となったものの、国民政府軍（国府軍）は一部に米軍の支援を受けた精鋭部隊が存在していたものの、全体としては支那派遣軍よりも規模・装備において大きく劣っていた。しかも中国共産党軍（中共軍）との衝突が各地で頻発し内戦が本格化しつつあった。

さらに、長期にわたる戦争で荒廃した国土の復興が急務であったが、自力で再建することは困難であった。
　このように中国の戦後は、戦争中よりも複雑かつ困難な課題が山積していた。なかでも蒋介石が指導する国民政府にとって、最初に克服しなければならない課題は、無傷の支那派遣軍をいかに混乱なく降伏させて武装解除を円滑に進めるかであった。このプロセスは一歩誤ると支那派遣軍の暴発を招き、中国社会をさらに混乱させて戦後復興を妨げる可能性が高かった。したがって、蒋介石は支那派遣軍に対して、戦勝国として一方的な処理を推し進めるのではなく、相手方の対応を見極めて慎重に進めなければならなかった。そして、その過程ではある程度の妥協も必要であった。
　本章では、大戦直後の複雑な国際関係のもとで本格化した国共内戦の影響を受けて支那派遣軍と国民政府の思惑が一致したことで両者が急速に接近し、協力関係を築いていった過程をとりあげ、支那派遣軍による積極的な日本人技術者の留用や共産党軍との戦闘への参加、さらには岡村寧次ら支那派遣軍幕僚を中心とする日本人戦犯問題の国民政府による処理などを具体例として、両者の関係を実証的に解明することを目的とする[1]。
　このような検証のなかから、戦後日本において日中戦争の実態が検証されないまま、戦争責任が曖昧にされていった結果、日中関係が歪なまま現在にいたった要因を明らかにしたい。

一　ポツダム宣言受諾と「対支処理要綱」

　日本がポツダム宣言受諾を最終的に決定した1945年8月14日時点で海外に展開していた日本軍は、350万人を数えた。本土を除くと日本軍の作戦地域は3つに分けられており、それぞれ総軍（支那派遣軍・関東軍・南方軍）が最高司令部として存在していた。しかし、南方軍はビルマ方面戦線が崩壊し、フィリピンやボルネオに連合軍が上陸したことで、実質的に本土との交通路が遮断され、戦力は著しく低下していた。また、関東軍は戦争末期の南方への兵力抽出によって戦力が大幅に低下したことに加えて、敗戦直前のソ連軍侵攻によって決定的な打撃を受けていた。

このような状態のなかで唯一、支那派遣軍のみが一定の戦力と軍組織を維持し続けていたのである。連合国軍の反攻によって敗退を重ねていた日本軍のなかで、支那派遣軍の状況は例外であった。中国本土とインドシナ半島を結ぶ陸上輸送ルートの構築と米空軍基地破壊を目的として1944年4月1日に発動された一号作戦（大陸打通作戦）は、日本軍の組織的大規模軍事行動としては最後のものであり、インドシナ半島との陸上輸送ルートの構築には失敗したが、支那派遣軍の地上戦能力の高さを示すものであった。また、この作戦によって国民政府軍の弱体化が露呈し、中国戦区の指揮権をめぐって在華米軍司令官ジョセフ・スティルウェル（Josepf W. Stilwell）と蒋介石との対立が顕在化し、スティルウェル解任によって米中関係が悪化するという副作用が起きていた。なお、この大陸打通作戦によって華北の日本軍が南下したため、空白区域が拡大した華北に中国共産党軍が浸透することになり、これが大戦終結後の共産党勢力拡大の基盤となった。

　支那派遣軍は大陸打通作戦が失敗したものの、44年11月に第6方面軍司令官・岡村寧次が総司令官に就任すると、重慶進攻作戦構想が練られることになった。大本営は本土決戦に備えて支那派遣軍の戦力を華北・華南の主要都市に集中させると同時に、ソ連の対日参戦を想定して関東軍への兵力抽出を意図していた。しかし、岡村は逆に国民政府軍主力に大打撃を加えて和平の糸口にすると同時に、米軍を中国本土へ引きつけ本土決戦を遅らせようと考えており、4月にその一環として芷江作戦を発動した[2]。

　芷江作戦は、連合国軍の圧倒的な制空権の下、米式装備された国府精鋭部隊の反撃によって6月に挫折する。この頃、日本の軍事的敗北は決定的となっており、6月になって大連で梅津美治郎参謀総長が岡村総司令官および山田乙三関東軍総司令官と会合し、各総司令官はその場で総長から大陸命第1335号・第1341号等を伝達された。

　この大陸命第1335号は、華中・華北の戦略態勢強化と湖南・広西・江西省方面の占領地域を撤収し、兵力を華中・華北へ集中すること、あわせて第1軍（北支那方面軍隷下）を満洲方面へ転用することを命じていた。また同じく大陸命第1341号において、対ソ防衛作戦準備に取りかかることも指示された。この結果、支那派遣軍は新たな任務としてソ連軍進攻に備えて態勢を強化す

ることになった[3]。

　こうした状況のなかでポツダム宣言が発表され、8月9日にソ連軍の満洲進攻が開始される。総司令部は大本営との連絡を緊密にするため、11日には第一課長・西浦進大佐と兵站参謀・野尻徳雄中佐を大本営へ派遣した[4]。

　さらに、大本営は大陸命第1374号を8月9日に発令し、支那派遣軍の一部兵力の南満洲への転用準備を命じ、関東軍との対ソ作戦地境は山海関－大城子－タリ湖東端－ユクジル廟（熱河省南部）となった。これを受けて岡村は北支那方面軍に対して、ソ連軍が攻撃してきた場合は積極的に応戦することを命じた[5]。

　しかし、8月10日以降、海外放送傍受および大本営に派遣された西浦らの情報によって、日本政府内のポツダム宣言受諾の動きが明らかになった。このような事態の急変に対して、岡村は12日および14日の2度にわたって大本営に対して強硬意見を伝え、さらに14日午後6時頃には天皇に対して参謀総長を通じて徹底抗戦を求める上奏電報を発した[6]。

　しかし、この上奏電報の6時間前には御前会議において昭和天皇による最後の聖断が下されていた。南方軍や関東軍とは異なり、軍事的な敗北を経験していない支那派遣軍にとってポツダム宣言受諾は受け入れがたいことであり、大本営に対して徹底抗戦を求めたことは当然ともいえた[7]。ただし、敗北していないということは、軍組織および命令系統が維持されていることを意味し、総司令官の命令次第で徹底抗戦であれ降伏であれどちらでも総司令部から前線部隊にいたるまで混乱なく行動できることを意味していた。事実、ポツダム宣言受諾が決定され、8月15日正午に玉音放送が流れると岡村は「承詔必謹」を全将兵に対して訓示し、降伏を受け入れる準備に取りかかった[8]。

　その一方で、岡村は梅津参謀総長に対して「派遣軍ハ百万ノ大軍ヲ擁シ而モ連戦連勝　戦争ニハ敗レタリト雖モ作戦ニハ圧倒的勝利ヲシメアリ　斯ノ如キ優勢ナル軍隊ガ弱体ノ重慶軍ニヨリ武装解除サルルカ如キハ有リ得ヘカラサルコトニシテ然モ支那ニ於ケル治安ノ状況ニテハ武装解除後ハ生命ノ保全モ期シ難ク加之『ポツダム』宣言ニ於ケル日本軍ノ武装解除ニハ其ノ場所ト時機トヲ述ヘアラスト思料セラルルニ付其ノ実施個所ハ内地帰還後又ハ乗船地トスル如ク中央部ニ於テ折衝アリ度」と要請していた[9]。

この電請は岡村以下、支那派遣軍将兵が敗戦をどう受け止めていたのかを端的にあらわしていた。すなわち、心理的には弱体の国民政府軍に降伏するという現実を受け入れることの難しさ、現実的には国民政府の低い治安維持能力の下での武装解除の難しさ、この2つを克服しなければ支那派遣軍の降伏は容易ではなかったのである。

さらに、日本は8月15日に降伏した時点で戦闘は終息すると考えていたが、満洲ではソ連軍の攻撃は終わっていなかった。そして、ソ連軍は張家口方面から華北へも進攻する構えを見せていた。支那派遣軍をめぐっては、敗戦前よりも後の方が困難な状況になりつつあった。事実、15日以降、総司令部では降伏を受容していったものの、武装解除をめぐる混乱はむしろ広まっていた。まず、主に華北地域では共産党系の新四軍などから日本軍部隊に対する武器引渡要求が行われ、これを拒否する部隊との交戦が発生していた。さらに、ソ連軍は15日以降も攻撃を続け、19日には張家口への進攻を開始し、23日には長城の古北口市街に侵入した。この間、21日には北支那方面軍からはソ連軍が京津地区に侵入した際の武力行使を容認するよう意見具申があり、総司令部もこれを認可する事態になっていたのである[10]。

一方、大本営は8月15日に大陸命第1381号において「積極進攻作戦」の中止を命じた。これによってこれまでの攻撃型の戦闘態勢から防御型へと転換することになり、支那派遣軍も全軍にそれを徹底させた。そして、翌16日になると大本営は大陸命第1382号によって戦闘行動の即時停止を命じた。ただし、この段階では停戦合意までに攻撃された場合の自衛行動は認められていた。さらに、大本営は17日に3つの総軍に対して承詔必謹を徹底させるため天皇の名代として皇族を差遣するが、支那派遣軍には朝香宮鳩彦王が聖断の伝達を行った。

朝香宮の聖虜伝達に際し、岡村は軍状報告を翌18日に提出したが、そのなかで日本軍の武装解除をめぐって重慶と延安との対立の影響をすでに受け始めている実情を述べ、自衛戦力の保持の必要性を強く訴えていた。しかし、それと同時に「和平直後ノ対支施策ハ実ニ国家百年ノ大計」であるから「中国ノ繁栄ニ協力スルノ大乗的態度ヲ以テ対支道義ヲ実践シテ大和民族ノ真価ヲ発揮シ之ヲ以テ日支融合、東亜復興ノ為ノ鞏固ナル基礎工事タラシムルハ

派遣軍ノ皇国ニ対スル重要任務」であると、降伏に新しい意義づけを行っていた[11]。

　この「日支融合」・「東亜復興」のためという意義づけは以後の支那派遣軍の行動にとって重要な精神的支柱となった。すなわち、支那派遣軍は18日段階で、軍事的な降伏は単なる降伏ではなく、国民政府に協力し戦後の日中提携を図るという政治的目的を達成するために必要な手段であるという新しい降伏の論理を掲げるようになったのである。

　実際、8月16日に総参謀副長の今井武夫と上海陸軍部長の川本芳太郎が岡村に対して日中提携論を具申した。すでに岡村は16日頃から戦後の日中提携構想を考え始めていたが、今井らの意見具申を受けた後、南京国民政府最高経済顧問の小倉正恒と意見交換を行うなかで、自身の構想をまとめ、18日に「和平直後における対支処理要綱」を起草した[12]。

　「対支処理要綱」は、朝香宮に提出した軍状報告と基本は同じであるが、国民政府への協力姿勢をより鮮明にしたものとなっていた。要綱では、戦後中国は「列強の圧迫下に、至難なる興国の大業に進まざるべからざる情勢」にあるので、日本はこれまでの「行懸りを一掃し極力支那を支援強化」することで「将来における帝国の飛躍と東亜の復興に資す」ることを根本方針として、11項目の要領を列記してあるが、なかでも「重慶中央政権の統一を容易ならしめ、中国の復興建設に協力する」ことを第一とする一方、共産党に対しては「抗日侮日の態度を持する場合においては断乎之を膺懲す」と、すでに武装解除をめぐって問題が多発していた共産党に対する強硬姿勢が鮮明であったことが特徴といえる。さらに、具体的な対中協力として、対中賠償の一部に充当するために日本の産業施設を中国側へ譲渡することと、民間人は「努めて支那大陸において活動するを原則とし」て、技術協力により「支那経済に貢献せしむ」ることを列記していたが、これが後の日本人留用につながることになる[13]。

　支那派遣軍は105万人の兵員を数え、民間人も中国本土（満洲を除く）で約49万人にものぼった。敗戦後、中国において彼らの保護と本国送還を実質的に担える組織は支那派遣軍しかなく、すでに将兵だけではなく民間人の取り扱いについても責任を負わなければならなくなっていたのである。

二　支那派遣軍と国民政府の接近

　ソ連軍との局地的戦闘が続き、加えて各地で武器引渡をめぐって共産党軍や雑軍との衝突が散発するなか、支那派遣軍は国民政府との正式交渉を急ぐ必要に迫られていた。

　支那派遣軍は敗戦前から和平工作を進めるため国民政府側との接触を図っていた。なかでも総参謀副長・今井武夫は第10戦区副司令長官の何柱國とのあいだで直接意見交換を行う一方、第３戦区司令長官・顧祝同とのあいだで連絡網を築いていた14)。

　このような非公式ルートを基礎として敗戦直後の８月17日から国民政府と支那派遣軍との接触が始まり、21日に今井が芷江で国民政府側との会談に臨んだ。

　この日の会談は、16時から17時まで開催され、国民政府側から陸軍総司令部参謀長の蕭毅粛と副参謀長の冷欣、支那派遣軍側から今井と参謀・橋島芳雄ならびに同前川国雄、それに米軍側として中国戦区米軍作戦司令部参謀長のバトラーが出席した。会談内容は基本的な確認にとどまったが、その場で岡村総司令官宛の中国戦区中国陸軍総司令部備忘録中字第１号が手交された。その後、20時30分から23時30分まで副参謀長の蔡文治らとのあいだで細部の打ち合わせが行われ、この場で今井が武装解除をめぐって各地でトラブルが発生している事実に対する国民政府の立場を問いただしたが、蔡は何応欽総司令の命令を受けたもの以外には武装解除要求に応える必要はなく、自衛行動も差し支えないと回答した。この打ち合わせで問題となったのは、備忘録に降伏の範囲が中国（遼寧・吉林・黒竜江省を除く）・台湾・北緯16度以北の仏印および全海軍となっていたことであった。今井は、熱河省（関東軍）・台湾（第10方面軍）・仏印（南方軍）および海軍は支那派遣軍の管轄ではないと主張したが、結局これらの地域も支那派遣軍が武装解除の責任を負うことになった15)。

　芷江での会談は翌22日にも冷・今井・バトラーのあいだで開かれたが、この場で冷が戦勝国の一員でありながら、日本側に対して南京に赴く際に身の安全を保障する誓約書を提出するよう求めたこと、さらには武器・軍需品・

設備・財産の接収に異常な関心を示したことに、今井は強い印象を受けている[16]。

最終日となる8月23日に中国陸軍総司令の何応欽との会談が行われ、終了後、今井らは南京に帰還した。この会談は何応欽からの希望で行われたものであり、今井らの来訪の労をねぎらうものであった[17]。

芷江会談は全体として、戦勝国側である国民政府が敗戦国側である支那派遣軍を丁重にもてなし、公式の会談および非公式な打ち合わせでも終始、高圧的な態度が見られなかった。また、会談期間中、国民政府軍にいる日本陸軍士官学校留学経験者らが今井と接触し、水面下で日中の人的関係が構築されていった[18]。

芷江会談で国民政府側に多くの日本留学組が加わっていたのは、同じ日本留学経験者（九州帝国大学）であった軍事委員会委員長侍従室秘書の邵毓麟が、何応欽に提案したからであった。邵は無傷の支那派遣軍が降伏を認めず武装解除に応じない、または共産党が武器接収を通じて軍事力を増強するといった事態が発生し、中国社会が大混乱となることを恐れていた。そのような事態を防ぐために、岡村と早く接触を図り、支那派遣軍の降伏と武装解除を円滑かつ速やかに行う必要があると考え、まず芷江で日本側との円満な関係構築を図ろうとしたのである[19]。

芷江会談は国民政府側の思惑通りに終わり、8月27日に冷欣が幕僚ら100余名を率いて南京に到着し、前進指揮部を開設、翌28日には岡村との会談が開かれ、以後、正式な降伏に向けた準備が進められていった。そして、9月8日に何応欽が南京に入城し、翌9日午前9時に降伏文書調印式が行われ、調印式終了後、10日付で支那派遣軍総司令部は中国戦区日本官兵善後総連絡部と改称された。

この降伏文書調印式の前後、支那派遣軍と国民政府は頻繁に接触を行った。邵は8月31日と9月8日に岡村と会見し、陳公博の漢奸裁判、日本人技術者の留用問題、日本人居留民の取り扱いから今後の日華関係にいたるまで踏み込んだ話し合いを行った[20]。また、8日には何と岡村が非公式に会見していたが、10日には何応欽と岡村との会見が行われ、降伏後の具体的な取り決めが中国側から伝達された。ここでは、武装解除の手順や指揮命令系統のほか

に、日本将兵への食糧供給および軍民の帰還輸送は中国側の責任で行われること、戦後中国の再建のため技術者を留用することなどが伝えられた[21]。

　国民政府にとって最初の課題は支那派遣軍の降伏と武装解除であったが、これは9月9日の降伏文書調印によってひとまず目処が立ったといえる。

　国民政府が支那派遣軍に対して異常なまでに気を使っていたのは、戦勝国となった国民政府と降伏する支那派遣軍との軍事バランスが極端にねじれていたことが要因であった。そのため、支那派遣軍を刺激して武装解除が遅れることはそれだけ中国を混乱させ、戦後復興を遅らせることにつながった。しかも、そのことは国民政府の失政となる一方で、共産党の勢力拡大に直結した。

　蔣介石にとってそうした事態を避けるためにも支那派遣軍との関係を良好なものとし、協力を取り付けることが何よりも重要であったのであり、そうした文脈のなかで8月15日に有名な「以徳報怨」演説が行われたといえる。

　さらに、芷江会談から始まる支那派遣軍の降伏プロセスは、共産党との交渉と同時進行で行われていたことは見逃すことができない事実である。蔣介石にとってこの時期、共産党との関係を再構築できるかは、戦後復興を軌道に乗せるための重大な課題であった。そして、蔣介石の度重なる呼びかけに応じた毛沢東が8月28日に重慶を来訪し、国共調停に向けた話し合いが始まった。外交部長の王世杰は、芷江会談によって支那派遣軍の降伏プロセスが始まったことが、武器接収を目論む共産党にとって不利になること、さらには中ソ友好同盟条約締結によって共産党はますます孤立し、これが毛沢東の来訪につながったと見ていた[22]。

　支那派遣軍の降伏は、共産党との関係再構築と密接に結びついていたのであり、ある段階までは国民政府の思惑通りに進んでいた。

三　日本人の留用と送還

　支那派遣軍の降伏から1カ月後の1945年10月10日に国共の合意事項として「双十協定」が発表された。実質的にはこの協定は発表直後から空文化するが、それでも支那派遣軍の降伏に続き、共産党との関係構築をひとまず実現した

ことで、日本の敗戦直後から顕在化していた懸案は解決されたといえる。国民政府にとっては、これから具体的な戦後復興を図らなければならなくなったのであり、その大きな柱が日本人技術者の留用であった。

岡村が敗戦直後に起草した「対支処理要綱」で早くも日本人の積極的な対中協力を掲げていたが、総司令部では武装解除に加えて100万人を超える将兵と50万人の民間人（新たに総司令部の担当地域となった台湾・北部仏印の日本人は50万人以上、それらを合算すると200万人を超えた）をどのように日本へ帰還させるかは大きな課題となっていた。実際、日本の残存船舶数と海外に残留する日本軍将兵および民間人の数（約700万人と推定）を考えると、短期間で日本政府が自力で帰還事業を完了させることは不可能で、支那派遣軍でに2－3年は残留させざるを得ないと計算していた[23]。長期残留が予測されるなかで、どのように将兵と民間人が自活していくかが課題となっており、労働力や技術力を提供して中国側に協力し、その代価として食糧を供給してもらう必要があったのである。

一方、蔣介石も中国復興に欠かせない日本資産の接収と技術者の留用を重視していた[24]。戦時中に日本が建設した産業施設や交通網は日本人によって運用されていたため、彼らの技術を取り込む必要があったのである。

こうして、両者の思惑が一致するなかで日本人の留用が始まっていった。しかし、降伏したとはいえ支那派遣軍の大軍がいつまでも中国に残留していることを問題視する動きもすでにあらわれていた。

米陸軍参謀総長ジョージ・マーシャル（George C. Marshall）と中国戦域米軍総司令官アルバート・ウェデマイヤー（Albert C. Wedemeyer）は、日本がポツダム宣言を正式に受諾する前から日本軍の武装解除と早期帰還を検討していた。マーシャルは8月12日に早くもウェデマイヤーに宛てた電信のなかで、中国に展開する日本軍と民間人の送還に関して、中国各地の港から日本側船舶を使って送還する計画の構想を伝えていた[25]。

これを受けて、ウェデマイヤーは蔣介石に対して、日本軍部隊の降伏受領・武装解除と復員、地方政府の再建、戦争犯罪人の調査・逮捕を柱とした中国被占領地域の回復に関する「日本の降伏（Japanese Capitulation）」と名づけられた計画を示し、日本人送還に対する米中の基本合意を図った[26]。

その後、中国戦域米軍（USFCT）は日本人の送還計画立案に取りかかり、9月12日に重慶で引揚に関する米中共同委員会の最初の会合が開かれた[27]。米軍の計画は、米軍の支援の下で国民政府軍が中国全土に展開し、各所で日本軍を武装解除し、武装解除された日本軍将兵を大都市に集めて、さらに送出港まで輸送して帰還させるというものであった。この計画に従い国府軍の進駐と日本軍の武装解除が進められ、10月までに日本軍の武装解除はほぼ完了した。これを受けて、10月25日から27日にかけて上海で米軍側（GHQ・USFCT・米第3水陸両用軍団・米第7艦隊・駐華米軍連絡団）と中国側（国民政府軍事委員会・陸軍総司令部）との間で引揚に関する合同会議が開かれ、日本人送還に関する基本計画（October Plan）が決定されたのを受けて、中国地区（台湾および香港ならびに北緯16度以北の仏印を含む）からの日本人送還が実行に移されることになった[28]。

　こうして、11月に入ると中国から日本人の送還が始まることになるが、こうした米中間の動きを岡村ら旧総司令部が知ることはなかった。

　大戦終結直後のアメリカは、中国問題への積極的な関与を控えていたが、11月になって満洲を占領していたソ連軍の撤退が現実味を帯びてきた頃から政策転換の動きが始まっていた。そして、ハリー・S・トルーマン（Harry S. Truman）大統領は、11月下旬にパトリック・ジェイ・ハーレイ（Patrick J. Hurley）駐華大使が国務省内の共産党支持派との軋轢から辞任し、マーシャルを特使として派遣決定する段階で、中国に残留している日本軍問題の解決を対日戦の総仕上げと位置づけ、国民政府への積極的支援を柱とする中国政策の転換を考えるようになった[29]。

　アメリカの新しい中国政策は、12月15日にトルーマン大統領によって正式に発表された。トルーマンはこれまでの曖昧な対中政策から積極的な関与を柱とする政策への転換を表明し、中国安定化のためにマーシャルを特使として派遣し、国民政府と共産党との調停にあたらせることを明らかにした。そして、中国安定化の文脈のなかで中国社会の不安定要因となりかねない200万を超す中国残留日本人を速やかに送還する必要があるとの認識を示したのである[30]。

　日本軍の早期送還計画を推進し、特派大使として中国へ向かうことになっ

たマーシャルにとって最大の懸念材料は、中国に日本軍と民間人が残留することで、日本の影響力が維持され、不安定な中国情勢のなかでキャスティングボートを握ることであった。それを防止するためには、日本人の送還を速やかに進めなければならないと考えていたのである[31]。

こうしてアメリカ主導で日本人送還が実施されることになったが、国民政府側でも日本軍の長期残留は負担になりつつあった。降伏後の9月10日に岡村と会見した何応欽は日本軍将兵への食糧供与を保証したが、実際は日本将兵や民間人に供与できる食糧は3カ月分しかなく、補給を考えると100億元もの経費がかかる見通しであった[32]。国民政府にとって送還の遅延は、財政負担の増加につながっていたのである。

このように、アメリカの対中政策と国民政府の内部事情から支那派遣軍の早期送還が行われた。しかし、国民政府にとって戦後復興に不可欠な技術者の留用も必要であったことから、留用は継続されたものの、こうした一部日本人の残留は日本人の影響力を中国から完全に除去したいアメリカにとって好ましいことではなかった。結局、アメリカの圧力により1946年1月20日に国民政府は、残留希望の技術者を除く全将兵全居留民を日本に帰国させるとの訓令を発した。しかし、この後も留用に関する国民政府側の態度は二転三転し、日本人の留用は実態としては継続されることになった[33]。

なお、1946年6月24日時点での国民政府による留用者数は、軍関係者が829人、家族を含めた民間人が3万6521人（正式留用2万7883人：内台湾2万7107人、非正式留用6955人、その他1683人）であった[34]。これら留用者は国共内戦が激化するなかで逐次留用を解除され、日本へ帰還した。

岡村ら旧総司令部でも1945年11月7日に復員本部業務を開始し、17日には塘沽から復員第1船が出航し、翌1946年7月25日に旧総司令部、8月21日に北支那方面軍司令部が復員を完了した[35]。山西省の閻錫山に協力した日本軍部隊を除けば、当初予想されたよりも大幅に早く、敗戦から1年で支那派遣軍は中国から姿を消したことになる。

おわりに

　支那派遣軍将兵をはじめ日本人の帰還が本格化するなか、戦犯問題が浮上してきた。ただし、国民政府側はこの問題を最小限にとどめる意向であり、1946年7月1日時点で未決拘留者を含めて2143名（死刑28名、懲役73名。台湾・海南島を含む1946年7月1日調査時点）にとどまっていた[36]。

　さらに、国民政府は未決拘留者を1946年末までに釈放することと、戦犯は日本へ送還し、巣鴨刑務所で服役させる方針をとった。戦犯の日本送還はGHQとの合意ができず停滞したが、国共内戦で国民政府が追い詰められた1949年1月末に全員が日本へ送還された。その後、1952年8月5日に日華平和条約が発効すると同時に巣鴨に収監されていた戦犯88名は全員が釈放された[37]。

　岡村に対しては、共産党が早くから戦犯追及を行っていたが、国民政府内部ではその処遇について議論がまとまらなかった。結局、総司令部員が帰還するなか1人とどめ置かれ、1948年7月から戦犯容疑者としての審理が始まったが、翌年1月26日に戦犯軍事法廷は無罪の判決を下した。

　岡村に対しては、国民政府内部でも行政院・司法部は有罪、国防部は無罪を主張して議論が分かれたが、国防部の湯恩伯などは「反共の見地から」無罪を主張していた[38]。このことからわかるように、劣勢に追い込まれていた国民政府にとって日中提携はより重要性を帯びていた。すなわち、岡村の無罪判決は政治的に重要な意味をもっていたのである。

　このように、支那派遣軍をめぐっては、大戦終結直後は戦後復興のため、最後には共産党の攻勢に対抗するために、提携が図られたのである。そして、その過程で戦争犯罪や戦争賠償をめぐる問題は政治的に曖昧にされていった。

　岡村は敗戦前後のソ連軍の進攻と共産党軍による武器接収を通じて当初から反共姿勢を明確にし、国民政府に積極的に協力することを思想的基盤としていた。そして、降伏後は国民政府の厚遇を「恩義」としてとらえるようになった。このような思想形成を経て、帰国後も台湾に逃れた国民党を支援し続け、やがて日本人軍事顧問団である白団結成に尽力することになる。

　一方、国民政府は、政治的思惑から支那派遣軍との協力関係を築かなければならなかった。そして、その過程で戦争責任問題は曖昧にせざるを得なかっ

た。さらに、戦争被害に関わる賠償問題についても、中間賠償を除いて、最終的に日華平和条約によって中華民国が賠償を放棄したのも、国共内戦に敗れて台湾に逼塞している現状では、アメリカの意向に沿わざるを得なかったからである。

このように、中国は大戦終結直後から国内事情と国際環境の影響を強く受け、その結果として戦争責任や賠償請求を曖昧にせざるを得なかった。しかし、日本はそのような中国が抱える問題を深く理解しようとはしなかった。むしろ、中国側の対日姿勢を政治的リアリズムで解釈するのではなく、「温情」と感傷的にとらえたのである。そして、中国の「温情」は、蔣介石という個人をシンボライズするかたちで肥大化し、「以徳報怨」に象徴される一種の蔣介石神話が日本国内で創造されていった。

日本人の蔣介石に対する評価ほど戦後になって劇的に変化したものはない。敗戦時に日本軍に対して示した蔣介石の恩義に報いるべきという感情は、反共産主義思想と絡み合って保守政界内に親台湾派を形成する思想的基盤となり、戦後の日中関係に一定の影響力を保持し続けたのである[39]。

注
1）敗戦後の支那派遣軍の復員過程に関する研究については、ほとんど進んでおらず、加藤陽子「敗者の帰還——中国からの復員・引揚問題の展開」(『国際政治』第109号、1995年5月、のちに『戦争の論理——日露戦争から太平洋戦争まで』勁草書房、2005年に収録)が唯一である。ただし、加藤論文はアメリカの政策の分析が中心であり、中国における支那派遣軍と国民政府との交渉および双方の思惑と利害一致の背景については、踏みこんだ考察は行われていない。
2）稲葉正夫編『岡村寧次大将資料〈上〉 戦場回想篇』原書房、1970年、213-216頁、および防衛庁防衛研修所戦史室編『戦史叢書 昭和二十年の支那派遣軍〈2〉』朝雲新聞社、1973年、142-147頁。ただし、芷江作戦発動段階で重慶攻略は断念されており、芷江飛行場破壊と総軍の主力部隊で広東・広西方面に展開していた第11軍（第6方面軍隷下）の撤退援護が目的となっていた。
3）同上、436-438頁。
4）前掲『戦史叢書』540-541頁、および前掲『岡村寧次大将資料』3頁。
5）前掲『戦史叢書』541-542頁。
6）同上、545頁。
7）ただし、支那派遣軍の継戦意見はそれぞれ8月11日の参謀総長電（国体護持・皇土

保衛のため任務完遂）と14日の大陸命第1380号（対ソ・米・中の持久戦により本土決戦を支援）に、上奏電報も大本営の空気を察した西浦からの意見具申に応じたものであって、支那派遣軍が率先して強硬意見を伝えたわけではく、情報が錯綜するなか、総司令部の判断は迷走していた（前掲『岡村寧次大将資料』3-5頁）。

8) 前掲『戦史叢書』545-546頁。
9) 同上、546頁。
10) 前掲『岡村寧次大将資料』13-18頁。最終的にソ連軍の進攻は8月31日の山海関進入まで続いた。
11) 前掲『戦史叢書』547-549頁。
12) 前掲『岡村寧次大将資料』21頁。
13) 同上、21-23頁。
14) 今井武夫『支那事変の回想』みすず書房、1964年、227頁。
15) 「支那派遣軍終戦に関する交渉記録綴」浜井和史編『復員関係史料集成　第3巻』ゆまに書房、2009年、17-35頁。
16) 前掲『支那事変の回想』235-236頁。
17) 同上、237頁。
18) 同上、240-242頁。
19) 邵毓麟『抗日戦勝利の前後——中国からみた終戦秘話』時事通信社、1968年、92-94頁。
20) 前掲『岡村寧次大将資料』38-40頁、および前掲『抗日戦勝利の前後』101-104頁。なお、岡村と邵の会見日は上記2書ではそれぞれ異なる。ここでは岡村の日記を基にした。
21) 前掲『復員関係史料集成』69-80頁。
22) 王世杰『王世杰日記』上冊、台北：中央研究院近代史研究所、2012年、728頁（1945年8月27日付）。
23) 前掲『支那事変の回想』261-262頁。
24) 「蔣介石日記」1945年10月16日付（スタンフォード大学フーバー研究所アーカイブズ所蔵）。
25) Larry I. Bland and Sharon Ritenour Stevens, *The Papers of George Catlett Marshall: Volume 5 "The Finest Soldier" January 1, 1945–January 7, 1947,* The Johns Hopkins University Press, 2003, pp. 270–271.
26) *USFCT Planning for Participation in the Repatriation of Japanese Nationals*（米国立公文書館所蔵/RG493/Box29/Folder1/p.3）.
27) Ibid. p. 4. 米中共同委員会は USFCT 総司令部と中国国民政府軍政部・軍事委員会の各代表から構成された。
28) Ibid. p. 8.
29) Robert H. Ferrell ed., *Off the Record: The Private Papers of Harry S. Truman*, Columbia: University of Missouri Press, 1997, p. 74.
30) ハリー・S・トルーマン（堀江芳孝・訳）『トルーマン回顧録　2』恒文社、1966年、

56-57頁。およびディーン・アチソン（吉沢清次郎・訳）『アチソン回顧録　1』恒文社、1979年、176-177頁。
31) 1945年12月11日付メイヤー宛マーシャル書簡（Bland and Stevens, *op. cit.*, pp. 383-384）。
32) 1945年11月29日付蔣介石宛陳誠電信、何智霖編『陳誠先生回憶録―抗日戦争（下）』台北：国史館、2005年、907頁。
33) 前掲『岡村寧次大将資料』77頁。
34) 同上、77-78頁。
35) 同上、64-65頁。
36) 同上、103-104頁。最終的な数は、上海軍事法廷発表によると受理件数2200余件、そのうち死刑145名・懲役400余名となっている。なお、日本側の調査では死刑および獄死者は192名である（同上、108頁）。
37) 同上、109頁。
38) 前掲『岡村寧次大将資料』127-128頁。
39) 戦後日本政治における蔣介石神話と親台湾派の思想的基盤については、加藤聖文「台湾引揚と戦後日本人の台湾観」、中京大学社会科学研究所編『台湾の近代と日本』同研究所、2003年、参照。

第5章

台湾における日本人墓地および遺骨の処理問題

浜井和史

はじめに

　アジア・太平洋戦争の敗戦にともない大日本帝国は崩壊し、広大な海外植民地・占領地に所在していたすべての軍人・軍属と一般邦人は急速に本土へと引き揚げることとなった。他方、旧帝国圏には膨大な戦没者の遺体・遺骨や一般邦人の日本人墓地が取り残され、それらをいかに処理していくかは、戦後の日本政府が直面した重要な課題であった。

　終戦後、台湾からの復員・引揚げは他の地域と比較して早期かつスムーズに行われ、また台湾における戦没者等の遺骨処理に関しても日本の政府当局は、復員時に一応完了したものとみなしていた。しかし実際には、台湾にも軍人・軍属の戦没者の遺骨が少なからず残存しており、また現地の日本人墓地も荒れ放題となっていた。こうした状況に対して日本政府は、講和後から1960年代初頭にかけて、台湾に残存する日本人墓地および遺骨を処理するための取組みを行うことになった。本章では、これら台湾における戦没者を含む日本人の遺骨処理および慰霊のプロセスを明らかにし、戦後の日本が広大な旧帝国圏において実施した海外戦没者処理全体の文脈に位置づけることを

試みる。

　近年、戦没者慰霊や遺骨処理をめぐる研究はその充実度を増している[1]。中国関係に関しても、日中両国の遺体・遺骨処理について詳細に明らかにした研究[2]や、台湾における追悼と顕彰を明らかにした研究[3]、1930年の霧社事件を中心に台湾における慰霊状況を明らかにした研究[4]、また、日本国内に所在する中国人の遺骨送還問題を検討した研究[5]などが見られるが、戦後期の台湾における日本人墓地や遺骨の処理を扱った研究は管見の限り見当たらない。

　そこで本章は、日本人墓地や遺骨の処理問題が日本政府と中華民国政府（本章では「台湾政府」と表記）との外交交渉によって展開したことに着目し、おもに日本の戦後外交記録に基づいて外交史的アプローチからこの問題の解決に至るプロセスをたどることとしたい。そのうえで、この問題が戦後日本の海外戦没者処理問題や日台関係に有した意義を考察することが、本章の目的である。

　なお、台湾籍の戦没者の遺骨については、1953年の外務省と在日中華民国大使館との間の了解に基づき、厚生省が保管していた307柱と、その後新たに収容された323柱が1971年までに台湾に送還された経緯があるが[6]、本章ではいわゆる「内地籍」の日本人の墓地や遺骨処理の問題をとりあげることとし、日本統治下における台湾籍の戦没者の遺骨処理問題については検討の対象外として、別稿を期すこととしたい。

一　復員・引揚げ時における遺骨処理

1　軍人・軍属の遺骨処理

　海外で命を落とした軍人・軍属の戦没者の処理について戦前の日本政府は、日露戦争までに、戦闘終了後の遺体収容と火葬後の遺骨の本土送還を原則とする処理方式を確立した[7]。台湾で死亡した内地籍の軍人・軍属の遺骨についても、本土の遺族のもとへ届けられることが通例になるとともに、台北・台中・台南および澎湖島に合葬墓としての陸軍墓地が建設された[8]。

日本統治下の台湾には、1919年以降、台湾軍が置かれていたが、1944年9月に同軍は廃止され、第10方面軍が新設されて連合国軍の台湾上陸に備えた。同方面軍傘下には第8航空師団が配属となり、1944年10月の台湾沖航空戦で大きな被害を出したほか、沖縄戦においては特攻隊として多くの犠牲を出した。また、日本人居留民を含む約3000人の死者を出した台北大空襲をはじめとして、新竹や高雄、屏東など台湾各地で空襲の被害を受けた。さらに、台湾とフィリピンの間に位置するバシー海峡では日本の輸送船が多数撃沈され、多くの遺体が台湾南部に漂着したほか、かろうじて救助された者たちも台湾の陸軍病院に運ばれた。結局、連合国軍による台湾上陸は回避されたが、アジア・太平洋戦争期における台湾での戦没者は約4万1900人にのぼった[9]。

　終戦時において台湾および南西諸島には陸軍約16万9000人、海軍約6万3000人が展開していた[10]。これら台湾地域からの軍人・軍属の復員は1946年1月に開始され、同年4月までに完了した[11]。復員を待つ間、台湾人の日本人に対する風当たりは強まり、接収をめぐって中国軍との間でトラブルが続出したが、復員のプロセスは比較的スムーズであり、「一般的に所謂俘虜生活を感ぜしめる様な事は全くなく、総て従来の組織を其の儘保持しつつ帰還迄を大過なく経過し得た」とされる[12]。

　また、遺骨の取扱いについても厚生省職員は外務省との協議において、「どさくさにまぎれていい加減に取扱うというようなことは決してなかった」と述べており[13]、「厚生省としては、台湾関係軍人・軍属の収骨は、台湾軍復員の際、相当周到に取扱って、分骨の上持帰った旨の報告があるので、一応完全に近いものと判断し、事務的には完了したものとして取扱ってきた」というのが日本政府の基本的な認識であった[14]。

　講和と前後して海外戦没者の処理について政府内で本格的な検討が開始されたが、台湾に関しては「本作業に該当する遺骨は存在しない」ことが確認され[15]、1950年代において旧帝国圏への遺骨収集団が派遣された際も、その対象地域として台湾がとりあげられることは一度もなかった。しかし後述のように、台湾における日本人墓地の整理の過程において軍人・軍属の遺骨が見つかり、その処理が問題とされることになる。

2　一般邦人の遺骨処理

　半世紀にわたる日本統治時代において、台湾在住の日本人の多くは、死亡者が出た場合、同地につくられた日本人墓地に遺骨を納めていた。統計によれば、昭和に入って以降の台湾における内地籍の日本人の死亡者は、毎年2500人から3000人前後で推移しており[16]、他の地域と比較しても台湾における日本人墓地は数が多かったといえる。

　終戦時、台湾には約35万人の一般邦人が居住しており[17]、その引揚げプロセスについては、「台湾は戦争地区中最も平静に引揚げを完了した地区である」との記述に見られるように[18]、軍人・軍属の復員と同様、他の地域と比較してスムーズに行われたとされる[19]。引揚げ時における一般邦人の遺骨の持ち帰りに関しては「許可されなかった」との記録も残っているが[20]、一方で引揚者の回想からは、引揚げ前に墓や遺骨の整理を行っていた事例も見てとることができる。

　沖縄にルーツをもち、台中で生まれ育ったN氏は、引揚げを待つ間、台北の日本人共同墓地（三板橋日本人墓地）で、遺族へ遺骨を引き渡すアルバイトに従事することとなった。毎日20-30人の訪問客があったといい、次のように回想している。

> 老夫婦あり、若妻あり、親子連れなど、みな引揚げを前に、墓の整理に来たのだ。駆け足で墓を探しあて、こじ開ける。取り壊すのがもったいないような墓ばかりであった。〔中略〕丁重な祈りをささげ、つぼから箱に移して差し上げると、涙をうかべ、何度となく感謝された。「私独りでどうして持ち帰ろうかと思いました」手を固く握って、別れていった人もいた[21]（〔　〕内は引用者による。以下同様）。

　また、台中県の竹山に住んでいたH氏は、「大正初期に渡台した父母が、昭和二十一年二月末、墓を掘り先祖の骨を小箱に分骨し、一言の抗議もできずに追っ払われるように、竹山の町を立ち去る」ことになったと回想している[22]。台北のI氏も父が「母と姉の骨を振り分けにして首にさげ」て引き揚げたという[23]。

しかし一方で、終戦時の混乱と急速な引揚げ実施のなかで、遺骨を保管していた寺院において「乱雑に放置された」ものも少なくなかった[24]。また「寝ても起きても心にかかることは良妻の遺骨を台湾へ置き去りにして来たということだった」[25]という声に見られるように、引揚者の多くにとっては、残してきた遺骨や墓地のことが気がかりであった。

このように、終戦後、台湾における軍人・軍属の遺骨処理は完了したとみなされる一方、一般邦人については、一部の引揚者は遺骨を持ち帰ることができたものの、それが叶わぬまま引き揚げることを余儀なくされたものも少なくなかった。現地に残された日本人墓地について前述のＮ氏は、「今もきっと、日本人の墓として、どこかの一角で大事に祭られていることだろう」との期待を記しているが、日本人が引き揚げた後の実際の状況はどうだったのだろうか。

二　戦後における日本人墓地および遺骨の状況と日本政府の対応

1　現地政府・住民らによる整理

台湾に残された日本人墓地や遺骨は、戦後、完全に放置されていたわけではなく、その一部は台湾の現地政府や住民らによって整理されていた。

台北市街にあった前述の三板橋日本人墓地については、後にその荒廃状況が問題とされたが、1948年の時点において当時の呉三連台北市長によって1325柱の遺骨を納めたコンクリート製の「万善塔」が、かつての忠霊塔の跡（台北市内信義路三段）に建立されており、建立後は台北市政府が管理し、慰霊祭が年1回開催されていた[26]。1953年8月24日には、同塔前にて戦後初めて日本の大使主催の慰霊祭が挙行され、在留邦人代表や台北市政府係官などが多数参列した[27]。

民間においても独自に日本人の遺骨の収容・整理や保管に努めた人たちが少なからず存在した。台中市光明寺住職の陳銘芳師は終戦後、「世間の非難や悪罵とうにも敗けず」進んで同市内各寺院にあった日本人遺骨625柱を集め、各宗別に名簿を作成して台中仏教会館に保管を依頼したという[28]。

図1　昭忠塔

（苗栗県大湖／筆者撮影）

また、野澤六和氏の活動も重要である。同氏は終戦後の1946年夏に苗栗県大湖に移り住んだが、その居所は陸軍病院の疎開分院の跡地であった。1947年1月頃に野澤氏が周辺を耕すと、遺骨が納められた茶褐色の箱13個を発見した。これは病院で傷病死した軍人・軍属のものと考えられ、その数は500柱あまりであったという。これをきっかけに野澤氏は、行商をしながら台湾全島の日本人遺骨を集めてまわった。同氏が集めた遺骨の数は、1949年頃にはトラック数台分にのぼったという。これらの遺骨の保管については、苗栗出身の篤志家・徐金福氏が台湾独立運動家である羅福星を顕彰するために1952年に大湖に建立した「昭忠塔」（図1）に安置することが許された[29]。野澤氏はその後も大使館の嘱託として、遺骨整理に携わることとなる。

そのほかにも、各地の寺院に遺骨が保管されるなど、日本人の墓地および遺骨の一部は現地住民らによって「鄭重」な扱いを受けていた。しかしその他の大部分は結果として放置されることとなり、日本政府は何らかの処理を行う必要に迫られることとなった。

2　日本政府による現地調査の実施

1950年代を通じて日本政府は、米国管理下の太平洋諸島、東部ニューギニア・ソロモン諸島、ビルマ（ミャンマー）・インド、西部ニューギニア・北ボルネオ、フィリピンの各方面に遺骨収集団を派遣したが、前述のように、この遺骨収集団の派遣対象地域に台湾が含まれることはなかった。

遺骨収集団の派遣と並行して外務省は、1952年12月、台湾のほか、フィリピン、インドネシア、シンガポール、ビルマ、タイなどアジア各国の在外公館に対して、現地に残されている戦没者の遺骨および日本人墓地の状況に関する調査を訓令した[30]。戦前期において海外の日本人墓地は当該国政府より

在留日本人関係者がその敷地の譲渡を受け、日本人の個人または団体によって管理されてきた。敗戦と引揚げによってその管理は形式的に当該国政府に移ることとなったが、国交回復後は再び日本側にその管理が返還される建前となっていた。しかし、すでに終戦から10年近くが経過しており、現地の墓地の状況は外務省もまったく把握していなかった。

　調査訓令に対して台湾の芳澤謙吉大使は1953年8月、台湾における日本人墓地の状況に関する報告を外務本省に送付した。芳澤大使はまず、全般的な状況として墓地および遺骨は島内各地に散在し、「総数墓地約一、三〇〇個所、遺骨約二〇、〇〇〇体に上る見込」であるが、台湾は「著しい戦禍を免れた」ため、「戦没者の占める割合はすこぶる少数に止まるはず」との見通しを示した。そのうえで、「終戦以来中国側の邦人墓地、遺骨管理振りは乱脈を極め、よるべき記録を欠くはもちろん、台北市の如きは日本人共同墓地一個所を宅地に切り替えるため勝手にこれを破壊し、かき集めた遺骨を未整理のまま納骨堂に移し墓石を家屋の土台に使用して」いるという状況を明らかにして憂慮を示した[31]。こうした状況は、「荒れ放題の日本人墓地」（『毎日新聞』）といった報道によって、広く日本国内にも伝えられた[32]。

　そこで芳澤大使は同年8月末に台湾政府の葉公超外交部長と会談し、「日本人墓地及び遺骨等を十分尊重し、これを侮辱するような行為を厳重取締るよう関係方面へ示達」することを申し入れるとともに、「これら墓地、遺骨等の所在地点、氏名ならびに現在の管理状況等」についての基礎調査を依頼した。これに対して葉外交部長は、9月下旬に日本側に提出した口上書のなかで、政府を通じて台湾の各自治体へ調査を訓令するとともに、調査がまとまり次第回答する旨を約したのである[33]。

　台湾政府による調査結果は1955年の終わり頃にもたらされ、日本大使館はそれに同館が入手した情報を加えた「墓地遺骨地点明細簿」を作成し、外務本省へ提出した[34]。そのうえで大使館は、「当国政府は戦時下財政難のため、わが方から所要経費を負担しない限り当分実現の見込みがな」いとして、調査の結果判明した墓地や遺骨の整理に必要な経費の支出について外務本省に稟請した。

　実は1953年の時点で芳澤大使は、この問題に関する予算措置の必要性につ

いて本省に要請していた。しかし岡崎勝男外相からは、「邦人墓地は荒廃に任せおくに忍びない次第」であるとしながらも、「大蔵省に要求中の邦人墓地及び遺骨整理に要する経費予算（旅費を含む）については、目下のところ、はなはだ見込薄」であるとの返答がもたらされていた[35]。結局、それ以降、毎年予算要求を行ったが計上には至らず、日本政府も大使館も具体的な処理に着手することができなかったのである。

その一方で、台湾における墓地や遺骨の処理を求める声は次第に高まった。台湾引揚者団体や個人からの陳情が相次いで外務省に寄せられたほか、1956年初めに台湾を訪問した全日本仏教会からは現地の状況に加え、同訪問団が蔣介石総統に直接この件を請願した旨が伝えられた[36]。これを受けて重光葵外相は同年4月、「国内において至急できるものからでも整備を行いたい旨の要望が強」いとして、「差当り目立ち易いところ、荒廃甚しいところ等、実行可能なるところより手をつけ漸次整備して行く」ために、「とりあえず手をつける具体的計画」について検討すべき旨を現地大使館に訓令した[37]。

そこで大使館は、台湾側の協力のもと、1957年8月中旬から10月下旬にかけて澎湖島を除く台湾全域の主要都市村落に館員を派遣して、前述の「墓地遺骨地点明細簿」に基づく現地調査を実施した。その調査報告は具体的かつ詳細にわたるもので、全地区の墓地や遺骨の状況が「良（丁重に管理ないし奉安のもの）」、「普通（自然放置であるが故意に損壊を受けていないもの）」、「不良（墓石の損壊、散逸又は放任されて所在判明しないもの等多きもの）」に分類された（**表1**）。

また調査の結果、各地とも引揚げの際に墓地の遺骨は相当数が分骨として持ち帰られたと考えられること、地方村落の墓地は故意に破壊されたものは少ないが自然荒廃しているものが多く、都市近郊のものについては軍隊や住民による損壊、石材盗用、耕地化などが甚だしいことなどが認めれた。それらを踏まえ大使館は、結論として、郊外の適地に「万善塔」のようなものを建立し、これに合葬することが適当であると外務本省に具申した[38]。しかし、その後も墓地および遺骨整理のための予算措置がともなわず、この問題は棚上げにされた。日本政府がこの問題に本格的に取り組むのは1959年に入ってからのことであった。

表1　日本人墓地・遺骨の管理保全状況（1957年10月）

県市別	良	普通	不良
台北県	淡水鎮	烏来鎮（忠魂碑）、金瓜石、九分	烏来鎮（瀑布前墓地）
桃園県			桃園鎮
苗栗	大湖村、獅頭山	苗栗、南庄	
新竹県	霊隠寺		新竹
台中	台中市（仏教会館）	台中市（宝覚寺）	
南投	埔里、竹山	南投、龍泉寺	
彰化	彰化市、員林、北斗	渓州	鹿港
雲林		斗六、古坑	
嘉義	阿弥陀寺	嘉義	
台南	塩水		台南
高雄	高雄、鳳山、橋頭	旗山	
屏東	続埔、恒春	車城	屏東、四重渓
宜蘭	宜蘭	冬山	礁渓、蘇澳
台東		卑南郷	
花蓮	寿宝、吉安	花蓮市	

出典：在華堀内大使より岸外相臨時代理宛公信台第1295号「在台日本人墓地遺骨現状調査報告に関する件」（1957年10月30日付）をもとに筆者作成。

三　日本人墓地および遺骨をめぐる日台交渉とその帰結

　1950年代において日本政府は、前述の1952年12月の調査訓令以降、台湾に限らず、他のアジア各国に関しても、日本人墓地の荒廃状況をある程度把握していたが、予算措置がともなわなかったために、その整理や補修に着手できない状況が続いていた。

　しかし1958年8月、水田三喜男衆議院議員を団長とする東南アジア視察団の報告で海外の日本人墓地や遺骨の処理が強く要望されたことを契機として、東南アジア地域全般においてそれらの整理作業を実施することとなり、1959年度予算において初めて1000万円の予算が計上された。これにより、インドネシア、マラヤ、タイ、ビルマ、セイロンで各地の実情に合わせた墓地の整理・補修に向けた動きが加速化し、台湾に関しても約360万円が配分されることとなった。

これを受けて外務省中国課と現地大使館は1959年2月から具体的な整理計画の検討を開始し、それまでに確認された墓地の発掘と、遺骨の火葬および集約、未確認墓地・遺骨の調査を基本方針として進めることを計画した。1959年6月の時点で確認済みの遺骨は約6600柱であり、集約先としては当初、北部・南東部＝台北市万善塔、中部＝台中市仏教会館、南部＝台南開元寺または高雄竜泉寺、東部＝花蓮市慈善院を想定していた[39]。そして最終的にこれらの遺骨を台北市北投の善光寺付近に合葬し、記念塔を建立することを計画していた。1960年1月、現地大使館は台湾政府にこの整理計画の内容を提示して協力を要請し、台湾側はこれを了承した[40]。

　計画では当初、1960年3月末までに整理を完了する予定であったが、台湾側の事情と、墓地の発掘・整理の過程で新たに多数の遺骨が見つかったことなどにより作業は遅延し、1960年4月以降も予算（380万円）が追加配賦されて作業を継続することとなった。こうして、台湾における日本人墓地および遺骨の整理はようやく進展を見たが、その後最終的な措置が行われるにはなお紆余曲折を経ることになった。とりわけ問題となったのが、(1)遺骨の分骨および本国送還問題、(2)軍人・軍属の遺骨処理問題、(3)慰霊祭への参加人数をめぐる問題であった。

1　遺骨の分骨および本国送還問題

　墓地および遺骨の整理を本格的に進めるにあたって外務省は、台湾からの引揚関係者の了解をとりつける必要があるとして、厚生省と協議のうえ、1959年1月、関係団体の台湾同盟[41]に計画を伝えた。その際、台湾同盟側は、個々の遺骨の分骨は「到底不可能」であり、「現地において収骨の上記念塔に合祀する」との計画に賛同し、遺骨の本土送還は行わないとの了解のもとに整理作業が開始されることとなった[42]。

　しかしその後、引揚者のなかには分骨を希望するものが生じたほか、台湾同盟が単独で分骨の送還は不要との言質を外務省に与えたことを非難するものも現れた。そこで同盟は1960年5月、外務省に対して分骨の持ち帰りが必要との認識を示すとともに、国内に「台湾物故者慰霊塔」を建立してそこに持ち帰った遺骨を納骨し、慰霊祭を実施したいとの計画を伝えたのである[43]。

この慰霊塔建立の意義について同盟の機関紙『台湾同盟通信』は、「〔遺骨を〕このまま放置しておくことは先人の遺徳を冒し汚すばかりでなく、ゆゆしい人道上の問題でもあり、平和、文化国家をうたうことに反すると痛感し、諸霊を慰めることは我我台湾引揚者に課せられた一大義務である」と主張し[44]、以後外務省側の承認を強く求めることとなった。

その後たび重なる台湾同盟からの陳情を受けて現地大使館は、1960年10月15日付で外交部に対して分骨の持ち帰りについての申入れを行った[45]。これに対して台湾側は同月下旬、日本側にそのような希望があるならば「台湾にある遺骨のすべてを日本に送還することに同意する」（傍線部は引用者による）旨を回答してきた[46]。台湾側としては、「台湾には、遺骨者の子孫もないので崇祖精神から言つても日本に持帰り祭祀することが合理的」であるという考えであった。

申入れの趣旨とは異なるこの台湾側の回答に、現地大使館は困惑した。台湾側の回答は、従来の計画を根本的に変更するものであり、現実問題として、もし全面的な遺骨送還ということになれば、逆に遺骨の持ち帰りに反対する声が国内引揚者からあがってくることも予想された[47]。台湾同盟の希望するところはあくまで「分骨」にすぎず、その根底には「台湾の土になることを念願して死亡した人達の霊に対しても、せめて遺骨の一部は是非とも台湾に安置して貰わなければ申訳ない」という思いがあった[48]。

1960年12月15日、井口貞夫大使は沈昌煥外交部長と会談し、従来の経緯を踏まえて、「いまさら全部持ち帰つてもらいたいというのははなはだ困るし、少なくとも交渉係官の不親切、非友誼のそしりを免れない」として、「なんとか妥結の方法を事務的に話合うこと」を強く要望した。これに対して沈外交部長は、「日本に引取り人のあるものは送還し、その他の分は台北の寺に合同の墓（joint tomb）を建てる」という妥協案を示したが[49]、外務省は、とにかく遺骨の一部持ち帰りの実現に向けて交渉するよう井口大使に訓令した[50]。

その後の交渉の結果、台湾側より分骨の持ち帰りと「適当な納骨施設」の建設を認めることについて政府決定する旨が伝えられた[51]。ただし、納骨施設に関して台湾側は、「建設場所は他の墓のある寺院境内あるいは公墓地区とすること」を認めたものの、「その場所は一カ所に限らず数カ所とする」こと、

そして「他の墓より大きくない程度にすること」を強く要求した。その理由としては、「一カ所とする場合その比重が増大し pilgrimage〔聖地巡礼〕の場所となること」を台湾側が「危惧」したからであると受け止められた[52]。

以上の経緯により日台両政府は、1961年5月、分骨問題を含む日本人墓地および遺骨の処理について最終的な合意に達した[53]。納骨施設の場所については、台北市北投の中和寺境内と台中市の宝覚寺境内、そして高雄市覆鼎金公墓地内にあった元台湾運輸会社社長の杉本音吉の墓を改修して設置することになった。また施設の名称については、いずれも「日本人遺骨安置所」とすることで「墓とも納骨堂ともつかない名前」となった[54]。

2　軍人・軍属の遺骨処理問題

分骨の問題と並行して浮上した問題に、軍人・軍属の遺骨処理の問題があった。前述のように厚生省は、台湾における軍人・軍属の遺骨は復員時にすべて処理済みという立場をとっていた。しかし実際には、同省の担当者は1953年10月の時点で外務省側に、「〔台湾における〕戦没者の遺骨は復員時に持帰っている建前になっているが、終戦前後のものは混乱の為洩れているものもある」との認識を伝えていた。すなわち、台湾において未処理の戦没者遺骨が存在する可能性を当局は認識していたのである。したがって、もし戦没者の遺骨で氏名が判明しており、その死亡日時が終戦前後のものであれば、同省に照会するよう依頼していた[55]。外務省の担当者は、この旨を現地大使館に訓令するよう手書きのメモを作成しているが、実際に訓令が出された形跡は見られない。

その後、台湾側や大使館による墓地・遺骨調査の過程において、氏名判明のものも含め、少なくない数の軍人・軍属の遺骨の存在が確認された。さらに1960年12月になって、新たに軍人関係の墓地の存在が明らかになった。澎湖島の8カ所に100人以上が葬られていたほか、台中市に陸軍病院で死亡した陸軍関係の合同墓地が1カ所、そして屏東県車城郷に沖縄出身の元軍人の合同墓地が1カ所見つかったのである。この事態を受けて現地大使館は、外務本省にこれら遺骨の処理方針を回示するよう請訓した[56]。

1961年1月、外務省は厚生省とこの問題について協議を行った。その席で

厚生省側は改めて、軍人・軍属の遺骨は「復員者により持帰られて一応処理ずみとして扱ってきて」いるとの認識を示した。そのうえで、遺骨の名前が判明したとしても、「判明すれば引取るというよりも、処理ずみの事実が確認されるのではないかという程度の考え方」であり、同省としては「現段階では、外務省の行っている一般邦人の遺骨と全く同様の取扱いをしてもらって差支えない」との立場を外務省側に伝えたのである[57]。これにより、結果として、1953年の時点において厚生省が示していた、未処理の戦没者遺骨の存在の可能性が否定されることになった。

そしてこの厚生省の意向を受けて外務省は、現地大使館に対して、厚生省の認識として台湾関係の軍人・軍属の遺骨処理は「一応完全に近いもの」と判断し、「事務的には完了したものとして取扱ってき」ているので、新たに発見されたものについても「収骨後の残骨」とみなして、「軍人・軍属のもののみ特別の扱いをすることはせず〔中略〕一般邦人のものと分骨一括整理することが望ましい」旨を伝えることとなった[58]。こうして台湾に残された戦没者の遺骨は、遺骨帰還の事実関係について改めて遺族に確認することなく、軍人・軍属と一般邦人を区別せずに処理されることになったのである。

3　慰霊祭への参加人数をめぐる問題

分骨問題ならびに軍人・軍属の遺骨処理問題が一応の結論を見るとともに、1961年10月末までに墓地・遺骨の整理と「安置所」の建立が完了する見込みがついたことから、現地大使館では、同年11月に、台北・台中・高雄の3ヵ所で慰霊祭を挙行することを計画した。その際大使館は、「盛大にこれを行うことは徒らに中国側を刺戟する結果となる」ことを懸念し、「日本からの参加者はせいぜい1、2名に限定されることが望ましい」との考えを外務本省に伝えた[59]。台湾側はかねてより「あまり大袈裟なことは困る」という見解を日本側に伝えており、この問題に敏感であることを大使館は感じとっていた。

しかし、慰霊祭の計画を知らされた台湾物故者慰霊塔建設会（1961年8月結成。会長：長谷川清）は、各都道府県の遺族代表30人、宗教界代表3人、同盟代表3人の合計36人程度の参加を外務省に要請してきた[60]。同会は、同年8月に実施された戦後初のシベリア墓参団が50人規模であったことを念頭に、

遺族の強い要望があるとして繰り返し外務省に対して要望書を提出した[61]。

この問題に関して台湾政府は、「遺族代表30名というのに奇異の念」をもち、「納得出来ない」として人数を最小必要限にとどめることを強く求めた[62]。その理由として台湾側は、「日本統治時代を想起さ(ママ)すような行事には不賛成」であることを第一にあげた[63]。日本統治時代の負の記憶をめぐっては、分骨問題に関する交渉の際に台湾側が遺骨全部の持ち帰りを打ち出してきた背景として、同国政府の方針が「旧植民地時代の遺物や思い出となるものは成るべく無くすということにある」からだと日本側は受け止めていた[64]。したがって日本側としても「当方の希望を一方的に押付けるような態度はかえって中国側の反撥を招く」として、妥協せざるを得ないと考えていた。

結局、慰霊祭開催直前の11月15日になって台湾側は、分骨の引取りの名目で日本からの参加を10人まで認めることに同意した。しかし、台湾政府には最後まで「代表人数を最小限に食止めようとする強い意向」が見られ、また「式典には一般台湾人はもとより従来から本件実現に協力して来た地元市長その他中国側地方官憲（ほとんどすべて台湾人）の列席も歓迎しない態度」がうかがわれたのである[65]。

こうした紆余曲折を経て、1961年11月27日における台北市北投の中和寺を皮切りに、同11月29日には台中市の宝覚寺、12月1日には高雄市覆鼎金公墓にて慰霊祭が挙行された。慰霊祭には井口大使をはじめ、大使館員、日本人会役員、本土からの遺族代表団、在留邦人など数十人が参加したが、台北・中和寺での慰霊祭には台湾政府関係者は1人も参列しなかった。一方、台中・宝覚寺での慰霊祭には台中市内の小学生たちがバンド隊とともに参列し、最も盛大に行われたと報告されている[66]。

なお、中和寺の「東部北部地区日本人遺骨安置所」には、台北市・基隆市・陽明山管理局・宜蘭県・桃園県・新竹県・苗栗県・花蓮県・台東県、宝覚寺の「中部地区日本人遺骨安置所」（図2）には、台中市・台中県・南投県・彰化県・雲林県、覆鼎金公墓の「南部地区日本人遺骨安置所」（図3）には、嘉義県・台南市・台南県・高雄市・高雄県・屏東県・澎湖県の管内にあった墓地を整理して収集された遺骨がそれぞれ箱に納められて、納骨合葬された。このとき整理・納骨された遺骨の総数は約1万3000柱であり、氏名が判明し

ている7734人分については名簿が作成された。また、氏名不明とされた約5000人のなかには、台北県貢寮郷海軍軍人95人、同県新店鎮陸軍傷病死者42人、新竹市海軍航空兵114人、苗栗県陸軍病院傷病死者約500人、澎湖県千人塚約1000人、雲林権陸軍航空兵62人の軍人・軍属の遺骨が含まれていた。

図2　中部地区日本人遺骨安置所

（台中・宝覚寺／筆者撮影）

これらの遺骨のうち、氏名判明分のものについては、主要な部分の一片（のどぼとけや頭蓋骨など）が選び出され、軍人・軍属を含む氏名不明の遺骨の分骨とともに6個の箱に納められて遺族代表団によって日本に持ち帰られた。そしてこれらの持ち帰られた分骨は、1963年4月、東京築地本願寺の境内に建立された「台湾物故者慰霊塔」に納められたのである。

図3　南部地区日本人遺骨安置所

（高雄・覆鼎金公墓／筆者撮影）

おわりに

以上見てきたように、台湾における軍人・軍属を含む日本人墓地および遺骨の処理問題は、台北・台中・高雄に建立された「日本人遺骨安置所」に各地の遺骨が集約され、東京に「台湾物故者慰霊塔」が建立されることで一応の解決を見ることとなった。しかし、そこに至る交渉過程は日本統治時代の記憶をめぐる台湾政府と引揚者の想いが交錯するせめぎ合いの場となったのであり、安置所の存在はその後の日台関係にとってもある種の懸案事項であ

り続けた。

　安置所の建立後、毎年慰霊祭が実施されたが、1963年には、中和寺境内の安置所の石灯籠が「修理不能の状態にまで破壊される」という事態が生じた[67]。日本側は台湾政府に対してその取締りを要請したが、中和寺の石燈籠は翌年以降も頻繁に破壊された[68]。また、高雄の安置所の入り口には1974年9月に、その由来を記す中国語の碑文が交流協会高雄事務所と日本人会高雄支部の両名によって新たに設置されたが、そこにはあわせて「ともに墓園を守り平穏を維持するようお願いします（懇請共同維護墓園之寧靜為荷）」と刻まれており、このことは、高雄においても安置所が何らかの被害に遭っていた可能性を示唆するものである。

　安置所に対するこうした行為は、日本による統治が長期にわたった台湾における対日感情の一側面をうかがわせるものである。分骨問題や慰霊祭への参加人数をめぐる問題が生じた際、台湾政府が、安置所が「pilgrimage〔聖地巡礼〕の場所となることを危惧」するとともに、「旧植民地時代の遺物や思い出となるものは成るべく無く」したいとの立場を伝えてきたように、1960年代において戦争や植民地時代の負の記憶はまだ生々しく、日本人のための安置所の設置に反発する動きも少なくなかったと考えられる。それは台湾に限ったことではなく、1950年代に派遣された遺骨収集団は各地に「戦没日本人之碑」を建立したが、その建立場所は米国管理下の太平洋諸島や、オーストラリアが統治していたニューギニアなどに限られ、ビルマやフィリピンなどアジアの独立諸国には一基も建立されなかった。その理由はいずれも戦争の記憶を呼び起こすものとして当該国から拒絶されたからであった。交渉を通じて日本政府は、台湾側に対して一定の配慮を示していたが、日本人墓地・遺骨の整理作業や恒久的な安置所の建立が現地感情に与える影響について日本側がどこまで自覚的であったかについては、改めて問い直す必要があるだろう。

　また、軍人・軍属の戦没者の遺骨が一般邦人と区別されずに現地に納骨されたことは、収容された軍人・軍属の遺骨をすべて本国に送還するという今日における戦没者の遺骨処理の基本方針とは相容れないものであった。1960年代初頭の時点において、そうした措置がとられた背景としては、当時、政

府当局者が海外戦没者の処理について、一部の遺骨をもってその戦域全体の戦没者の「象徴遺骨」とみなし、この象徴遺骨の収容をもって南方地域の遺骨収容全般が終了したと考えていたことと関係している。台湾における軍人・軍属の遺骨はすべて処理済みとみなした当局者は、この時点ではそれ以上の措置を講ずる必要性を感じていなかったと考えられる。

とはいえ、1960年代後半に「象徴遺骨」の収容方式が撤回されるかたちで南方における遺骨収容が再開し、1970年代以降に台湾で新たに確認された戦没者の遺骨が国内に送還されるケースが相次いだことを考えると[69]、安置所に納められることで、軍人・軍属の遺骨が結果として遺族のもとへ帰還する機会を失うことになったという可能性を否定することはできないだろう。

このように、台湾における日本人墓地および遺骨の処理と慰霊をめぐる問題は、旧帝国圏に対する戦後日本政府の全般的な海外戦没者処理方針の文脈のなかで、台湾に特有の日本統治時代の記憶や戦争および復員・引揚げの経験を踏まえた独自の事情を抱えながら展開してきたと評価でき、それが戦後における日台関係の一側面を形成してきたといえよう。

そしてさらに、中和寺の安置所は1990年代後半に台中の宝覚寺に移転することとなり、高雄の覆鼎金公墓も移転問題を抱えている状況である。したがって、台湾における遺骨処理と慰霊の問題は今日なお現在進行形の問題として捉える必要があるといえ、本章で見たような過去の経緯を明らかにすることは、この問題の全体像を理解するうえで必要不可欠な作業であるといえるだろう。

【付記】　本章は、科学研究費若手研究（B）「海外戦没者の遺骨処理問題をめぐる政治外交プロセスの史的研究」（研究課題番号：JP15K17005）における研究成果の一部である。

【謝辞】　本章を執筆するにあたり、台湾現地調査においてご協力いただいた台湾国立高雄第一科技大学の赤江達也先生に感謝いたします。

注
1 ）最近の研究として、浜井和史『海外戦没者の戦後史―遺骨帰還と慰霊』吉川弘文館、2014年、同「『英霊の凱旋』から『空の遺骨箱』へ―遺骨帰還をめぐる記憶の形成」『軍

事史学』第51巻第2号、2015年9月、白川哲夫『「戦没者慰霊」と近代日本─殉難者と護国神社の成立史』勉誠出版、2015年、中山郁「陸軍における戦場慰霊と「英霊」観」國學院大學研究開発推進センター編『昭和前期の神道と社会』弘文堂、2016年、粟津賢太『記憶と追悼の宗教社会学』北海道大学出版会、2017年、などがあげられる。
2）伊香俊哉『戦争はどう記憶されるのか─日中両国の共鳴と相剋』柏書房、2014年。
3）原田敬一『兵士はどこへ行った─軍用墓地と国民国家』有志舎、2013年。
4）坂井久能「営内神社・陸軍墓地等から見た霧社事件死没軍人の慰霊」神奈川大学日本常民文化研究所非文字資料研究センター研究成果報告書『海外神社跡地から見た景観の持続と変容』2014年3月。
5）大澤武司「日中民間人道外交における中国人遺骨送還問題」『中央大学社会科学研究所年報』第8号、2003年、坂井田夕起子「中国人俘虜殉難者遺骨送還運動と仏教者たち──九五〇年代の日中仏教交流をめぐって」『歴史研究』第47号、2010年3月。
6）厚生省援護局編『引揚げと援護三十年の歩み』ぎょうせい、1978年、79頁。
7）前掲、浜井『海外戦没者の戦後史』12-22頁。
8）前掲、坂井「営内神社・陸軍墓地等から見た霧社事件死没軍人の慰霊」44-45頁。終戦時における台北・台中・台南の陸軍墓地の状況についてはなお不明な点が多く、坂井によれば、すでにその遺構を確認することもできない（同上、46-50頁）。
9）厚生省社会・援護局援護50年史編集委員会監修『援護50年史』ぎょうせい、1997年、118頁。
10）同上、11、17頁。
11）ただし、沖縄出身の軍人・軍属については、沖縄への帰還許可が遅れたため、最終的に復員が完了したのは1946年12月のことであった。終戦時、台湾に所在していた沖縄出身者の復員経緯については、台湾引揚記編集委員会編『琉球官兵顛末記』台湾引揚記刊行期成会、1986年、を参照。
12）西浦節三・安藤正「第十方面軍復員史資料」浜井和史編『復員関係史料集成』第5巻、ゆまに書房、2009年、290頁。
13）外務省中国課「在台元軍人墓地、遺骨の整理に関する件」1961年1月24日（外務省外交史料館所蔵「諸外国における本邦人墓地及び遺骨調査、収集関係（慰霊を含む）アジア、大洋州地域の部　台湾」。以下、「台湾」と略記）。
14）小坂善太郎外相より在中華民国（以下、「在華」と略記）井口貞夫大使宛公信亜中第36号「元軍人墓地整理に関する件」1961年1月28日付（「台湾」）。
15）外務省アジア局第五課「遺骨、墓地の処理方針と実施要領に関する会議」1952年10月31日（外務省外交史料館所蔵「諸外国における本邦人墓地及び遺骨調査、収集関係（慰霊を含む）」。以下、「諸外国」と略記）。なお、1952年10月15日付で作成された表「南方諸地域未帰還遺骨数」によれば、台湾の未帰還遺骨数は1万7213柱（陸軍：7871柱、海軍：9342柱）であるが、同表の欄外には「ナシ　持帰済」との書き込みがある（同上）。
16）台湾総督府総務局「台湾人口動態統計記述編　昭和17年」台湾総督府総務局、1943

年。
17) 前掲『援護50年史』31頁。
18) 同上、37頁。
19) 台湾からの引揚げについては、加藤聖文「台湾引揚と戦後日本の台湾観」台湾史研究部会編『台湾の近代と日本』中京大学社会科学研究所、2003年、を参照。
20) 外務省中国課「『台湾物故者慰霊塔建設会』代表の陳情に関する件」1961年11月7日（「台湾」）。
21) 台湾協会編『台湾引揚史―昭和二十年終戦記録』台湾協会、1982年、248頁。
22) 同上、255頁。
23) 同上、41頁。
24) 外務省中国課「浄土真宗本願寺派の陳情に関する件」1961年8月31日（「台湾」）。
25) 『愛光新聞』1958年7月1日号。なお、『愛光新聞』は、河原功解題『台湾引揚者関係資料集』第4・5巻、不二出版、2011・12年、に収録されている。
26) 「万善塔」の建設経緯について詳細は不明であるが、在中華民国日本大使館作成「昭和34年度における在台邦人墓地、遺骨の整理に関する処理案」1959年2月20日（「台湾」）、『朝日新聞』1959年3月25日付、『台湾同盟通信』1959年5月1日号を参照。なお、『台湾同盟通信』は、前掲、河原解題『台湾引揚者関係資料集』第2・3巻、2011年、に収録されている。
27) 在華芳澤謙吉大使より岡崎勝男外相宛公信台秘第522号「台湾における邦人墓地及び遺骨整理に関する件」1953年8月25日付（「台湾」）。
28) 『愛光新聞』1961年7月1日号。
29) 野澤氏の活動については、野澤六和「遺骨拾いある記」（1982年）および野澤ムメ「私のアメージンググレイス」（1999年）に詳しい。
30) 岡崎外相より在インド西山勉大使他宛公信亜五合第1047号「日本人戦没者の遺骨及び墓地に関する件」1952年12月9日付（「諸外国」）。
31) 在華芳澤大使より岡崎外相宛公信台秘第464号「邦人墓地遺骨整理及び日本人学校経営に関する件」1953年8月1日付（「台湾」）。
32) 『毎日新聞』1953年8月24日付夕刊、『朝日新聞』1953年10月3日付。
33) 在華木村四郎七臨時代理大使より岡崎外相宛公信台秘第596号「台湾における邦人墓地遺骨整理に関する件」1953年9月28日付（「台湾」）。
34) 在華宮崎章臨時代理大使より重光葵外相宛公信台普第1132号「台湾における邦人墓地遺骨調査資料提出の件」1955年12月13日付（「台湾」）。
35) 岡崎外相より在華芳澤大使宛公信亜二第282号「台湾における邦人墓地遺骨整理に関する件」1953年11月9日付（「台湾」）。
36) 大谷光照（全日本仏教会会長）より重光外相宛公信全仏国際発第23号「中華民国に於る戦没者遺骨並びに一般邦人遺骨収集整理について（御依頼）」1956年1月（「台湾」）。
37) 重光外相より在華堀内謙介大使宛公信亜二第186号「在台邦人墓地遺骨の整理に関する件」1956年4月16日付（「台湾」）。

38）在華堀内大使より岸信介外相臨時代理宛公信台第1295号「在台日本人墓地遺骨現状調査報告に関する件」1957年10月30日付（「台湾」）。
39）在華井口大使より藤山愛一郎外相宛公信台第729号「日本人墓地補修補助金の使途に関する件」1959年6月12日付（「台湾」）。
40）在華日本大使館より中華民国外交部宛口上書外第18号（1960年1月16日付）および同外交部より同大使館宛口上書（1960年2月4日付）（外務省外交史料館所蔵「諸外国における本邦人墓地及び遺骨調査、収集関係（慰霊を含む）アジア、大洋州地域の部　台湾　墓地、遺骨の整理関係（政府間交渉を含む）」、以下、「整理」と略記）。
41）台湾同盟は1952年10月、「台湾残置私有財産返還速進期成同盟」として、台湾残置財産の返還、台湾関係預貯金支払いの解決促進、台湾引揚者の福利増進と親睦を目的として結成された（河原功『台湾引揚関係資料集』解題『台湾引揚者関係資料集』第1巻、不二出版、2011年）。1963年10月に解散。
42）外務省中国課「台湾の邦人墓地、遺骨の整理について」1960年12月10日（「整理」）。
43）平田末治（台湾同盟理事長）より藤山外相宛公信台同発第88号「在台湾日本人遺骨分骨願」1960年5月19日付（「台湾」）。
44）『台湾同盟通信』1960年7月1日号。
45）在華日本大使館より中華民国外交部宛口上書外第282号（1960年10月15日付）（「整理」）。
46）中華民国外交部より在華日本大使館宛口上書（1960年10月28日付）（「整理」）。
47）在華植田修領事「日本人遺骨収容建物建立について」1960年12月10日（「整理」）。
48）小坂外相より在華井口大使宛電報第338号「在台邦人遺骨に関する件」1960年12月26日発（「整理」）。
49）在華井口大使より小坂外相宛電報第440号「邦人遺骨の分骨ならびに持帰りに関する件」1960年12月16日発（「整理」）。
50）前掲注48を参照。
51）在華井口大使より小坂外相宛電報第7号「在台湾邦人遺骨に関する件」1961年1月7日発（「整理」）。
52）在華井口大使より小坂外相宛電報第119号「在台湾邦人遺骨に関する件」1961年4月10日発（「整理」）。
53）在華井口大使より小坂外相宛公信台第675号「墓地遺骨最終処理に関する口上書送付の件」1961年5月18日付（「整理」）。
54）在華井口大使より小沢佐重喜外相臨時代理宛公信台第903号「邦人遺骨安置所の建立と慰霊祭挙行後の分骨持ち帰りに関する件」1961年7月17日付（「整理」）。
55）内田事務官（外務省アジア五課）手書きメモ、1953年10月8日（「台湾」）。
56）在華井口大使より小坂外相宛公信台第1600号「元軍人墓地整理に関する件」1960年12月28日付（「整理」）。
57）前掲注13を参照。
58）小坂外相より在華井口大使宛公信亜中第36号「元軍人墓地整理に関する件」1961年1月28日付（「整理」）。

59）前掲注54を参照。
60）長谷川清（台湾物故者慰霊塔建設会会長）より小坂外相宛「遺族代表台湾派遣について御願」1961年10月14日付（「台湾」）。
61）長谷川台湾物故者慰霊塔建設会会長より小坂外相宛「慰霊祭参列員について御願」1961年10月28日付（「台湾」）。
62）在華井口大使より小坂外相宛電報第376号「遺骨安置所慰霊祭に参加する代表の件」1961年10月23日発（「台湾」）。
63）在華井口大使より小坂外相宛電報第388号「遺骨安置所慰霊〔ママ〕に参加する代表の件」1961年11月1日発（「台湾」）。
64）在華広長書記官書簡（1961年1月14日付）（「整理」）。
65）在華井口大使より川島正次郎外相臨時代理宛電報第403号「遺骨安置所慰霊祭に参加する代表の件」1961年11月17日発（「台湾」）。
66）慰霊祭の模様については、在華井口大使より小坂外相宛公信第1586号「邦人墓地遺骨整理作業の完了に関する報告の件」1961年12月26日付（「整理」）、『台湾同盟通信』1962年1月1日号、『愛光新聞』1962年1月1日号、枠本誠一「見たままの新台湾」（『財界之日本』1962年2月号）を参照。
67）在華木村大使より大平正芳外相宛公信台第1546号「慰霊祭と台湾協会代表者来台に関する件」1963年11月20日付（「台湾」）。
68）在華木村大使より椎名悦三郎外相宛公信台第1744号「北投日本人合同墓地の一部破壊について（報告）」1964年11月14日付、在華島津久大大使より三木武夫外相宛公信台第1824号「第6回日本人物故者慰霊祭執行の件」1967年12月11日付、在華原富士男臨時代理大使より愛知揆一外相宛公信台第2126号「台北日本人遺骨安置所の石灯篭破壊と慰霊祭（報告）」1968年12月23日付（以上、「台湾」）。
69）例えば、1975年4月には、屏東県東港鎮の無縁墓地に埋葬されていた第8師団歩兵第31連隊の戦没者242柱が国内に送還された（『朝日新聞』1975年4月5日付）。また、1977年4月と7月にも、撃沈された旧陸軍徴用船の戦没者で遺骨が安置されていたものなどが持ち帰られた（『朝日新聞』1977年4月24日付、同7月25日付）。

第 2 部

中国の変動

第 6 章

戦後中国における憲政への移行と警管区制

吉見　崇

はじめに

　1946年1月の政治協商会議閉幕時、蔣介石は、国民の自由を妨げる法令の改正、廃止を改めて宣言した[1]。憲政への移行を掲げる中国国民党（以下、国民党）・中華民国国民政府（以下、国民政府）にとって、国民の自由をいかに位置づけるかは、憲政への移行と不可分な政治的課題であった[2]。

　これまでの戦後中国政治史（政治過程史）研究は、政治協商会議を憲政への移行の重要な契機と位置づけてきた。しかし、政治協商会議後の憲政への移行の歴史がもつ意義については、1946年3月の国民党第6期中央執行委員会第2次全体会議で政治協商会議の決議が覆されたこと、また東北において事実上の内戦が始まったことを主たる理由として、十分に検討されてこなかった[3]。

　他方、近年では、中華民国憲法制定史[4]や中華民国憲法体制史[5]の分析が進展したことにより、戦後中国の政治過程は、憲政への移行または憲政実施後の政治体制の変化をふまえながら分析され始めている[6]。そして憲政への移行と国民の自由の関係性についても、言論の自由という視角から考察され

始めている7)。本章は、こうした新たな研究潮流に学びながら、戦後中国における警察制度改革の分析を通じて、国民の自由がどのように位置づけられ、いかなる制度が模索されたのかを検討し、憲政への移行の意義をさらに複眼的にとらえることをめざすものである。

　これまでの戦後中国の政治過程史研究において、警察制度改革が注目されてこなかった一方で、近現代中国の警察史研究においては、憲政への移行の意義が十分に認識されてこなかったといえる8)。本章が警察制度改革に着目する理由は、法を機能させていくうえで暴力を内在させている9)警察制度の分析を通じて、立憲主義や民主主義の意義やあり方を検討できるのではないかと考えるからである。事実、日中戦争終結を前にして、国民党においても、また国民党外の人士も参加し、戦時議会と呼ばれることもある国民参政会10)においても、警察制度改革は、憲政への移行における重要な課題として認識されていた。

　1945年5月の国民党第6次全国代表大会では、中央警官学校教育長の李士珍が中心となって、日中戦争終結後に上海市警察局局長となる宣鉄吾らだけでなく、日中戦争期から戦後にかけての憲政への移行の過程で重要な役割を果たした雷震11)らも提案人として名を連ねた「軍事的反攻に協力し、憲政の基礎を定め、速やかに現代警察を築いて社会の安全を保障するとともに、国民の生活を向上させ、抗戦建国の大業を成し遂げる案」が提出されている12)。他方で、1944年9月の国民参政会第3期第3次大会では、日中戦争期の憲政運動を牽引した黄炎培13)や、中華民国憲法の事実上の起草者となる張君勱14)、また立憲主義に基づく司法制度改革を志向した弁護士の陳霆鋭15)らが提案人となって16)、「憲政の基礎を定めて、法治国家を建設するため、全国の警察を正す具体的な計画を速やかに立案し、優秀な警察幹部をたくさん養成することを、政府に求める案」が提出されている17)。

　本章は、以上のような問題意識に基づき、日中戦争終結後に国民政府が実施を試みた警察官の勤務制度である警管区制をめぐる、1946年5月から6月にかけての論争に着目する。これまでの研究は、この警管区制をめぐる論争を、国共対立という文脈から分析してきた。そのため、そこで示される構図は、みずからの統治を一方的に強化しようとする国民党・国民政府と、それ

に反発する中国共産党や中国民主同盟、という固定化した二項対立であった[18]。換言すれば、これまでの研究では、国共対立とならぶ戦後中国政治の課題であった憲政への移行との関わりにおいて警管区制をめぐる論争を分析しようとする視角が希薄であったため、警管区制と国民の自由の関係性や、制度自体をめぐる対立について検討されてこなかった。よって本章は、警管区制をめぐる論争の過程で、国民党・国民政府が国民の自由という問題にどのような姿勢を示し、いかなる警管区制像を模索したのかに注目して、戦後中国における憲政への移行の意義を考察する。

　本論に入る前に、近現代中国の警察制度史の大まかな構図を示しておきたい。清末において、それまでの治安機構の出現を前提に、いわゆる近代的な警察制度の確立が始まる[19]。清末、そして北京政府期には、主に日本の警察制度を参考にして、大陸型の警察制度の導入が試みられた[20]。だが、国民政府は、大陸型の警察制度の受容を継承しつつも、アメリカの警察制度を中心に参照しながら、英米型の警察制度の導入を図っていった[21]。警察官の勤務制度改革をめぐっても、警察官が交番に駐在することに重きを置いて、副次的に巡邏を実施する日本の制度にならった現行の勤務制度、すなわち守望制（「守望」は見張の意、以下原語のまま用いる）に基づく主張と、アメリカの警察制度にならって、警察官の駐在を廃し、巡邏を全面的に実施する勤務制度、すなわち巡邏制に基づく主張が、それぞれ存在した[22]。

　このように、警察官の勤務制度をめぐって、2つの潮流が国民政府成立後からすでに存在していた。ただし、日中戦争期までのそれぞれの主張は、必ずしも自由や憲政との関係性を強く意識して展開されたわけではなかったという点も確認したうえで、以下、戦後中国の警管区制をめぐる論争を分析していく。

一　警管区制と自由・憲政

　1946年5月7日、上海のアメリカ資本の英字紙である『シャンハイ・イブニングポスト・アンド・マーキュリー』（以下、『シャンハイ・イブニングポスト』）は[23]、「未熟な警察の理論」（"Naive Police Theory"）と題する論説で、6月1

日より、上海の警察が市民の住宅に自由に入れるようになると報じた。さらに、その目的は、警察が民間に深く入り込んで、警察と市民が一体となること、そして警察が当地の状況を把握することであると指摘した。同紙は、こうした制度がロンドンやニューヨークで実施されれば、人々の怒りを買うことになるが、ベルリンや東京で実施されてもそうはならないと論じ、民主主義の立場からすると、法的な根拠のまったくない制度であると痛烈に批判した[24]。『シャンハイ・イブニングポスト』が批判した制度こそ、警管区制であり、同紙の報道・論評を契機として、警管区制をめぐる論争が巻き起こる。

すでに上海市警察局は、1946年1月に発表した同年の業務計画において、警管区制を、最も先進的で最も厳密な制度であると同時に、目下、最も必要な制度と位置づけていた[25]。上海市警察局は、警管区制の実施後、1人の警察官が80戸から120戸、また400人から600人の住民を管轄すると規定していた[26]。

『シャンハイ・イブニングポスト』に続いて、左派系の民間紙が警管区制への批判を展開していく。『文匯報』は、警管区制を、日中戦争終結後に国民政府が上海で復活させた保甲制度や国民身分証に連なるものと位置づけたうえで、憲政への移行を図る今日の中国において、国民の自由は広く認められており、警管区制を実施すべきではないと主張した[27]。また同紙は、蔣介石が現段階における国家の根本法と認めた中華民国訓政時期約法の第10条と第12条が、それぞれ、「国民の住まいは、法律によらなければ、立ち入り、捜索、あるいは封鎖することはできない」、「国民は移動の自由を有しており、法律によらなければ、これを停止あるいは制限することはできない」と規定しており、上海市警察局は蔣介石の訓示に背くというのか、と警管区制の違法性について批判した[28]。一方、『連合晩報』は、『シャンハイ・イブニングポスト』よりもはっきりと、民主主義の連合国とファシズムの枢軸国という構図を示しながら、連合国の一員である中国において、日本やドイツで実施されたような警察による統治がなぜ必要なのかと問うた。そして同紙は、居住の自由という言葉を用い、それは国民の最も基本的な権利の1つであり、民主と専制の境界は居住の自由の有無であると主張した[29]。

このように左派系の民間紙は、警管区制の実施が自由や憲政と大きく関わる問題であるという認識を明示して批判を展開したが、こうした批判は民間

紙のなかで左派系紙だけにとどまるものではなかった。『新民報』は、警管区制の実施をめぐり、いかなる人も罪を犯す前に犯罪者の扱いを受けるべきではないことは、民主法治の最低条件であるという認識を示した。さらに同紙は、少数の悪人を取り締まるために大多数の人々を警察権力の脅威の下に置くことは、民主的ではないというだけでなく、われわれの警察行政の立ち後れを物語っていると批判した[30]。また、前行政院副院長の孔祥熙と関係があった国民党系の『時事新報』も、『文匯報』が批判したように、根本的な問題は、警管区制が中華民国訓政時期約法の居住の自由についての規定に違反していることであると主張した[31]。さらに『時事新報』は、『連合晩報』と同様、警管区制は民主主義に反するファシズムの制度と指摘し、民主主義国家となった中国で警管区制を実施することは、国民が言論、集会、居住、行動の自由を有すると認めた蔣介石の言葉、すなわち政治協商会議における蔣介石の宣言に反すると訴えたのである[32]。

　以上のように、『シャンハイ・イブニングポスト』の報道・論評を嚆矢として噴出した警管区制への批判では、連合国の一員であり、民主主義国家となった中国が、憲政への移行を図るなかで警管区制を実施すれば、中華民国訓政時期約法や政治協商会議における蔣介石の宣言に違反し、居住の自由を侵害することになる、という論理が展開された。このような警管区制への批判は、警管区制の実施が自由のあり方、憲政への移行と大きく関わる問題であるという認識をはっきりと示したといえる。そしてこうした認識は、『文匯報』や『連合晩報』など左派系紙だけからではなく、『新民報』、さらには国民党系の『時事新報』からも看取できるものであった。つまり、警管区制の実施を自由や憲政との関わりにおいて批判するという特徴が、戦後の中国社会において一定の広がりをもっていたという事実を、見落としてはならないのである。

二　上海市警察局が主張する警管区制

　1946年5月10日に開催された上海市政府第30次市政会議で、上海市警察局局長の宣鉄吾は、銭大鈞市長らに対して、警管区制の実施は社会の安寧と国民の生命、財産を保護することを目的としており、世間で広まっている批判は

明らかな誤解であると説明した[33]。

　翌11日、宣は、『新聞報』に「警管区と居住の自由を論ず」と題する文章を発表し、警管区とは、広義では警察局の管轄区域であり、狭義では１人の警察官の勤務区域であると定義した。そのうえで宣は、警察をもつ国家では、国家の体制が民主か集権かにかかわらず、このような区域が存在すると主張し、イギリス・アメリカ、ソ連、ドイツ・オーストリア、フランスにおけるそれぞれの名称をあげ、名称は異なっていてもその役割は同じであるという認識を示した。そして警管区制への批判については、遺憾ながら、われわれは教育の立ち後れた国家で、国民は警察を深く理解しておらず、新しい名称が容易に誤解を招くことは、すでに日常茶飯事である、と切って捨てた[34]。

　さらに宣は、警察は国家行政の推進者であり、安寧秩序を守る堡塁であると位置づけ、警管区制と居住の自由を結びつけて騒ぎたてることは、本末転倒であると論難した。なぜなら、警察は、基本的な自由の権利を必要としている国民の立場に立って、人に損害を与え己を利する者を捕まえ、国民の生命や財産を合法的に守ることができるからであると主張した。そして宣は、いわゆる自由とはまさか居住の自由だけなのかと反問したうえで、われわれの約法が規定する居住の自由は、絶対的な自由ではなく、法律に基づく必要がある相対的な自由であり、換言すれば、国民の住まいは、法律によって、立ち入り、捜索、あるいは封鎖することができるのであり、訪問だけにとどまるものではない、という見解を示した[35]。

　５月11日の午後、上海市政府新聞処が開催した記者会見に出席した宣鉄吾は、警管区制は新しい制度、あるいは特別な制度ではないと説明する一方で[36]、警察の任務の重点は、国家の政令を執行して国民の生命や財産を保護することであると改めて述べた[37]。加えて、宣は、警管区で勤務する警察官がどのような役割を担っていくべきなのかについて、みずからの見解を明らかにした。宣は、警管区で勤務する警察官は、行政と刑事という２つの責任を担うと位置づけたうえで、戸数と人口とともに、住民の移動や経済力の有無を調査して、誰が善人で誰が悪人かを認識すべきであると主張した[38]。さらに宣は、治安に影響を与える可能性のある少数の人々を頻繁に調べることによって、彼らの日常の行動を確実に把握し、治安が乱れることを未然に防ぐ備え

としなければならないという考えを示した[39]。

　以上のような宣鉄吾の反論は、警管区制への批判のなかで明らかになった戦後の中国社会が求めた自由と、まさに国家による自由ともいうべき宣の考える自由が、相容れないことを如実に示したといえる。同時に、宣はみずからの構想する警管区制像を語ったが、それが大陸型（日本型）の警察制度に基づく主張であったことも看過してはならない。宣の反論は、警管区制への不信感を払拭することが肝要であったにもかかわらず、国家による自由という考えと大陸型（日本型）の警察制度に基づく警管区制像を明示してしまった。それゆえに、上海市警察局が実施する警管区制は、上海各紙が批判した戦前のドイツや日本の警察制度に近似しているという印象を強く与え、かえって警管区制への不信感を増幅させることになった。さらにその結果、警管区制への反対や攻撃は反動分子の恐怖心のあらわれにすぎないという宣の思惑[40]ははずれ、国民党・国民政府内からも警管区制への批判が噴出していくとともに、アメリカ型の警察制度として警管区制をとらえる主張を招来することになった。

三　アメリカ型の警察制度としての警管区制

　宣鉄吾の反論後も警管区制への批判は続いたが、それまでのように中華民国訓政時期約法や政治協商会議に言及することで、自由のあり方や憲政への移行と関わる問題として警管区制の実施を批判する意見に加え[41]、新しい上海市市長の呉国楨に対して警管区制の中止を求める意見があらわれてくる[42]。

　呉国楨は、日中戦争期に重慶市市長や外交部政務次長を務め、1945年8月から国民党中央宣伝部部長に就いていたが、呉のリベラルな政治姿勢が市民の不満を和らげ、また呉の起用がアメリカの期待に沿うという蔣介石の判断の下、銭大鈞の後任の上海市市長に選ばれていた[43]。

　呉国楨の着任を前に、警管区制への直接的、間接的な批判が、国民党・国民政府で顕在化したことも、呉に対して警管区制の中止を求める意見が寄せられる要因となった。孔祥熙は、警管区制の訪問というやり方は、国民を煩わせる一方で、真に凶暴な者たちはかえって捜索、逮捕されないと発言し[44]、

その実効性を疑問視した。また、上海地方法院院長の査良鑑は、警管区制の合法性について問われて明言を避け[45]、上海市臨時参議会副議長の奚玉書は、もし市民が引き続き反対すれば、参議会は警管区制を中止させるか、実施を延期させるべきであるという認識を示した[46]。さらに、首都警察庁は、南京市においても警管区制が実施されるという報道に対して、すぐに声明を出して否定し[47]、やはり警管区制の実施について問われた重慶市市長の張篤倫は、この制度は法的根拠がなく、現在も警管区制を実施するという命令は受けとっていないと述べて、警管区制を実施しない旨を明言した[48]。

上海に到着した呉国楨は、警管区制が中止されるという報道を否定したうえで、しっかりと警管区制について検討すると述べた[49]。そして1946年5月23日、上海市政府諮議委員会に初めて出席した呉は、警管区制について問われ、想定している警管区制は、区域を画定して、派遣した警察が巡邏を受けもつものであり、1軒1軒訪問したり、民家に入ることはない、と回答した[50]。この発言は、呉の考える警管区制像を具体的に明らかにしたという意味で重要であったが、同時に、呉が宣鉄吾の主張する警管区制像を真っ向から否定したという意味でも重要であった。

呉が、警管区制に対するみずからの考えを、上海市政府諮議委員会で明らかにした理由は、著名な外交官であり、当時、同委員会の主席を務めていた顔恵慶の存在が念頭にあったためと考えられる[51]。呉が同委員会に出席する前、警管区制について問われた顔は、警察制度の体系に言及し、次のような見解を述べていた（〔 〕は引用者注、以下同）。

> 今日の世界では、「警管制度」に関して2つの体系がある。1つは大陸型であり、1つは英米型である。大陸型〔の警察制度〕は、ドイツや日本のファシズムが実施したものであり、旅客に対して注意深く尋問するだけでなく、1人1人の住民に対しても、遠慮することなく、くどくどと徹底的に問い詰める。そこでは身体の自由が完全に奪われてしまう。英米型〔の警察制度〕は、民主国家が実施しているものであり、住民に干渉することはなく、旅客に対してもまったく面倒をかけない[52]。

そして顔は、もし警管区制が実施され、警察官が来訪した場合、市民は不必

要な問いに対して回答を拒むことができるという認識を示していた[53)]。

　他方、宣鉄吾は、呉国楨の警管区制に対する見解について聞かれ、警察官は職務上必要であれば訪問できるという考えを改めて示した[54)]。

　このように、呉国楨と宣鉄吾の相違が決定的となるなかで、呉も自身が構想する警管区制像についてより明確に主張していく。呉は、警管区制は区域を分けて警察の職務を執行する規則であり、警察官が市民を訪問することはないと繰り返し説明し[55)]、警察官が実施するのは巡邏であると強調した[56)]。そして、警管区制は英米が実施して久しい管区制（District System）である、とはっきりと位置づけた[57)]。ここに、警管区制を通じて呉が志向していた警察官の勤務制度は、アメリカ型の警察制度に基づくものであることが明らかになったのである。

四　警管区制をめぐる対立のゆくえ

　1946年6月1日、上海市警察局は、常熟路分局の管轄区域において、警管区制を実施したが、『大公報』の報道によれば、警察官が市民を訪問するという問題は起きなかった[58)]。

　その一方で、当時、上海に滞在していた立法院院長の孫科は、時局について述べるなかで警管区制に言及し、自分でさえ警管区制が立法院を通過した記憶がないのだから、当然、警管区制は無効であり、もし内政部や警察局が勝手に実施したのであれば、国民は行政院に告発できるという見解を語った[59)]。立法院では、5月25日に開催された第4期第300次会議においても、「首都警察庁組織条例」草案の審議が、同草案は警管区制と関わりがあるという理由で先送りにされ[60)]、警管区制への反発が強まっていた。いずれにせよ、孫科に名指しされた内政部は、警察行政を主管する官庁として警管区制についての見解を説明する必要に迫られた。

　その結果、内政部部長の張厲生は、次のような警管区制に対する見解を明らかにした。

　　警管区〔制〕は、すなわち英米の警察における「ビート制度」（Beat System）で

ある。アメリカの警察専門家であるヴォルマー（August Vollmer）の定義に基づけば、「ビート」は警察制度における基本単位である。その〔制度の実施〕方法は、警察局が管轄する範囲を、地域の人口、面積および交通などの状況に鑑みて、いくつかの比較的狭い区域に分け、各区域内で警察〔官〕に繰り返し巡邏をさせるというものである。こうした巡邏に重きを置いた「ビート」制度（現在、わが国では、これを警管区制と称している）は、英米各国で実施されて久しく、ことさら驚くべきものではない[61]。

このように張厲生は、英米型の警察制度におけるビートシステム（巡邏区制）が、今日の中国における警管区制であると明言したが、張がその定義を引いたオーガスト・ヴォルマーとは、アメリカ近代警察行政の父と呼ばれる人物である[62]。ヴォルマーは、1905年から1932年までの長期にわたりカリフォルニア州バークレイ警察署署長を務めるとともに、カリフォルニア大学バークレイ校で教鞭もとった。19世紀末から20世紀初頭にかけてのいわゆる革新主義時代の警察制度改革において、ヴォルマーは警察の専門化を強く主張したが、彼がその理念に基づいて実施した改革の1つこそ、パトロール制度の改革であった[63]。

　張厲生に続いて、内政部の警管区制に対する見解をより詳細に説明したのが、ヴォルマーの下で警察学を学んだ経験をもつ警政司司長の鄭裕坤であった[64]。まず、鄭は、「各級警察機関編制綱要」（1936年7月）の第11条という現行法令が、警管区制は警察の力を振りあてる基本的な方法であることを示していると主張して、孫科の批判を牽制した。そのうえで、警管区に警察が勤務する際の基本単位であり、警管区ごとに、1人の警察官が警察の果たすべき責任を担う、と定義した。さらに鄭は、警管区制が生み出されたのは、旧来の守望制が現代社会の需要に応えられなくなっているからであるという認識の下、中国の警察の勤務制度は巡邏制を用いることを原則とすると表明し、警管区制の勤務方法は、英米の巡邏制の方法と類似している一方で、日本の交番のように見張と巡邏を同時に行う方法とは異なる、という見解を示した[65]。

　また、警察と国民の自由との関係性についても言及した。鄭は、国民の自由が十分に保障されるか否かは憲法上の問題であり、警察の勤務がいかなる制度を用いても影響することはない、という前提に立ちながらも、次のよう

第 6 章　戦後中国における憲政への移行と警管区制　115

に述べて、警察は国民の自由を尊重しなくてはならないという立場を鮮明にした。

> 警察の目的は、公共〔の安全〕が害されることを防止し、社会の秩序を維持することであるが、個人の生活と住まいには干渉しないことを原則としている。警察が制限する自由と、取り除こうとする危険〔の範囲〕は、一定の限度を設けなければならず、必要な度合いを超えてはならない。民主国家における警察の活動は、いかなる方法を用いるかにかかわりなく、これらの基本原則に従わなければならない。警管区制を用いるのは、警察の活動の効率をあげるためだけであって、警察権の範囲を変えることは絶対にない。これは警管区制を実施する者が肝に銘じ、遵守しなければならないことである[66]。

以上のように、警管区制をめぐる論争の高まりは、内政部の張厲生や酆裕坤が警管区制についての見解を表明するまでに至った。張や酆は、アメリカ型の警察制度をモデルとしながら、巡邏制を実施するのが警管区制であると主張した。同時にそこでは、酆の言説から看取できる通り、警管区制の実施において、戦後の中国社会が求めた自由を尊重する姿勢も明示された。

おわりに

警管区制をめぐる論争は、『シャンハイ・イブニングポスト』の報道・論評を嚆矢として、上海各紙が警管区制への厳しい批判を展開して始まった。そこでは、警管区制の実施は、自由のあり方や憲政への移行と大きく関わる問題、つまり民主主義国家となった中国において国民の自由が侵されるという危機感をめぐる問題として、示された。こうした批判に強く反発した上海市警察局局長の宣鉄吾は、各国にも警管区制と同様の制度が存在し、警察こそが国民の生命と財産を守ることができるのだと、反論を試みた。ただし、この反論の過程で、宣は、居住の自由は絶対的な自由ではないと主張し、大陸型（日本型）の警察制度に基づき、国民の住まいへの立ち入り、またはその捜索や封鎖も辞さないという姿勢を明らかにしたため、かえって警管区制への不信感を増幅させた。その結果、国民党・国民政府内からも警管区制への批

判が噴出し、さらには大陸型（日本型）かアメリカ型かという警察制度自体の対立を惹起した。そして、上海市市長に就いた呉国楨が、宣の警管区制像を否定し、警管区制は国民の自由を侵さないと明確にするという理由から、アメリカ型の警察制度に基づく警管区制像を提示した。

ただし、冒頭で指摘した通り、警察官の勤務制度をめぐる大陸型（日本型）とアメリカ型という理念の対立は、すでに存在していた。警管区制をめぐる論争がそれまでと異なった点は、憲政への移行という政治的変動の下で、警察制度のあり方が問われたことである。だからこそ警管区制をめぐる論争では、それまで必ずしも問われてこなかった警察制度と自由の関係性が焦点となったのであり、大陸型（日本型）かアメリカ型かという警察制度自体の対立もその影響を強く受けることになったのである。

こうして警管区制をめぐる論争から導き出された解答が、制度改革の過程でどのように実践されたのか、さらには内政部警察総署の成立、「警察法」の制定といったその他の警察制度改革においても、憲政への移行の影響、またアメリカ型の警察制度への志向が存在したのか、など残された課題は多い。今後、それぞれの分析を通じて、これまで必ずしも警察史の重要な転換期としてとらえられてこなかった戦後中国の警察制度改革を、総体的に再考していきたい。

【付記】本章は平成26年度科学研究費補助金（特別研究員奨励費）研究課題領域番号14J00960による研究成果の一部である。

注

1）蔣介石「政治協商会議閉会詞〔1946年1月31日〕」秦孝儀主編『先総統蔣公思想言論総集』巻21、台北：中国国民党中央委員会党史委員会、1984年。

2）雷震（薛化元主編）『中華民国制憲史—政治協商会議憲法草案』台北：稲郷出版社、2010年、138-139頁。

3）鄧野『連合政府与一党訓政—1944〜1946年間国共政争（修訂本）』北京：社会科学文献出版社、2011年、汪朝光『1945〜1949—国共政争与中国命運』北京：社会科学文献出版社、2010年、林桶法『戦後中国的変局—以国民党為中心的探討（1945-1949年）』台北：台湾商務印書館、2003年、蔣永敬『蔣介石、毛沢東的談打与決戦（増修版）』新北：台湾商務印書館、2015年、山田辰雄「平和と民主主義の段階における中国国民党

の戦後政権構想」石川忠雄教授還暦記念論文集編集委員会編『石川忠雄教授還暦記念論文集　現代中国と世界—その政治的展開』慶應通信、1982年、西村成雄『中国ナショナリズムと民主主義—二〇世紀中国政治史の新たな視界』研文出版、1991年、第4章、横山宏章『中華民国史』三一書房、1996年、第5章。

4）中村元哉「国民党『党治』下の憲法制定活動—張知本と呉経熊の自由・権利論」中央大学人文科学研究所編『中華民国の模索と苦境　1928～1949』中央大学出版部、2010年、中村元哉「近代中国憲政史における自由とナショナリズム—張知本の憲法論と中華民国憲法の制定過程」石塚迅・中村元哉・山本真編『憲政と近現代中国—国家、社会、個人』現代人文社、2010年、中村元哉「世界の憲政潮流と中華民国憲法—張知本の憲法論を中心に」村田雄二郎編『リベラリズムの中国』有志舎、2011年、中村元哉「戦時中国の憲法制定史」久保亨・波多野澄雄・西村成雄編『戦時期中国の経済発展と社会変容』慶應義塾大学出版会、2014年、中村元哉「中華民国憲法制定史—仁政から憲政への転換の試み」『中国—社会と文化』第30号、2015年。また、吉見崇「中華民国国民政府の五院制と司法行政部の帰属問題—訓政期における司法権の独立をめぐって」『アジア研究』第60巻第1号、2014年、吉見崇「中華民国憲法制定と司法権の独立—司法行政部の帰属問題を中心に」『中国研究月報』第68巻第12号、2014年。

5）金子肇「戦後の憲政実施と立法院改革」姫田光義編『戦後中国国民政府史の研究』中央大学出版部、2001年、金子肇「国民党による憲法施行体制の統治形態—孫文の統治構想、人民共和国の統治形態との対比から」久保亨編『1949年前後の中国』汲古書院、2006年、金子肇「国共内戦下の立法院と1947年憲法体制」『近きに在りて』第53号、2008年、金子肇「知識人と政治体制の民主的変革—『憲政』への移行をめぐって」前掲『リベラリズムの中国』、金子肇「近代中国における民主の制度化と憲政」『現代中国研究』第31号、2012年、金子肇「近現代中国の立憲制と議会専制の系譜」『新しい歴史学のために』第285号、2014年、金子肇「中国の憲法制定事業と日本」水羽信男編『アジアから考える—日本人が「アジアの世紀」を生きるために』有志舎、2017年。

6）楊天石『找尋真実的蔣介石—蔣介石日記解読（三）』香港：三聯書店（香港）、2014年、216-279頁、劉維開『蔣中正的一九四九—従下野到復行視事』台北：時英出版社、2009年。

7）中村元哉『戦後中国の憲政実施と言論の自由　1945-49』東京大学出版会、2004年。

8）韓延龍・蘇亦工他『中国近代警察史』下、北京：社会科学文献出版社、2000年、頼淑卿『国民政府警政制度之建立及其発展（1925-1948）』台北：政治大学歴史研究所修士論文、1992年、孟維徳「我国警政模式的変遷与発展」《中華民国発展史—政治与法制》編輯委員会編『中華民国発展史—政治与法制』下、台北：政治大学・聯経出版、2011年、Frederic Wakeman, Jr.（梁禾訳）『紅星照耀上海城　1942～1952』北京：人民出版社、2011年。

9）この表現は、市野川容孝・小森陽一編『壊れゆく世界と時代の課題』岩波書店、2009年、125頁による。

10）Lawrence N. Shyu, "China's 'Wartime Parliament': The People's Political Council,

1938-1945" in Paul K. T. Sih (ed.), *Nationalist China during the Sino-Japanese War, 1937-1945*, Hicksville: Exposition Press, 1977.

11）任育德『雷震与台湾民主憲政的発展』台北：政治大学歴史学系、1999年、第2章。

12）『中国国民党第六次全国代表大会提案原文　第四冊（自第二五一号至第四〇〇号）』出版地不明：出版者不明、出版年不明、162-167頁。

13）開黎明「黄炎培与抗日戦争時期的第二次憲政運動」『近代史研究』1997年第5期、1997年。

14）薛化元『民主憲政与民族主義的弁証発展―張君勱思想研究』台北：稲郷出版社、1993年、中村元哉「張君勱―民主・憲政を追い求める闘い」趙景達他編『講座　東アジアの知識人　第5巻―さまざまな戦後　日本敗戦～1950年代』有志舎、2014年。

15）吉見崇「戦後中国における検察改革の試み　1945～1947年」『中国―社会と文化』第27号、2012年。

16）国防最高委員会秘書庁→行政院、公函第49558号、1944年11月17日、中国国民党文化伝播委員会党史館所蔵国防最高委員会檔案「参三届三次大会建議従速擬定整頓全国警察具体計画案」003/3057。

17）国民参政会秘書処編『国民参政会第三届第三次大会紀録』重慶：国民参政会秘書処、1945年、47頁。

18）汪勇『警管区制研究』北京：中国人民公安大学出版社、2012年、前掲、韓・蘇他『中国近代警察史』下、614－619頁、前掲、頼『国民政府警政制度之建立及其発展（1925-1948）』145-148頁。

19）太田出『中国近世の罪と罰』名古屋大学出版会、2015年、吉澤誠一郎『天津の近代』名古屋大学出版会、2002年。

20）丁芮『管理北京―北洋政府時期京師警察庁研究』太原：山西人民出版社、2013年。

21）Frederic Wakeman, Jr., *Policing Shanghai 1927-1937*, Berkeley: University of California Press, 1995.

22）国民政府成立後に試みられた代表的な警察官の勤務制度改革として、浙江省・杭州でのアメリカ型の警察制度に基づく改革と、江蘇省・崑山での大陸型（日本型）の警察制度に基づく改革がある。

23）本章における戦後の上海各紙の位置づけは、前掲、中村『戦後中国の憲政実施と言論の自由　1945-49』131-132頁による。

24）"Naive Police Theory," *The Shanghai Evening Post and Mercury*, May 7, 1946.

25）宣鉄吾「中華民国三十五年度上海市警察局工作計画（行政部分）〔1946年1月2日〕」上海市檔案館所蔵上海市警察局檔案「上海市警察局為編制1946年度工作計画問題与市府来往文書及有関材料」Q131-1-12。

26）「警局定下月実行／警員警管区制」『大公報』上海版、1946年5月5日。

27）社評「如何確保治安」『文匯報』1946年5月7日。

28）社評「反対所謂『警員警管区制』」『文匯報』1946年5月9日。

29）社評「竟有這様的事！」『連合晩報』1946年5月10日。

30）社評「論警区管制制度〔原文ママ〕」『新民報』上海版晩刊、1946年5月9日。
31）社評「居住必須自由」『時事新報』上海版、1946年5月10日。
32）社評「再論『警区管制』〔原文ママ〕」『時事新報』上海版、1946年5月11日。
33）「上海市政府第三十次市政会議紀録」4頁、上海市檔案館所蔵「上海市政府市政会議記録（第29-36次）」Y2-1-584。
34）宣鉄吾「論警管区与住居自由」『新聞報』1946年5月11日。
35）同上。
36）「宣局長出席報告／述最近警政措施」『中央日報』上海版、1946年5月12日、「実施警管区制／宣局長説明目的」『（上海）民国日報』1946年5月12日、「警察局宣局長／解釈設置『警管区』制」『申報』1946年5月12日。
37）「宣局長昨招待記者／解釈警管区制」『正言報』1946年5月12日。
38）「宣鉄吾告訴記者／警管区制先試辦／為的是『除暴安良』」『前線日報』1946年5月12日。
39）前掲「宣局長昨招待記者／解釈警管区制」。
40）宣鉄吾「実施警員警管区改善勤務制度〔1946年5月13日〕」上海市警察局編『局長宣鉄吾先生訓詞選』上海：上海市警察局、1947年。
41）社評「警員警管区制」『大晩報』1946年5月13日、社評「評警員警管区制」『神州日報』1946年5月13日、社評「保障人民自由権利」『連合晩報』1946年5月16日、社評「再論『警管区制』」『時事新報』上海版、1946年5月17日。
42）社評「対新市長的期待」『新民報』上海版晩刊、1946年5月19日、社評「等待新市長的第一砲―撤銷『警員警管区制』」『連合晩報』1946年5月21日、社評「論『不擾民』」『大晩報』1946年5月23日。
43）呉国楨手稿・黄卓群口述（劉永昌整理）『呉国楨伝』下冊、台北：自由時報、1995年、418-419頁。
44）「中委孔祥熙表示／警管区制徒足擾民」『時事新報』上海版、1946年5月17日。
45）「警管制合法嗎？／査院長笑而不答」『新民報』上海版晩刊、1946年5月18日。
46）「満城風雨責『警管』」『立報』1946年5月15日。
47）「警察庁来函／解釈警管区制」『大剛報』南京版、1946年5月18日、「不是『警管』／抽査戸口／係依慣例」『大道報』1946年5月18日。
48）「張市長発表談話／警管区制不致実行」『国民公報』1946年5月24日。
49）「呉市長明晨視事」『連合晩報』1946年5月19日。
50）「市府諮議委員会例会／呉市長答解警管区制」『中央日報』上海版、1946年5月24日、「呉市長談警管区制」『正言報』1946年5月24日、「市長談警管制／並非挨戸訪問」『新民報』上海版晩刊、1946年5月23日、「呉市長釈述警管区制」『神州日報』1946年5月24日。
51）戦後の顔恵慶については、謝修桐「顔恵慶在上海的作用」『新聞天地』第55期、1949年1月1日。
52）「顔恵慶談警管制」『連合晩報』1946年5月19日。

53)「顔恵慶談警管制／市民可以不回答」『新民報』上海版晩刊、1946年5月19日、前掲「顔恵慶談警管制」。
54)「宣鉄吾任警備司令／警察局長仍由宣氏兼任」『文匯報』1946年5月25日。
55)「平抑糧価消弭工潮／呉市長昨重申決心」『正言報』1946年5月29日。
56)「呉市長談市政」『文匯報』1946年6月1日。
57)「呉市長重申決心／平糧価・消工潮」『申報』1946年5月29日。
58)「警管区制／昨終在常熟区実行」『大公報』上海版、1946年6月2日。
59)「孫院長談話／警管区制不合法」『連合晩報』1946年6月1日、「警管区制／未経立法院通過」『文匯報』1946年6月2日。
60)「立法院会議／通過廃止戦時軍律等案／促宋院長報告財経政策」『申報』1946年5月26日。
61)「張厲生談警管制／係英美警察制度」『中央日報』南京版、1946年6月4日。
62) 西山隆行「『政治』から『改革』へ――アメリカ警察の政治的特徴と革新主義時代の改革」林田敏子・大日方純夫編『警察　近代ヨーロッパの探究⑬』ミネルヴァ書房、2012年。
63) 前掲、西山「『政治』から『改革』へ」、Samuel Walker, *Popular Justice: A History of American Criminal Justice,* New York: Oxford University Press, 1980, pp. 134-135. ヴォルマーによる警察制度改革の体系的な主張、またその実践については、Gene E. Carte & Elaine H. Carte, *Police Reform in the United States: The Era of August Vollmer, 1905-1932,* Berkeley: University of California Press, 1975.
64) Frederic Wakeman, Jr., *Spymaster: Dai Li and the Chinese Secret Service,* Berkeley: University of California Press, 2003, pp. 193-195.
65) 鄭裕坤「論警管区制」『中央日報』南京版、1946年6月25日。
66) 同上。

第 7 章

戦後中国の税政と工商同業公会
——上海の貨物税制度を素材に

金子　肇

はじめに

　日中戦争が中国財政に与えた影響を考えたとき、注目すべき事実の1つは国家税収に占める貨物税の重要性が増したことであろう。戦前に最大の税収源であった関税収入が戦争中に激減したため、貨物税収入は1940年度から45年度にかけて、全税収の20％台前半から多いときには約35％を占めるようになった。そして、戦後の1947年になると全税収の45.1％に達し、貨物税は国民党政権が最も依拠すべき税収となっていた[1]。また、地域別に見ると、戦後において貨物税収入が最も多かったのは上海地区であった。財政部の集計によれば、1947年度における全国貨物税徴収機関のうち、上海貨物税局の実収額は2兆2000億元を上回り全体の約54％にも達していた。上海に次ぐ江蘇省地区の実収額が約3500億元（全体の約8.6％）にすぎなかったところを見ても、上海の地位は突出していた[2]。
　貨物税の前身は戦前の「統税」にまでさかのぼる。その「統税」が、日中戦争中の1941年7月に公布された「貨物統税暫行条例」によって「貨物統税」と改称され、さらに戦後の1946年8月に「貨物税条例」が公布されたことに

ともない「貨物税」となった（以下、戦中以降の税の名称は「貨物税」に統一する）。戦中から戦後にかけて、国民党政権は国家税収の確保と増加を図るため、貨物税の課税対象を戦前の煙草、小麦粉、綿糸、セメントなど近代的工業製品を中心とするものから、飲料品、糖類、茶、竹木、皮毛、陶磁器、紙箔、化粧品等々の手工業的性格が強い製品にまで拡げていった[3]。

　こうした事態は、戦後上海に復帰した国民党税務当局に、小規模・零細業者の散漫な経営実態の把握と煩雑な稽徴（検査・徴税）業務の実施を強いることになった。一般的に見て、税務当局が企業経営の実態把握に苦心するのは、企業・同業内部で組織化・規律化が進んだ綿紡織業・銀行業などではなく、むしろ小規模・零細業者たちからなる業種であったと思われる。そのため、小規模・零細業者を会員とする工商同業公会は、上海に復帰したばかりの国民党税務当局にとって、同業者の経営実態を把握・管理していくために利用すべき存在であった。だが、貨物税の稽徴方法をめぐって、工商同業公会と上海貨物税局（1945年10月21日成立）との間にはさまざまな形で軋轢や矛盾が生じていった。

　本章では、貨物税の税収が最も多かった上海を対象として、小規模・零細業者からなる工商同業公会と国民党税政との矛盾・対立の一端を明らかにする[4]。具体的にとりあげるのは、1946年の「貨物税条例」公布の際、徴税の開始に最も反発が強かった化粧品税と皮毛税に関係する同業公会（化粧品業、製革業など）である。また、貨物税と同性質の国産烟酒類税についても考察の対象に加え[5]、煩瑣な稽徴業務をめぐる土酒（梁焼酒業・紹酒業など）関連同業公会と貨物税局との軋轢を検討してみたい。

一　戦後上海の貨物税制度——1946年「貨物税条例」を対象に

1　課税貨物、税率および徴税方法

1946年8月16日公布の「貨物税条例」によって貨物税が徴収されることになった貨物は、①巻煙草、②葉タバコ（薫煙葉）、③洋酒・ビール、④マッチ、⑤糖類、⑥綿糸、⑦小麦粉、⑧セメント、⑨茶葉、⑩皮毛類、⑪錫箔・迷信

用紙、⑫飲料品、⑬化粧品類の13種類であった（第3条）6)。貨物税は従価税で、それぞれ巻煙草100％、葉タバコ30％、洋酒・ビール100％、マッチ20％、糖類25％、綿糸5％、小麦粉2.5％、セメント15％、茶葉10％、皮毛類15％、錫箔・迷信用紙60％、飲料品30％、化粧品類45％の従価税率が課されていた（第4条）。統税として徴収された時期は基本的に従量課税であったが、物価の変動に対応するため、1941年の「貨物統税暫行条例」の公布後になると貨物税は一律従価徴収に転換され、戦後も継続されていたのである。

　課税の対象となる価格（完税価格）は、当該貨物生産地付近の市場卸売価格の3カ月平均を根拠にして、一定の計算式に基づき算出された（卸売価格＝完税価格＋貨物税額＋市場への貨物輸送費〔完税価格の10％〕）。完税価格の評定等は財政部税務署の評価委員会が処理し、市場卸売価格が完税価格を算出する根拠となった3カ月平均価格から25％以上変動したときには、財政部が完税価格を随時調整するものとされた（第5・6条）。なお、国産烟酒類税の場合も、完税価格の算出方法は基本的に同じであり（ただし、貨物輸送費は完税価格の15％）、土酒税の従価税率は80％であった7)。

　また、貨物税は製造業者が製品出荷時に納税する蔵出し税であり、この点は戦前の統税以来の原則が堅持されていた。徴収の方法は、貨物税機関から工場に派遣された駐廠員が出荷時に徴収するのが主だが、駐廠員の派遣が困難な場合は貨物税機関による生産状況の査定に基づく徴収、貨物発送時の商人の申告に基づく検査・徴収も認められていた（第9条）。したがって、国民党政権下の貨物税制度は、かつての釐金とはまったく異質の税制であった。また、だからこそ、税務当局は商工業者の生産・経営活動の実態を正確に把握し、厳格な稽徴業務を実施する必要もあったのである。

　ただし、課税対象貨物の拡大は、統税が本来有していた制度理念から貨物税が逸脱していくことを意味した。1946年9月に上海市商会が行政院と財政部に対して、「統税の由来をさかのぼれば、もともとは民国20年の釐金撤廃を補うためであった。だから税目はできるだけ簡単、かつ手続も努めて画一にして、百貨釐金時代の逢関納税・遇卡抽釐の弊害を免れようとしたのである。……現在は対象貨物が13種類に増え、統税創始当時の簡便さを求めるという初志にまったく反してしまった」と批判したのは、貨物税の性格変化を突く

ものとして正当であった[8]。また、皮毛税の徴収に反対する製革工業同業公会も、「徴税対象となるべき貨物の原則は、①大量生産で税源が豊富な貨物、②徴収が簡便で煩雑でない貨物、③奢侈品で上述の２項目に適合する貨物だが、本業の貨物はこれら３項目のどれにも合致していない」と不満を表明していた[9]。当時の新聞報道も、課税対象が13種類の貨物に拡大された点を槍玉にあげていたが、ある記事は化粧品税の対象品目を例にあげ、それらが大量生産や徴収簡便等の条件に妥当していないと指摘していた[10]。

2 生産・経営状況把握の努力

税務当局は、貨物税の正確な徴収を期して、課税貨物の生産や移動の状況を正確に把握し管理しようとした。この点を、主に化粧品税・皮毛税・土酒税の稽徴規則等を例にとって検討してみよう[11]。第１に指摘すべきは、各種登記の義務化による製造業者（土酒の場合は販売・仲買商等も含む）管理の徹底である。各業者は、貨物税局への登記義務を履行しなければ製造・販売を開始できないことになっていた。また、製造業者には生産状況の報告義務があり、皮毛製品の場合は毎日の生産量を10日ごとに、化粧品の場合は「出荷と在庫の貨物量および関連する製造販売・納税事項」について調査登記表を毎日作成して、貨物税局に報告するか、駐廠員に証明・登記してもらわねばならなかった。

一方、酒造業者は製造酒類・名称・数量を月ごとに産地稽徴機関に報告して査定・登記の手続を行う必要があった。また、酒造業者には薬用酒、色酒（果実・穀類等で着色した酒）を製造する場合にも稽徴機関の認可・登記を受ける義務があり、さらに酒類販売商が仕入れた納税済みの酒を薬用酒・色酒に加工する際には、容器等を改装した後の商品名と数量を稽徴機関に認可・登記してもらい、また派遣された税務人員の監視下で加工しなければ、新たに納税の義務が生じることになっていた。

第２点は、従来の研究でも「貨物税税源管理の重要な制度」と評価されている「照証制度」である。課税貨物には、貨物税納付後に納税を証明する数種類の「照」ないし「証」が、規定に応じて税務当局から発給された。納税済み貨物の輸送時に帯同する証明書には「完税照」と「分運照」があり、貨

物の大小包装上に貼付する納税証明として「査験証」と「印花証」が、また納税済み貨物を加工あるいは改装する際に貼付する「改製証」や「改装証」などがあった[12]。この照証制度は、納税済み貨物の移動・流通を確実に捕捉し、脱税・漏税を取り締まるところに狙いがあったといえよう。

化粧品は出荷納税時に「査験証」ないし「印花証」を貼付するだけだったようだが、皮毛製品と国産酒類には納税時に「完税照」が発給された。また、納税済みの皮毛製品を加工する際に「改製証」は発給されなかったが、駐廠員が検査する際に「完税照」と「分運照」を提示する必要があった。土酒については、薬用酒・色酒に加工する際に「改製証」が、土酒輸送時に改装が必要になった際には「改装証」が発給された。なお、以上の納税・分運・改製・改装等のいずれの局面においても、必要となる照証は申請すれば簡単に給付されるわけではなく、駐廠員・税務要員による厳しい検査を受けなければならなかった。

第3に、以上のような課税貨物の生産・販売状況の把握・管理を補強する手段として、貨物税局や所属の稽徴機関あるいは駐廠員には、随意に当該業者の「帳冊」（会計帳簿）や申告した生産・販売貨物量を実地に検査する権限が認められ、商工業者側がこれを拒絶することはできなかった。また、業者側に対しては、納税済み貨物を販売する際に必ず「正式発票」（正規の領収証）を作成することが義務づけられていた。

ところで、上述の業者登記や生産・営業状況の調査登記は、その多くが関連する同業公会の協力を得て実施されることになっていた。それは、紹酒業同業公会が1945年12月に上海貨物税局の送付した「酒商調査表」を会員に配付して127家の会員から調査表を回収していること、また46年9月に皮毛税に関係する草呢帽工業同業公会に対し、貨物税局が「廠商登記表」「運銷商調査表」「存貨登記表」を配付していることから確認できる[13]。ただし、貨物税局が業者の生産・営業状況調査を同業公会に任せ、実地に調査をしなかったというわけではない。1946年1月に上海貨物税局は財政部税務署の指示に基づいて管内の酒造業者を調査し、「国産酒類醸製情況調査表」を税務署に提出している。同調査表には、業者数・酒類名称・酒精成分・使用原料・醸造用具（醸具）・醸造時期・生産量概算・輸送販売用の容器および主要販売地等々の情

報を事細かに記入するようになっていた[14]。また、酒造業者が減産や停業を申請すると督導員等が調査に派遣され、逃税・漏税の疑いがないかを確認するため、「醸缸」（醸造甕）や「酒甕」の数などを綿密に調べあげている[15]。

だが、貨物税局の生産・経営状況把握の努力にもかかわらず、調査に脱漏が生じるのは避けがたかったように思われる。例えば、化粧品業では1947年2月の時点で登記した業者は76家に上ったが、そのうち27家は「まだ人員が派遣されて駐廠していないが、これらの業者は規模が比較的小さいか、さもなければ季節性の商品を製造するだけで1年中操業していない業者」であり、貨物税局が「廠商登記表」を配付した際も、「規定どおりに報告した者はもとより多いが、いまだ報告していない者も少なくない。かつ一部分の小型工廠のなかには中途で停業した者がいて統計のとりようがない」という状況であった[16]。化粧品業者の経営の零細さと散漫さが貨物税局の実態把握の努力を阻んでいたといえるだろう。

そもそも、同業公会を通じて商工業者の実態把握を進めることは、戦後の上海において同業公会未加入業者の存在が大きな問題となっていたことからすれば[17]、大きな限界があったといわねばならない。紹酒業同業公会が、貨物税局の指示に従って会員127家の「酒商調査表」を提出したことはすでに記した。しかし、当時の上海において紹興酒を小売りする商店は400余家に達しており、同業公会に加入していたのはそのうち約200家にすぎなかった[18]。つまり、紹酒業同業公会が貨物税局に提出した127家の調査表は、実は公会加入業者の約6割、業者全体の約3割にすぎなかったのである。

二　貨物税稽徴業務と工商同業公会の反発

1　零細経営と稽徴コスト

まず表1から、上海における1946年から49年5月までの貨物別税収額の推移を確認してみよう。急激なインフレと法幣の暴落によって、当時の収入額では正確な推移が測定できないため、1937年度上半期の平均貨幣価値で換算した収入額を記しておいた。同表によれば、1949年を除いても、46年度の約

第7章　戦後中国の税政と工商同業公会　127

表1　1946-1949年上海市貨物税収入（1937年度上半期平均貨幣価値による換算）

単位：法幣元

	1946年	%	1947年	%	1948年	%	1949年	%
巻煙草	38,907,501	68.43	28,912,252	54.44	24,430,338	56.11	2,337,558	51.83
薫菸葉	2,137,424	3.76	2,970,342	5.59	2,235,929	5.14	193,921	4.30
土菸葉	31,567	0.06	4,408	0.01	4,348	0.01	406	0.01
綿　糸	6,745,088	11.86	11,567,446	21.78	10,385,985	23.86	1,606,247	35.62
毛紗毛線					418,590	0.96	172,179	3.82
糖　類	6,063,825	10.67	4,795,681	9.03	3,830,014	8.80	122,298	2.71
洋　酒	1,484,776	2.61	1,525,758	2.87	722,858	1.66	39,157	0.87
土　酒	75,760	0.13	76,014	0.14	46,704	0.11	1,885	0.04
飲料品	10,504	0.02	261,242	0.49	129,886	0.30	5,771	0.13
マッチ	724,528	1.27	794,816	1.50	331,751	0.76	21,217	0.47
皮　毛	486,218	0.86	1,620,414	3.05	686,731	1.58	1,231	0.03
セメント	12,995	0.02	99,431	0.19	75,293	0.17	3,703	0.08
小麦粉	62,077	0.11	385,632	0.73	171,980	0.39		
茶　葉	10,720	0.02	19,299	0.04	6,116	0.01		
化粧品	77,844	0.14	56,296	0.11	51,233	0.12	2,863	0.06
錫箔・迷信用紙	5,276	0.01	3,671	0.01	288	0.00		
鉱産品	19,763	0.03	13,243	0.02	10,621	0.02	1,500	0.03
罰訳・賠償	681	0.00	885	0.00	774	0.00	1	0.00
総計	56,856,547	100.00	53,106,830	100.00	43,539,439	100.00	4,509,937	100.00

出所：上海市檔案館蔵 B97-1-340；上海市税務局編印『上海市税務統計』第三輯、236-239頁。
注：1949年度は5月までの収入。

5690万元から48年度の約4350万元へと、一貫して貨物税収入は減少し続けていたことがわかる。当時、物価の暴騰にともなう完税額の調整・上昇のため名目的な収入額は激増していたが、実際は課税貨物の生産量の減少によって実質的な収入は減退していたのである[19]。

1946年度から48年度にかけて最も税収が多かったのは巻煙草税であり、次いで綿糸税・糖類税・葉タバコ（薫菸葉）税が続いている。しかし、これらとは別に注目すべきは、本章が考察の対象に据えた皮毛税・化粧品税・土酒税の貨物税全収入に占める割合が、いずれも極めて低いということである。皮毛税と化粧品税は1946年10月に徴税が始まったため、47年度と48年度の数字が全年度分の収入額になるが、それぞれ皮毛税は3.05％と1.58％、化粧品税は0.11％と0.12％を占めるにすぎない。また、土酒税は上海が酒の消費地であり酒造業者が少ないためであろうが、こちらも貨物税全収入に占める割合は僅少で0.1％台を推移している。

1946年10月1日に徴税が開始された小麦粉、セメント、茶葉、皮毛、錫箔・迷信用紙、飲料品、化粧品各税のうちでも、皮毛税と化粧品税に関係する毛紡織業・製革業・化粧品業の反発は最も強かった。3同業公会は各会員大会の討議に基づき、毛紡織業は同業者調査・登記の拒否と駐廠員の工場駐在の拒絶を、製革業も駐廠員駐在の拒否を、そして化粧品業は徴収減免を求めて南京の立法院・行政院・財政部・経済部等への請願を、それぞれ決定した。しかし、それにもかかわらず、10月末になると財政部は3同業公会の請求を却下し、皮毛税と化粧品税の徴収を強行したのである。

各同業公会が両税の実施に強く反発した理由として、外国商品のダンピングによって企業経営が苦境に陥っていたことなどがあげられるが、ここで注目したいのは、当時の新聞報道が、経営規模の零細な毛紡織・製革・化粧品各業は貨物税の負担に耐えることができないと強調していた点である[20]。『大公報』によると、製革業は「上海には全部で皮廠・作業場が360家あまりあるが、10のうち7、8は小型の家庭手工業で夫婦や兄弟が自ら働いている。毎月の営業額は数百、数千万元にすぎず、雇用者の平均は20～30人のところでも僅かに数十家、50人以上となるとほとんどない」、化粧品業は「上海全体で100家あまりの工場の大部分が家庭小工業である。中2階の小部屋や小さな路

地の家屋でも製造でき、産品の種類は煩雑で値打ちはどれも微々たるものだ」、毛紡織業は「上海の全57工場のうち、自紡自織するのは10家にすぎず、残りの大部分は数百錠の紡錘、あるいは3、5台の織機さえ有しておらず規模は極めて小さい」という状況であった。そのため、「税収は非常に少なく、工場が累を被ること極まりなし」という結果を招くことが、皮毛税と化粧品税の徴収開始前からすでに予測されていたのである[21]。

　本章が、貨物税のなかでも徴税額の多い巻煙草税・綿糸税・糖類税・葉タバコ税等ではなく、あえて零細な収入に終始した皮毛税・化粧品税・土酒税をとりあげた狙いの1つは、貨物税の徴税効率の悪さを際立たせることにあった。先の表1からも、上述の新聞報道の「税収が非常に少ない」という予測の正しさを確認できるが、それにもかかわらず上海の貨物税局は、零細業者の散漫な経営実態の把握と、明らかに税収に見合わない煩雑な稽徴業務を実施していかねばならなかった。そのため、同業公会側の批判の多くも貨物税局が行う煩瑣な稽徴業務に向けられることになる。

　例えば化粧品工業同業公会は、「このような微々たる税収では、国庫を補塡し行政経費の埋め合わせができないばかりか、おそらく品目繁多で稽徴手続が煩瑣なことにも見合わない」と批判し、また1948年上半期の貨物税歳入予算をとりあげ、月ごとの化粧品税平均収入が同税に関与する全国税務要員の月別給与見積額をはるかに下回り、約12億元の国費を損耗してしまうと指摘していた[22]。また皮毛税については、草呢帽工業同業公会が「日用必需品を扱う帽子業は工業のなかで最も規模が小さく、駐廠稽徴はなおさら勘定に合わない」と指摘し、製革工業同業公会も経営の零細さから「稽徴は困難でおそらく得るよりも失う方が多い」と主張している[23]。これらの同業公会の批判は、零細経営に対する貨物税の課徴が稽徴コストの増加をもたらし、徴税効率の低下を招くものである点を鋭く突いていた。

2　稽徴業務をめぐる対立と妥協

　次に、土酒税を例にとって、煩瑣な稽徴業務に対する同業公会の反発を具体的に見てみよう。既述のように、土酒輸送時に容器の改装が必要になれば、納税済みの酒であることを証明する「改装証」を受領するための検査手続が

必要であった。また、酒類販売商が仕入れた酒を薬用酒・色酒に加工する場合も、稽徴機関による認可・登記等の面倒な手続が要求された。

　まず改装手続については、1947年5月に貨物税局が「本市の国産酒類商で規則を守る者はもちろんいるが、勝手に改装する者も実に多い」として、梁焼酒業・醬園業・紹酒業・汾酒業各同業公会に遵守を求めたのに対し、各同業公会は連名の呈文で「手続が面倒なため従うことはできない」と要請を拒否している。公会側の反対理由は、①上海に移入される土酒は、製造地で「完税照」を発給され中途の稽徴機関でも検査を受けているため、改装時に改めて検査を申請する必要はない、②「国産烟酒類税稽徴規則」第19条の「すでに納税した酒が輸送のために改装が必要なときは……」にいう「輸送」とは上海から他所に移送する場合を指し、上海で卸売商が小売商へ卸す際、別の容器に酒を移すのは「改装」にあたらない、③上海内で酒を卸す際に検査が必要になるなら、「貴局は大量の職員を増補して業務にあたらせなければ、きっとこの手続に対処することはできない。いわんや印紙を剥ぎ改装することは税収にまったく裨益することがなく、むしろ国家の公金を浪費し、いたずらに酒商の気力を消耗させてしまう」という3点にあった[24]。貨物税局はこうした主張を認めなかったが、1949年4月になっても、紹酒業同業公会に対して「当該各商人の多くは手続煩瑣を口実に、ずっと規則どおりに処理してこなかった」と警告しているから[25]、改装時の検査手続が遵守されることは少なかったと思われる。

　販売商による薬用酒・色酒の加工手続についても、1946年9月に貨物税局が新聞に公告を掲載し、「本市の各酒類商および漢方薬店等は大多数がいまだ規則どおりに処理しておらず、実に不当である」と述べていることから、やはり遵守されてはいなかったようである。この問題について、国薬商業同業公会の要請を受けた上海市商会は、「上海市で薬用酒・色酒に加工する漢方薬店は実に数千家に達する。その酒類はみな酒商に随時注文するもので数量は少ない。もし加工のたびに貴局が随時人員を派遣し監督すべきだとしても、実際に派遣するだけの多くの人員はいないだろう。万一、期日を決めて処理せねばならないなら、各薬店はただ加工をやめて命令を待つほかなく、営業への影響は浅からぬものがある」と述べ、貨物税局に対して業界の実情に応

じた規則の改定を求めていた[26]。

　稽徴規則が酒業界の慣習や実態を無視しているという批判は、梁焼酒業同業公会の貨物税局宛呈文でも表明されていた。その呈文によると、薬用酒・色酒等は「各酒店がみな随時配合して売り出すため、これまで年間どれほど加工しているか統計がなかった。今もし調査表に随意に数量を記せば、事実と符合しないばかりか法規を犯す」ことになる。また、「本市の酒商約四千余家は小資本の経営者が多数を占め、店員もおらず家族だけで経営を維持しているばかりか、元来字が読めず帳冊も完備していない。販売する酒は卸売商からその都度数十斤から数百斤を仕入れ、若干を原酒のまま売り若干を五加皮、緑豆焼等〔の薬用酒・色酒——筆者補足〕に加工する。もし、無理やり年間の加工量を登記させるなら、営業の停止を命ずるのと異ならない」というのが、同公会の主張であった[27]。梁焼酒商の散漫な経営実態（零細性、識字率の低さ、会計制度の不備）では、そもそも貨物税の厳格な稽徴規則に対応することに無理があったのである。

　以上の土酒税の事例でも、零細業者に対する煩雑な稽徴業務がコストの増加を招いてしまうと指摘されているが、同業公会側はそれを盾に「簡化稽徴」と呼ばれる方法を提案することがあった。1946年11月、製革工業同業公会は貨物税局に対して、手工業的性格が強く納税額が少ない「各廠坊」に駐廠員を配置することは税収の損失をもたらすとして、公会が各廠坊の３カ月間の熟皮（なめし皮）製造見積量を申告し、熟皮の３カ月平均卸売価格に応じて徴税するよう提案した。貨物税局は、同公会の提案を受け入れ「簡化熟皮税稽徴実施手続」を立案したが、この措置は貨物税が同業公会による徴税請負に変容する危険性をはらんでいた。

　実際、1947年２月に財政部は、上海のある製革工場から今回の措置は「公会が税額の基準を設けて税照を受領し同業者に分配することになり、名義は簡化〔簡略化〕だが実際は包捐〔税の請負〕である」という告発を受け、「貨物税は貨物税機関が直接製造業者から徴収し、決して請負徴収の事例を許してはならない」と上海貨物税局に注意を促している[28]。「簡化稽徴」は、同業公会にとって煩瑣な稽徴手続を回避するという点で大きなメリットがあった。だが、国民党税務当局にとってみれば、零細業者の経営実態を把握する組織

的力量の不足を示すものにほかならず、妥協的措置以外の何ものでもなかった。

おわりに

　日中戦争が中国財政に与えた大きな影響の１つは、国家税収に占める貨物税の比重が増大したことであった。しかも、戦中から戦後にかけて、国民党政権が課税対象を手工業的性格が強く小規模・零細業者が生産・販売する貨物にまで拡大したため、貨物税制度は戦前の統税が有していた制度理念から逸脱し、煩瑣な稽徴業務をめぐって零細業者を組織する工商同業公会との軋轢を深めることになった。以上のような課税対象の拡大によって、貨物税は制度的に劣化しつつあったといわねばならない。

　貨物税の厳密な徴収をめざし、国民党税務当局は、各種の調査登記や稽徴業務を通じて商工業者の経営実態を正確に把握・管理しようと努力した。しかし、その努力は、往々にして関連業界の慣習や経営内容と衝突し、また零細経営の散漫さや同業公会の同業者加入率の低さ等によって妨げられがちであった。換言すれば、零細業者の実態や同業秩序は、厳格な貨物税制度の運用に適応することが困難だったのである。税政を通じて国民党政権が上海商工業界の底辺まで把握・管理するには、零細業者の在来的慣習や経営方法を合理化し、同業公会の組織力を強化していく必要があった[29]。

注
1) 楊蔭溥『民国財政史』中国財政経済出版社、1985年、109、176頁。
2) 中国第二歴史檔案館蔵2-6905：「財政部一九四七年度政績比較表」附表２。
3) 日中戦争前、1931年までに徴収が開始された巻煙草、小麦粉、綿糸、マッチ、セメント（いわゆる「五項統税」）に葉タバコ（薫煙葉）、洋酒・ビール（以上、1932年）、火酒（1935年）が加わり、戦争開始後に飲料品、糖類（以上、1940年）、茶葉（1942年）、竹木、皮毛、陶磁器、紙箔（以上、1943年）が加わった。1945年１月に茶葉、竹木、皮毛、陶磁器、紙箔、小麦粉、セメント、火酒、飲料品への課税が取り消されたが、1946年８月の「貨物税条例」の公布により小麦粉、セメント、茶葉、皮毛、錫箔・迷信用紙、飲料品への課税が復活し、さらに化粧品類が新たに加わった。
4) 国民党政権の税政については、日中戦争中の直接税を対象とした林美莉の研究（『西

洋税制在近代中国的発展』中央研究院近代史研究所、2005年）がある。だが、貨物税を対象とした専論、特に本章のような視点に基づいた研究は管見の限り見当たらない。

5）国産烟酒類税の徴収は、1941年7月の「国産烟酒類税暫行条例」をもって始まった。同条例は44年7月に修正されて「国産烟酒類税条例」となり、戦後も45年10月、46年8月などたびたび改定された。

6）「貨物税条例」『中華民国工商税収史料選編』第三輯〔下冊〕貨物税、南京大学出版社、1996年（以下『史料選編』）、2123-2128頁。以下、同条例についてはこの史料による。

7）1946年8月16日公布の「国産烟酒類税条例」第3・第4条（同上、3379-3382頁）。

8）上海市檔案館蔵（以下、上檔と略）Q201-1-123：上海市商会→行政院・財政部、代電、1946年9月9日。

9）上檔S119-1-36：製革工業同業公会→上海市商会、公函、1946年月日不詳。

10）上檔S86-1-43：尚公「尚公設法／執而不化」（『商報』1946年9月13日、切り抜き）。

11）1946年11月2日公布の「皮毛税稽徴規則」前掲『史料選編』2467-2470頁、同じく「化粧品税稽徴規則」同上、2481-2483頁、46年2月5日修正公布の「国産烟酒類税稽徴規則」同上、3372-3377頁、を参照。

12）北京経済学院財政教研室『中国近代税制概述』北京経済学院出版社、1988年、117頁。

13）上檔S434-1-221：紹酒同業公会整理委員会→上海貨物税局、呈、1945年12月10日、S52-1-29：上海貨物税局→草呢帽業同業公会、公函、1946年9月30日。

14）上檔Q434-1-221：上海貨物税局→税務署、呈稿、1946年2月13日繕発、税務署→上海貨物税局、代電、1946年1月14日収到、附「国産酒類醸製情況調査表」。

15）上檔Q434-1-221：「督導室主任具報調査公記等醸酒実情」。

16）上檔Q434-1-457：上海貨物税局→第一管理区、通令、1947年2月20日；同税局→同管理区、通令、1947年4月17日。

17）拙稿「抗米援朝運動と同業秩序の政治化―上海の愛国業務公約を素材に」『歴史学研究』第923号、2014年10月。

18）上檔S424-1-20：「滬上零售紹酒商之概況」。

19）「滬本年四五月份貨物税額」『銀行週報』第32巻24号、1948年6月14日。

20）以上については、『大公報』1946年9月27日「製革毛織化粧三業連合抗議貨物税」、10月1日「新貨物税今日開徴　廠商一片叫苦声」、10月3日「化粧品業請願免徴」、10月6日「紅緑茶外銷可免貨物税／拒絶新税　製革同業開会　化粧品業請願」、10月27日「毛紡等三工業貨物税　財部未允免徴」等を参照。

21）『大公報』1946年9月27日および10月1日の上記記事を参照。

22）上檔S86-1-46：家用化学品工業同業公会→立法院経済・財政委員会、呈、1948年3月8日擬稿；同公会→立法院院長、呈、1948年3月10日。

23）上檔S52-1-29：草呢帽工業同業公会→上海貨物税局、呈、1946年10月11日、Q201-1-123：製革工業同業公会→上海市商会、公函、1946年9月28日。

24）上檔Q434-1-219-57：梁焼酒・醬園・紹酒・汾酒各商業同業公会→上海貨物税局、呈、

1947年5月不詳日。
25) 上檔S427-1-20：上海貨物税局→紹酒商業同業公会、公函、1949年4月15日。
26) 上檔Q434-1-219-21：上海市商会→上海貨物税局、公函、1946年10月7日。
27) 上檔Q434-1-219-21：梁焼酒商業同業公会→上海貨物税局、呈、1947年6月4日。
28) 上檔S119-1-36：製革工業同業公会→上海貨物税局、呈、1946年11月22日擬稿；同税局→同公会、公函、1946年12月14日；同税局→同公会、公函、1947年2月18日。
29) こうした問題は、共産党政権が税制面において上海の商工業者を把握する際にも課題となっていく。拙稿「人民共和国初期の工商業税民主評議と同業団体—上海の工商同業公会を対象に」『史学研究』第284号、2014年7月、を参照。

第 8 章

1940–50年代の中国経済と日中関係

久保　亨

はじめに

　1940年の初め、中国の沿海部は日本の占領下に置かれ、中国経済にとって日中関係がもつ意味は非常に拡大していた。多くの機械設備が日本から中国に輸入され、技術的依存関係が強まっていた。人材面や金融面でも種々の関係が存在した。一方、この時期は、日本占領下にあった地域でも、中国国民政府の支配下にあった地域でも、軍需生産を軸とする戦時経済が発展した時期でもあった[1]。

　しかし1941年末のアジア太平洋戦争勃発以降、日本経済の戦時統制が強化され日本国内での軍需生産が最優先されるようになり、戦争の激化にともない海上輸送も困難になったため、日中間の経済関係は急速に冷え込んでいった。その一方、日本の中国侵略は継続し、中国経済全体も苦境に陥る。そして1945年、第二次世界大戦が終結した時点で、日中間の経済関係はほぼ杜絶状態に追い込まれた。その後、1940年代後半から1950年代にかけ、中国経済と日本経済はそれぞれ戦後復興期を迎え、徐々に日中間の経済関係も回復していく。とはいえ、中国における政権交代と朝鮮戦争の勃発、東西冷戦の激化の下、日中経済関係にはさまざまな障害が存在した。

本章は、こうした第二次世界大戦終結前後の激変の下、中国経済がどのような状況に置かれ、どのような新しい動きが生まれていたかという問題について、特に経済の対外依存性とそれを克服するための技術移転の問題を中心に考察する。

一　大戦終結前後の中国経済と日中経済関係──1940年代

ここでは、表1に示した工業生産指数の推移と、対外貿易に関するデータを整理した表2に基づき、1940年代の中国経済と日中経済関係の全般的な趨勢を確認する。

まず目につくのは、生産の全般的な落ち込みである。ただし、それは必ずしも単純な動きではなかった。近代工業部門の生産動向を示す工業生産指数で追ってみよう。

20世紀前半期中国の工業生産指数に関する推計としてわれわれが最初に参照すべき代表的な研究は、ジョン・K・チャン（章長基）がまとめた研究であった[2]。チャンが算出の基礎としたのは、石炭・鉄鉱石・銑鉄・鉄鋼・アンティモニー・銅・金・水銀・錫・タングステン・綿糸・綿布・セメント・石油原油・電力の15品目である。15品目といっても、鉱産物に属する品目が多く、厳密に近代工業に属する品目は少ない。国連統計の基準に従えば綿糸・綿布・銑鉄・鉄鋼・セメントの5品目に限られる。そのうえチャンの著書が刊行された後の研究の進展により、個々の数値には相当多くの補足修正すべき余地が生じていた。そこでチャンのデータを基礎に、器械製糸による生糸、力織機による絹・人絹織物、機械製粉による小麦粉などの生産量推計を加え、機械紡織による綿糸布生産量のチャン推計を大幅に修正して新たな工業生産指数推計をまとめたものが、表1である。工業生産指数を算出する際の対象品目が近代工業生産全体のなかで占める比重（カバリッジ）を1933年を例にとって試算してみると、巫宝三の国民所得推計に準拠した場合、72.0％となり、牧野久保推計に準拠した場合、54.3％となる。チャンの工業生産指数算出対象品目のカバリッジがそれぞれ50.9％と38.4％であるのに比べ、いずれの場合も2割程度高い数値に引き上げられており、全体の傾向をより忠実に反映す

表1　中国工業生産指数、1930-49年

	指数 （1933＝100）
1930	79.3
31	93.3
32	90.0
33	100.0
34	102.7
35	110.4
36	121.1
37	88.2
38	92.6
39	119.7
40	113.3
41	105.6
42	98.3
43	97.5
44	82.8
45	48.9
46	80.0
47	94.3
48	81.4
49	79.9

出所：久保亨『20世紀中国経済史の探究』信州大学人文学部、2009年、97頁、表16。

表2　中国の対日貿易の推移、1930-1948年

（1000米ドル）

	輸入			輸出		
	総額	日本	％	総額	日本	％
1930	602,488	150,496	25.0	411,628	99,615	24.2
31	487,386	98,664	20.2	309,222	84,755	27.4
32	356,744	50,467	14.1	167,616	36,545	21.8
33	354,517	34,870	9.8	161,321	25,242	15.6
34	347,893	42,871	12.3	181,008	27,446	15.2
35	333,150	50,593	15.2	208,868	29,741	14.2
36	279,752	45,631	16.3	210,002	30,415	14.5
37	279,935	43,992	15.7	245,802	24,706	10.1
38	263,938	61,433	23.3	160,468	24,488	15.3
39	406,984	94,926	23.3	116,194	7,513	6.5
40	511,469	116,658	22.8	119,414	7,639	6.4
41	605,487	114,509	18.9	154,317	13,362	8.7
42	165,758	102,428	61.8	76,491	39,076	51.1
43	159,686	101,658	63.7	43,080	16,082	37.3
44	77,815	48,164	61.9	34,889	14,878	42.6
45	21,027	11,927	56.7	16,031	7,069	44.1
46	560,555	2,265	0.4	148,986	4,636	3.1
47	451,031	7,613	1.7	215,763	4,148	1.9
48	211,028	1,980	0.9	170,419	9,414	5.5

出所：久保亨「対外貿易における変動と連続性、1940-50年代」久保亨編『1949年前後の中国』汲古書院、2006年、210頁（第7章付表1）。

る数値を得ることができた3）。

　工業生産指数は、日本の全面侵略が始まった1937-38年に急落した後、39年から40年にかけては一時回復した。日本占領下にあった地域でも、中国国民政府の支配下にあった地域でも、軍需生産を軸とする戦時経済が発展していたし、東南アジア市場に向け上海など沿海部から工業製品が輸出されたことも好影響を及ぼしていた。しかしアジア太平洋戦争が勃発した1941年以降、工業生産は低下の一途をたどり、1945年には1933年の半分以下に落ち込む。戦後、ある程度は回復したとはいえ、1946-49年を平均してみると戦前の8割程度の水準にとどまっていたことが判明する。生産設備の破損、交通の混乱、

原料・燃料の不足、猛烈なインフレーションの進行など、工業生産の復興を妨げるいくつもの要因が重なっていた。

一方、表2によれば、対外経済関係における顕著な変化は、アジア太平洋戦争勃発以降の対外貿易の激減であった。アジア太平洋戦争が勃発する1941年までは、日中戦争は始まっていたにもかかわらず、中国の輸入額はむしろ増大していた。軍需生産に必要な原料・燃料や機械設備の輸入が増えていたうえ、日中戦争によって国内での調達が妨げられた棉花などについては、アメリカからの輸入が増大していたからである。しかし1942年、輸入額は前年の4分の1に、また輸出額は前年の2分の1に急落した。こうした対外貿易の規模縮小は、中国経済にとって欧米や東南アジアとの貿易がいかに大きな役割を果たしていたかを示すものであり、中国経済全体の規模縮小を招くことにもなった。他方、そのなかで日本が占める比重は一段と高まり、日本に対する中国経済の依存度が高まっていたことが知られる。こうした日本の位置は戦争終結とともに消滅した。

子細に見ると、日本からの輸入は、すでに1944年に急落している。敗戦への道を歩みつつあった日本は、すでに中国で占領地の経営を続ける力を失っていた。一方、日本からの部品供給に頼らず、中国現地で工業生産を継続することを余儀なくされた日系工場のなかには、以下に見る紡績機械製造業のように戦時期に中国への技術移転が進んだ事例もあった。

紡織機械の国産化は、すでに1930年代半ば、上海の大隆機器廠によって試みられていた。しかしその品質は一般の紡織会社の要求を満たすものではなく、同機器廠の関連会社である蘇綸紡績だけでしか使われなかった。このような状況が変わる転機になったのが、日中戦争の勃発と日本本国における戦時経済統制の強まりである。上海にあった日本の在華紡各社は、紡織機械とその部品の供給元であった日本本国の機械製造業が軍需生産を優先する統制経済に組み込まれ、新たな紡織機器を日本から購入できなくなったため、確実に上海で紡織工場の操業を続けていく保障として、上海現地で紡織機械とその部品を製造する体制を整えることになった[4]。1941年以降、原料棉花が不足し上海の紡織業生産自体が落ち込んだため、紡織機器の製造が急伸するような状況は見られなかったとはいえ、針布（カード。次節参照）やリンク、

トラベラーなど近代的な紡織機の心臓部にあたる部品の生産設備が整えられたのは重要な変化であった。

　日本が敗北し、日本資本の在華紡が国民党政権によって接収された後も、紡織機械国産化の動きは継承された。その中心的な担い手の1つになったのが中国紡織機械製造公司（1946年設立、略称・中機公司）である。この会社は、旧在華紡を統合して成立した中国紡織建設公司（1946年設立、略称・中紡公司）の姉妹会社であり、国民党政権が強力に設立を後押ししていた[5]。中機公司に結集した中国人技術者と日本人技術者の協力の下、豊田式G型織機をモデルにした自動織機が製造されるようになり、やはり豊田の技術を基礎にしたハイドラフト式を精紡機に装備することも可能になったことが、近年の研究によって明らかにされている[6]。旧在華紡各社がもっていたその他の付属機械工場も、中紡公司の機械工場として各種の部品などの製造にあたっていた。針布のように原料供給の多くを外国に依存し、国内生産量がなお不足する部品も一部にあったとはいえ、1950年代半ばまでに、紡織機器は基本的に国産化されたといってよい水準に達していた。

　以上のように、1940年代、日中戦争の時期から戦後にかけ進展していた紡織機械の国産化を基礎に、人民共和国の成立以降、中央政府の重点的投資によって国営の大規模な紡績工場が次々に新設され、華北の棉産地域を中心に1953-57年の5年間だけで190万錘の設備を備えた紡績工場群が姿を現し、中国綿業の新たな発展をもたらした[7]。

二　1950年代の貿易構造と対外依存性

　商品構造に着目した場合、1940年代までの中国の貿易構造は1950年代にも基本的に継承されていた。すなわち相手国別に見れば、ソ連・東欧圏が圧倒的な比重を占めるようになった1950年代は、日米英などとの貿易が多かった戦前に比べ様変わりしているように見える。表3が示すとおり、日中貿易の比重も大幅に低下した。しかし商品構造に着目すると、農産物、鉱産物、軽工業製品などを輸出し、重化学工業製品や原燃料を輸入するという状況はあまり変わっていない。換言すれば、人民共和国期の中国経済は、かつて1930年

表3　中国の対日貿易の推移、1950-1960年

(100万米ドル)

	輸入			輸出		
	総額	日本	%	総額	日本	%
1950	583	26.14	4.5	552	21.05	3.8
51	1198	11.95	1.0	757	0.95	0.1
52	1118	1.08	0.1	823	3.32	0.4
53	1346	3.12	0.2	1022	6.8	0.7
54	1287	14.6	1.1	1146	20.57	1.8
55	1733	25.14	1.5	1412	58.17	4.1
56	1563	63.66	4.1	1645	64.74	3.9
57	1506	55.07	3.7	1597	59.66	3.7
58	1890	48.13	2.5	1981	32.52	1.6
59	2120	0	0.0	2261	0	0.0
60	1953	0.19	0.0	1856	0	0.0

出所：前掲、久保「対外貿易における変動と連続性」211頁（第7章付表2）。

代の国民政府期に見られた状況と同様、工業国（1930年代は主に米、日、英だったのに対し、1950年代は主にソ連・東欧になっていたが）に対する一次産品輸出と東南アジア市場に対する軽工業品・手工業品輸出によって獲得した外貨を、工業国からの生産財輸入にあてていたのである[8]。

　戦時期に技術移転が進んだ紡織機械について見ても、そのすべてを国産化するのは容易なことではなかった。その一例を、梳棉機に使用する針布（カード）、ならびに原料である冷延鋼板に即して検討する。針布とはゴム層と厚布を重ね合わせて作ったベルトに数多くの針を植えたもので、これを円筒形のドラムに巻き付け、そこに棉花や羊毛の固まりを通すと、この針布が櫛の役割を果たし、棉花や羊毛がきれいな繊維に整えられる。針布を巻きつけたドラムが回転する機械のことを梳棉機（カーディング・マシーン）といい、紡績工程に欠かせぬ機械である。この針布は消耗品であり、摩擦に強い鋼鉄製の針が必要とされた。針布の国産化は、日本でも1930年代になってからのことである。中国では、ドイツ資本系の遠東針布廠が、同じ頃に国産化に着手していたとはいえ、原料となる良質の冷延鋼板は輸入に頼っていた。人民共和国成立後、1950年代になっても、この状況は基本的に変わっていない。そのため、中国国内では針布の不足が深刻な問題になっていた。

そうした中国紡績業界の事情を示す史料が、遠東針布廠から上海紡織工業局に宛てて発せられた以下の書簡である。「来年の農業生産の大躍進という状況に基づけば、紡織工業は必ず高速化に向かうであろう。しかしわが工場の現有設備と原材料の問題を考慮するならば、1959年度の全国の紡織工場の〔針布に対する〕需要を満たすという課題からは懸け離れた状況にある。わが工場が負担できる数字と実際に要求されている数字の間には、数倍の開きがある」[9]。これは、上海市紡織工業局から遠東針布廠に対し、「来年、全国各地の紡織工場が必要とする針布は4万5000枚であり、もしそれを遠東廠が国産化できれば外貨12万ドルを国家のために節約できる」と増産要請があったことに対する遠東針布廠側からの返答である。遠東針布廠は、設備面・原料面で制約があるため、とうてい増産要請に応えることはできない、と回答するほかなかった。

そもそも針布の原料である冷延鋼板について、遠東針布廠の場合、その大半を従来は輸入品に頼っていた。別の史料によれば、1959年に上海市内の製鋼所の協力を得て国産品を入手できるようになった後も、100トンの輸入を申請したのに対し、30トンしか割当がなかったほど、原料供給量は不足していた[10]。

三　対外依存性克服の努力——1940-50年代

上述した工業技術の立ち遅れと、それに由来する対外依存性を克服するため、中国では、1940年代から1950年代にかけ、いくつかの方策が追求された。その1つは、20世紀初めから中国に居住するようになり、特に戦時期にその多くが中国に渡ってきた日本人技術者を戦後も中国に残留させ、彼らの技術力を活用するという方策である。また、いうまでもなくソ連・東欧諸国からの技術援助、技術者派遣も、共産党政権が期待をかけた方策の1つであった。しかし、結論からいえば、それぞれある程度の役割を果たしたことは確認できるにせよ、そうした方策の効用をそれほど大きく評価することはできない。やはり基本的には、中国自身による技術者養成の努力が大きな意味をもつことになった。

1　日本人残留技術者

　戦後の日本人残留技術者の問題については、近年、山村睦夫、大澤武司、楊大慶らの研究が発表されている。国民政府当局によるやや少なめに算定された統計によっても、1946年末の時点で、東北（満洲）地域に1万300人、台湾に1000人、上海に700人、北京に500人など全国に約1万4000人の日本人技術者が残留していた[11]。東北の鞍山製鉄所、本渓湖製鉄所、満洲重工業の機械工場などは、主に日本人技術者によって操業されていた。また上海における紡織機械の国産化に際し、豊田の自動織機に明るい日本人残留技術者が活躍したことは、前述したとおりである。ただし、日本人技術者の役割を過大に評価することについては、慎重でなければならない。すでに多くの中国人技術者が育っていた分野では、必ずしも日本人技術者の残留が全面的に歓迎されていたわけでもなかった[12]。

2　ソ連・東欧圏からの技術援助

　1950年代に展開されたソ連・東欧圏からの援助についていえば、近年、ようやくその実態が中国側の研究によって明らかにされつつある。朝鮮戦争勃発後の禁輸措置によって欧米や日本との貿易が著しく制約されるなか、ソ連・東欧圏からの技術援助が相当の役割を発揮したことは疑いない[13]。ただし実際に技術移転が行われた150項目の技術について、その対象工場を業種別に整理した表4によれば、そのほとんどは、エネルギー産業、軍事工業、機械金属工業であって、紡織工業や紡織機械の製造業は技術移転の対象工場に含まれていなかった。紡織技術に即していえば、それほど高い技術をソ連や東欧諸国がもっていたわけではなかったことにも留意しておく必要がある。もっとも機械金属工業の発展などには紡織機械製造業に対し重要な意味をもつ可能性があった。前に見た針布の原料となる冷延鋼板を例にとると、その製造技術の向上が中ソ両国の研究機関による共同研究の課題に含まれていたし[14]、1961-62年を目途に山西省の太原特殊鋼廠と遼寧省の鞍山鋼鉄公司に冷延鋼板製造設備を開設することもめざされていた[15]。紡織機械の製造技術を、中国がソ連・東欧圏から直接入手することはなかったとはいえ、中長期的には、

表4　ソ連の中国向け技術援助150項目の企業別構成

工業分野	小分類	企業数
エネルギー産業	石炭産業	25
	電力産業	25
	石油産業	2
	（小計）	52
冶金工業	有色金属工業	13
	鉄鋼業	7
	（小計）	20
化学工業		7
機械工業		24
軍事工業	兵器製造業	16
	航空機製造業	12
	電子工業	10
	造船業	4
	宇宙産業	2
	（小計）	44
軽工業・医薬品製造業		3
合計		150

出所：張柏春他『蘇連技術向中国的転移　1949-1966』済南：山東教育出版社、2004年、75頁。

紡織機械製造の原料確保に貢献するような技術移転が進められていたといえよう。

3　中国自身による技術者養成

工業技術面における対外依存性の脱却に向け、その基礎ともいえる技術者の人材養成過程に着目すると、すでに1930年代から、それに連なる動きが加速していた。むろんその起源を遡るならば、1910年代から紡織技術者の養成は、南通の大生紡績や、無錫の申新紡績で開始されていた。しかし上海の場合、紡織技術者の養成課程が一般社会に対し広く開かれるのは、日中戦争時期である。

紡織技術者の教育について、『中国近代紡織史』[16]は、次のような見取り図を描いている。最も名が知られた学校の1つは、1912年、江蘇省南通の大生

紗廠に付設された紡織伝習所であって、1930年には南通学院と改称され、1952年、華東紡織学院に統合されるまでの40年間に合計1750人の技術者を養成した。また清末から民国初期にかけて創設された京師高等実業学堂、天津北洋大学、天津高等工業学堂には、いずれも紡織関係の専攻科が設置され、時期を同じくして江南の蘇州工業専門学校と杭州高級工業職業学校でも紡織技術者の養成が開始された。このような紡織技術者養成に関わる教育事業が最も発展したのは1930年代であったが、日中戦争勃発とともに教育事業は打撃を受け、あるいは学校閉鎖に追い込まれ、あるいは学校の移転を余儀なくされた[17]。

しかし興味深いことに、日中戦争期に上海の租界地域で紡織業が繁栄した時、その下で紡織教育事業も発展していたことを同書は指摘している。戦時中に上海へ移転した蘇州工業専門学校は、1942年に私立上海紡織専科学校として再スタートを切り、大紡績会社の申新公司は中国紡織専科学校を、また誠孚公司は誠孚紡織専科学校を、戦時下の上海に新たに創設した。こうした動きは、第二次世界大戦が終結し、日本資本が上海から撤退した後、中国紡織業の発展を支える貴重な人材提供源になった。実際、上海檔案館の史料によれば、上海紡織専科学校は、1946年、私立上海紡織工業専科学校と改称し、上海地区の紡績会社の連合体である第6区機器綿紡織同業公会が経営することになっている。上海が共産党の支配下に入った1949年7月頃にまとめられた1948年度下半期校務報告によれば、在学生は合計285人、卒業生は91人であった[18]。

さらに戦後、日本資本在華紡を接収して設立された中国紡織建設公司は、1946年に技術訓練班(「進修班」とも呼ばれた)を開設し、日本人の残留技術者と中国人技術者の協力により人材養成に努力した。人民共和国の成立後、中国紡織科学研究院院長という要職に就くことになる張方佐は、当時、中国紡織建設公司の工務処副処長として訓練班の教育委員になっており、1948年6月に制作された訓練班卒業文集に次のような一文を寄せた。「今、わが国の問題を考えるに、生産を増やして輸出を促進し、外貨を獲得して経済の安定を図ることがきわめて重要になっている。……わが国の工業のなかで比較的に技術力の基礎があり、好成績をおさめているのは、綿紡績業を措いてほかに

ない」[19]。工廠管理学を担当した張方佐に加え、応寿紀、陸紹雲ら東京工業大学紡織科に学んだ著名な中国人技術者と白水十九郎、福田善七らの日本人残留技術者を含む33人が教員として配置され、1学期20週のカリキュラムに沿って4学期で修了する教育プログラムが組まれていた。学生は中国紡織建設公司傘下の工場から選抜され、第1期の卒業生は162人、第2期の卒業生は53人であった[20]。訓練班は1950年頃に終了したが、その成果は「きわめて大きかった」（『中国近代紡織史』）と評される。

人民共和国が成立した1949年の時点で、私立上海紡織工業専科学校のような紡織教育専門の学校が上海市内に6カ所、全国では18カ所あり、それらのさまざまな学校を1つに統合する教育機関として1951年に華東紡織学院が設立された。当初は上海の学校を統合しただけであったが、1952年には南通、四川、武漢の、また1953年から56年にかけても青島などの学校を統合し、1986年には中国紡織大学となった[21]。戦後中国の紡織事業は、こうして養成された人材によって担われたことになる。なお中国紡織大学は、その後再び改組され、1999年からは東華大学と改称されている（台湾の花蓮にある東華大学とはまったく関係がない）。

四　1950年代の日中経済関係

このような状況の下、細々と再開された日本との貿易を通じ、まずは中国が必要としていた紡織機器をはじめとする工業機械類を獲得することがめざされたのであった。1950年代に結ばれた日中民間貿易協定における対日輸入希望品目リストを整理した**表5**によれば、第1回と第2回の貿易協定において、紡織関係の機械と部品が筆頭に掲げられている。その名称が明記されなくなるのは1958年の第4回協定のときであり、それまでは紡織機器の輸入が大きな課題として意識されていたのだった。

それでは、このように期待された日中経済関係が、なぜ実際には中国側の期待したようには進展しなかったのであろうか。1950年代の日中経済関係は、表3が示すように中国が期待した水準からほど遠いものにとどまっていた。その主な理由は、やはり東西冷戦下に展開されたアメリカのアジア政策と、

表5 日中民間貿易協定の品目表

第1次協定　1952年6月1日

	比率*	日本側輸出	中国側輸出
甲類	40%	紫銅、鋼板、鋼管、建築鋼材、鉄道鋼材、馬口鉄（ブリキ）、黒鉄皮（薄鉄板）、白鉄（亜鉛塗鉄板）、ドラム鑵用鉄板、アルミニウム塊	石炭、大豆、マンガン鉱、鉄鉱石、豚毛
乙類	30%	紡績機械および同部品、船舶（冷蔵船）、小型機関車、殺虫剤、ズルフォニアダイアジン、硝塩剤、苛性ソーダ、石灰酸、硼砂、高級インク、起重機、無線電信機および同部分品、貨物自動車（重量）、電気機械	塩、雑豆、落花生実、桐油、マグネサイト、ボーキサイト、螢石、耐火粘土（東北産ボーキサイト）、胡麻、焦宝石（山東産ボーキサイト）、燐灰石、羽毛、石綿、棉花、羊毛
丙類	30%	農業機械、自転車、自動車部分品、タイプライター、計算機、顕微鏡、測量機具、ボールベアリング、超短波医療機械、ソーダ灰、化学肥料（硫安、過燐酸石灰、石灰窒素）、人絹糸、綿布、綿糸、染料、写真機および写真機械、理化学用機械器具、昆布、雑紙類、録音機、拡声機	綿実カス、豚皮、滑石、石墨、石膏、雄黄、五倍子、松香、甘草、薬草、生漆、落綿、ヒマシ実

＊貿易総額中に各類が占める比率。以下同様。

第2次協定　1953年10月29日

	比率	日本側輸出	中国側輸出
甲類	40%	銅、アルミニウム・インゴット、鋼板、鋼管、ブリキ板、黒鉄板、亜鉛引鉄板、ドラム鑵用鉄板、建築鋼材、鉄道器材、各種大型機械、遠洋航海用船舶、冷凍船	鉄鉱石、マンガン鉱、大豆、石炭
乙類	30%	紡績機械および同部分品、起重機、ベアリング、その他機械、無線電気機器材、トラック、自動車および同部分品電気材料、モーターバイク、オートバイおよびスクーター、光学儀器、医療機械、薬品および薬品原料、抗生薬品、スルフォン剤、殺虫剤、化学工業原料、化学肥料（硫安、過燐酸石灰、石灰窒素）、各種化学合成繊維、高級インク、染料、その他	マグネシア・クリンカー、塩、マグネサイト、バン土、頁炭、焦宝石、耐火粘土、螢石、燐灰石、石綿、アンチモニー、豚毛、羊毛、カシミヤ毛、羽毛、桐油、雑豆、油種原料、柞蚕糸その他
丙類	30%	農業機械、理化学機器、タイプライター、自転車、ミシン、時計、家庭用ラジオおよび受像受信機、家庭用電気器具、蓄音機、拡声機、写真機材、漁網、水産品、昆布、綿布、綿糸、雑紙、その他	滑石、石墨膏、硫黄、豚皮、絨毯、生漆、落綿、屑糸、麦稈真田、フスマ、油粕、松脂、五倍子、甘草、薬草、桂皮、麝香、八角、その他

第3次協定　1955年5月4日

	比率	日本側輸出	中国側輸出
甲類	35%	銅塊、アルミニウム材料、鋼板、鋼管、ブリキ板、薄鉄板、建築用鋼材、ドラム罐用鉄板、鉄道器材、各種大型機器、発電設備、船舶	鉄鉱石、マンガン鉱、銑鉄、石炭、大豆
乙類	40%	化学肥料、医薬品およびその原料、化学工業原料、染料中間体、各種化学繊維、高級印刷用インキおよびその原料、各種鉄合金、紡織・捺染機械およびその部分品、各種機械、トラック、自動車およびその部分品、電気工業および通信器材、無線器材、モーターバイク、精密儀器、光学儀器、医療機械、切削工具およびその原料、その他	米、塩、菜種および油脂原料、桐油、雑豆、マグネサイト、マグネシア・クリンカー、礬土頁岩、焦宝石、重晶石、耐火粘土、螢石、燐灰石、石綿、アンチモニー、豚毛、羊毛、カシミヤ、葉煙草、麻類、膠、各種皮革、その他
丙類	25%	理化学儀器、計算機、タイプライター、モノタイプ、自転車、ミシン、家庭用電気器具、録音機、時計、写真器材、各種工具、漁撈工具、綿織物、毛織物、紙類、寒天、海産物、乳牛、雑貨、映画、その他	滑石、石墨、石膏、雄黄、豚皮、絨氈、生漆、落綿、柞蚕糸、各種屑糸、桐材、麦稈真田、ふすま、松脂、五倍子、植物薬材、肉桂皮、麝香、八角、海産物、雑貨、映画、その他

第4次協定　1958年3月5日

	比率	日本側輸出	中国側輸出
甲類	40%	鉄道車輌および器材、発電設備、船舶、各種大型機械および精密機械、各種プラント、銅塊、アルミニウム材、鋼板、鋼管、ブリキ板、薄鉄板、建築用鋼材、ドラム罐用鉄板	大豆、石炭、鉄鉱石、マンガン鉱、銑鉄、錫
乙類	60%	一般機械器具および工具、各種合金鉄、化学肥料、窯業製品、医薬品および原料、化学工業薬品および原料、染料、染料中間体、各種化学繊維および製品、各種動植物繊維および製品、木材および木製品、紙類、家畜類、食品類、水産物、各種雑貨、映画、その他	米、雑豆、雑穀、油脂および油脂原料、桐油、塩、マグネサイト、マグネシア・クリンカー、礬土頁岩、焦宝石、重晶石、粘土、螢石、燐灰石、石綿、アンチモニー、白粘土、豚毛、羊毛、カシミヤ、羽毛、各種皮革、葉煙草、膠、麻類、肉類、ラード、腸衣、化学工業原料類、石油製品類、ペイント、滑石、石墨、石膏、雄黄、大理石、軽石、絨氈、豚皮、各種落綿、屑糸、柞蚕糸、ふすま、桐材、麦稈真田、松脂、五倍子、生漆、麝香、八角、桂皮および各種香料、香料油、果物類、乾燥果実類、酒類、罐詰類、卵製品、水産物、植物薬材、各種中国既成薬、手工芸品、雑貨、映画、その他

それを背景にした日本と中国をめぐる国際環境に求められなければならない。

1950年代半ばまで日本の首相を務めていた吉田茂自身は、日本の経済復興にとって中国との貿易関係の発展を不可欠だと考えていた。「中国が赤だろうが緑だろうがかまわない。中国は当然の市場であり、日本は市場のことを考えねばならない」(1949年)、「赤だろうが白だろうが中国は日本の隣国である。長期的には、地理と経済的法則がイデオロギー相違や人為的貿易障壁を必ず乗り越えるであろう」(1951年) という信念をもっていたからである[22]。しかし、朝鮮戦争以降、「中国封じ込め」をアジア政策の基本に据えたアメリカは、日本の対中貿易拡大を厳しく規制する一方、台湾との関係を強化させ、東南アジア市場を育てることなどにより、日本の対中接近を阻止しようとした[23]。こうした吉田外交に対するアメリカの圧力については、すでに多くの研究が指摘しているとおりである。

ここでは、アメリカによる日本の対中貿易規制の実態を、1952年に起きたセイロン経由の対中貿易問題を例に検討しておきたい。これは比較的最近、外交史料館で公開された史料で明らかになったことであるが、1952年末、日本とセイロンの間の貿易に絡み、アメリカ政府が対中貿易に関わる懸念を伝えてきたことから、日本政府内部で次の外交文書に垣間見られるような応酬があった。

> セイロン中共間貿易協定の締結に伴い、日本からセイロン向に輸出された日本商品、特に鉄鋼製品類につき、中共への再輸出が懸念される旨、最近、駐日アメリカ大使館筋より伝達あり、ついては実情を承知したいので、当該協定の内容、セイロン中共間の輸出入状況、上記事実の有無、今後の見通し等につき、至急調査の上、開示願いたい[24]。

日本製の工業製品がセイロン経由で中国の手に渡る可能性を厳しくチェックしようというアメリカ政府の意思が伝わってくる内容である。残念ながらこれに対する外務省側からの11月18日付の回答は、本文が失われているため確認することができない。しかし同様な問い合わせが、中国向けタイヤ再輸出の可能性に関しても寄せられたらしく、駐セイロン公使が外務大臣に宛てた「現在のところタイヤ再輸出の事実は認められず……」という報告が残さ

れている[25]）。

ここで紹介した事例は、きわめて小さな案件であり、その時点では、大きな外交問題にならなかった。しかし、そのような小さな案件についてさえ、アメリカが過敏と見られるほどに警戒していたこと、換言すれば、中国が日本や西欧諸国から工業製品を輸入するのは、それだけ大きな困難に直面していたということが窺われる事例である。

おわりに

第二次世界大戦が終結した1940年代、中国経済は、工業生産の面から見ても、対外貿易の面から見ても大きく落ち込んでいた。特に対外依存性の克服という課題は、1950年代になっても容易なことではなかった。

しかしそうしたなかにあっても、紡織機械製造業のようにむしろ1940年代前半の戦時期に対外依存性を脱却する動きが進んでいた事例を確認することができる。さらに、戦後の残留日本人技術者の存在やソ連・東欧圏からの技術援助に加え、中国自身による技術者の養成が、やはり1940年代を通じて、戦時から戦後にかけ強化されていた事実もあった。

対外依存から脱却し自立をめざそうとした1950年代の中国経済にとって、日本との経済関係は大きな意義をもつものになることが期待されていた。ソ連・東欧圏からの技術援助や自前の技術者養成だけでは、必要な機械や技術を十分に確保することができなかったためである。しかし実際の日中経済関係の展開は、東西冷戦下のアメリカの対中封じ込め政策に規定され、そうした中国側の期待に十分応えるものにならず、緩慢な歩みにとどまっていた。

注
1 ）久保亨・波多野澄雄・西村成雄共編著『戦時期中国の経済発展と社会変容』慶應義塾大学出版会、2014年。
2 ）Chang, John（章長基）, *Industrial Development in Pre-Communist China: In a Quantitative Analysis*, Chicago: Aldine Publishing Company, 1969.
3 ）久保亨『20世紀中国経済史の探究』信州大学人文学部、2009年。なお巫宝三推計と牧野久保推計については、同書83-87頁参照。

4）富澤芳亜「在華紡技術の中国への移転」富澤芳亜・久保亨・萩原充編『近代中国を生きた日系企業』大阪大学出版会、2011年。
5）朱婷「中国紡織機器製造公司歴史再考察」『史林』1999年第4期。
6）前掲、富澤「在華紡技術の中国への移転」。王穎琳『中国紡織機械製造業の基盤形成──技術移転と西川秋次』東京：学術出版会、2009年。
7）久保亨「1950年代の中国綿業と在華紡技術」富澤芳亜・久保亨・萩原充編『近代中国を生きた日系企業』大阪大学出版会、2011年。
8）久保亨「対外貿易における変動と連続性、1940-1950年代」久保亨編『1949年前後の中国』汲古書院、2006年。
9）遠東鋼糸布廠→上海紡織工業局、(58) 遠材字、第4270号、1958年11月18日（上海市檔案館 B134-1-239）。
10）遠東鋼糸布廠→上海紡織工業局、(59) 遠材字、第245号、1959年10月19日（同 B134-1-416-44）。
11）楊大慶「中国に留まる日本人技術者──政治と技術のあいだ」劉傑・川島真編『1945年の歴史認識──〈終戦〉をめぐる日中対話の試み』東京大学出版会、2009年、122-123頁。
12）大澤武司「ワークショップ　戦後の日中『民間外交』と日中関係　コメント（1）」『現代中国』第24号，2009年、32頁。
13）張柏春他『蘇連技術向中国的転移　1949-1966』済南：山東教育出版社、2004年。
14）同上、197頁。
15）同上、384-385頁。
16）中国近代紡織史編輯委員会『中国近代紡織史』上下巻、北京：中国紡織出版社、1996年。
17）同上、上巻、236-237頁。なお紡織技術者の教育については、富澤芳亜氏の詳細な研究が、最近、発表されている。富澤芳亜「近代中国の工業教育と紡織技術者養成」『経済史研究』第20号、2017年。
18）上海紡織専科学校「1948年度下半期校務報告」上海市檔案館、S30-1-322-121。
19）東華大学校友会紡建分会『中国紡織建設公司技術人員訓練班建校六十周年紀念冊（1946-2006）』私家版、2006年。
20）同上、208-209頁、215-222頁。上海市檔案館、Q192-6-160。
21）中国紡織大学校史編写組『中国紡織大学校史』上海：上海科学技術出版社、1989年。
22）添谷芳秀『日本外交と中国──1945〜1972』慶應通信、1995年、64頁。
23）同上、65-66頁。
24）通商産業省事務次官→外務省事務次官、二七通達第994号、1952年11月5日（外交史料館　E'.4.0.0.3-1-1-6　国際貿易関係　多角貿易関係　本邦関係　日・セイロン・中共の部）。
25）番臨時代理公使→岡崎大臣、第5号、1953年1月12日（同上ファイル所収）。

第9章

国民党政権と南京・重慶『中央日報』
――戦時から戦後にかけての自立化傾向

中村元哉

はじめに

　中国近現代史上には、さまざまな党報が出現した。中華民国時代の中国国民党（以下、国民党）も、その前身時代を含め、『民報』（中国同盟会機関紙）、『民国日報』（中華革命党機関紙）、『中央日報』（国民党機関紙）など数十種の党報を発行してきた。

　国民党党報の歴史については、まず台湾で研究がすすんだ。その先駆的業績が、曾虚白『中国新聞史』である。著者の曾虚白は戦時期の対外宣伝政策に従事した国民党員であったことから、同書は国民党党報の歴史を過大に評価する傾向にある[1]。しかし、台湾の民主化がすすむなかで、より客観的な評価を下す研究が生まれてきた。王凌霄『中国国民党新聞政策之研究（1928-1945）』は、大陸時代の国民党政権（国民党が指導した国民政府）の報道政策と党報の発展を評価する一方で、政策の不健全な運営と地方レベルにおける法秩序の不貫徹さを指摘した[2]。

　他方で、大陸中国における研究動向は、上述の台湾のそれとは対照的である。すなわち、従来、中国共産党（以下、共産党）が主導した革命の正統性を

強調する「革命中心史観」もしくは抗日民族統一戦線を重視する史観の下で、国民党党報の歴史は否定的に描かれてきた。しかし、蔡銘澤『中国国民党党報歴史研究』は、国民党党報の抗日の論調と党報企業化の試みに対して、肯定的な評価を下している3)。

とはいえ、いずれの研究成果も、国民党党報の中核に位置する『中央日報』と政権内部との関係については詳細な分析を加えていない。また、昨今の国民党党報に関する研究は、訓政期（党が政府を指導し、将来の憲政までの過渡期に相当する時期）の国民党政権の性格を再検討してきたわけでもない。つまり、党が政府を指導する、いわゆる「党国体制」と形容されるような政治体制の下で、『中央日報』の論調は国民党政権の意向を反映している、もしくは、党と政府の見解に溝があるとすれば、その場合の『中央日報』の論調は党務の主たる担い手だった陳果夫、陳立夫らの、いわゆるCC系の意向に沿ったものである、と依然として理解している。

本章は、『中央日報』と国民党政権との関係を人事、社論、経営の3方面から再考し、宣伝政策の全般的推移と関連づけながら、『中央日報』の論調が国民党政権の意向であるという等式に実は微妙な揺らぎが生じていたことを確認していきたい。むろん、この揺らぎとは党、政府、軍あるいは党内各派の協調と対立の過程を象徴するものであるが、宣伝政策の本来の目的が情報管理とイデオロギー統制による国家統合、社会統合の推進および一党独裁体制の維持にあったことを念頭におくならば、本章は訓政期の政治体制論を自ずと再考することになるだろう。

ちなみに、『中央日報』は、発行地に応じて、武漢時期（1927年3月-1927年9月）、上海時期（1928年2月-1928年10月）、南京時期（1929年2月-1937年12月）、重慶時期（1938年9月-1946年5月）、南京復員時期（1945年9月-1949年4月）、台北時期（1949年3月-2006年6月）の6つの時期に区分される。本章は、人事、社論、経営の3方面において顕著な変化を確認できる重慶時期から南京復員時期の、いわゆる戦時から戦後にかけての時期を重点的に考察する。

一　制度と政策から見た南京・重慶『中央日報』

1　国民党政権における南京・重慶『中央日報』の位置

　南京『中央日報』の前身は、武漢『中央日報』である。同紙は、国民党が武漢と南京に分裂する政治状況のなかで創刊された。したがって、社長に顧孟余が就任していることからもわかるように、汪精衛ら国民党左派の影響下におかれていた。しかし、1927年4月12日の反共クーデターによって蔣介石の国民政府が南京に樹立されると、武漢でも7月に第一次国共合作が解消され、9月には武漢国民政府が南京国民政府に合流した。こうした激変にともない、武漢『中央日報』は廃刊となった[4]。

　1928年2月、蔣介石は国民党2期4中全会で国民党中央政治会議主席、軍事委員会主席に任命され、蔣介石主導の下で指導体制の再編がすすむと、国民党の団結と全国の統一をめざして、上海『中央日報』が創刊された。これは武漢『中央日報』とは一線を画すものであった。しかし、上海は汪精衛ら国民党左派の拠点であり、西山会議派も上海『民国日報』を通じて当地メディアに一定の影響力を保持していたことから、上海『中央日報』は、蔣介石が期待するような宣伝活動を展開できなかった。そればかりか、蔣介石の意向と対立する論調を掲載することさえあった[5]。そこで蔣介石ら国民党中央は、同紙の南京への移転を決定し、中央宣伝部長の葉楚傖を南京『中央日報』社長に任命した。中央宣伝部――時期によっては中央宣伝委員会、本章では宣伝部で統一する――の管理下におかれた『中央日報』が蔣介石を中心とする国民党中央の影響下におかれるようになったのは、南京時期からである。

　この南京時期に、『中央日報』は大きな制度改革を断行した。それが、宣伝部直轄でありながら、社長の独自性を保障した社長制である（1932年5月）。この社長制は、南京『中央日報』社長に人事と財務の自主権限を一定範囲内で与え、それまであった編集部と経理部との対立を解消した[6]。

　やがて日中戦争の足音が高まってくると、南京『中央日報』は、廬山版（1937年7月）を皮切りに、長沙、貴陽、昆明、成都、広西（桂林）、福建（福州）、安徽などの各地で地方版を創刊した。これら戦時の地方版は、戦後に旧日本

軍の資産を接収したことで、さらなる発展を遂げた。そればかりか、戦後に入ると、上海版、瀋陽版、長春版など新たな地方版が創刊された。ただし、ここで留意しておくべきは、これら『中央日報』の地方版が、宣伝部直轄の党報でありながら、各版統一の社論を常に掲載していたわけではなく、しばしば独自色を打ち出していたことである[7]。いわば、地方版の多くは、地方の党報と化していたのである[8]。

ところで、1937年12月の南京陥落にともない、南京『中央日報』は停刊し、その9カ月後の1938年9月、戦時首都重慶で復刊した。この重慶『中央日報』は、戦時の苦境を幾度となく克服した。重慶爆撃により大打撃を受けた同社は、1939年5月から8月にかけて『大公報』『新華日報』ほか7社と、また1942年6月から翌年3月にかけて軍の機関紙『掃蕩報』と連合版を発行し、1946年5月まで1日たりとも停刊しなかった。

重慶『中央日報』は繰り返すまでもなく宣伝部直轄の党報であったが、1943年の制度改革により、宣伝部との関係に注目すべき変化が生じた。すなわち、同年4月の「中央宣伝部直轄党報組織規程」は、宣伝部が首都の『中央日報』に配置する総主筆1名を任用すると規定し、あわせて宣伝部の直接の指揮と監督を受ける役職として社長と総主筆を併設した。これにより、従来の社長制は改編されることになった。また、同時期に制定された「中央宣伝部直轄報社分社組織規程」および同年6月に制定された「中央宣伝部直轄報社分社管理規則」により、党報に対する国民党中央の財務管理が強化されることになった。こうして制度的には、1943年6月以降、重慶『中央日報』と国民党中央との距離は縮まったといえる[9]。

以上のように、南京・重慶『中央日報』は、その創刊の経緯からしても、また制度上の位置づけからしても、地方の『中央日報』各版以上に、また他の党報以上に、国民党政権に近い党報であった。本章では、このような基本的性格をまず確認したうえで、それでもあえて、南京・重慶『中央日報』と国民党政権との間に潜む距離を分析していくことにしたい。

2 宣伝政策と南京・重慶『中央日報』

しかし、その前に、宣伝政策の推移を概観しておく必要があるだろう。と

第 9 章　国民党政権と南京・重慶『中央日報』　155

いうのも、次節以降で分析する人事、社論、経営面における国民党政権との距離は、宣伝政策全般の動きとも連動しているからである。

　国民党は、党の改組を決定した 1 全大会（1924 年 1 月）で、「出版および宣伝の問題に関する提案」を行った。これは、宣伝機関の確立と大衆への指導の必要性を説き、その後の宣伝政策の出発点となった。このことから、当初の国民党の宣伝政策は、党の主義と政策を社会に浸透させることで大衆を指導する、いわば革命政党的観点に立脚した政策だったことがわかる[10]。国民党は、5 全大会（1935 年 11 月）の「本党の理論を統一し本党の宣伝を拡大する提案」においても、やはり三民主義の宣揚を謳っていた[11]。

　ところが、全国政権樹立後に訓政を開始した国民党は、戦前の 5 全大会と戦時の 6 全大会（1945 年 5 月）で同時に憲政の実施を展望し、戦後においては 5 大国の一員としての意識を高めるなかで、政治の民主化と経済の市場化を柱とする近代的国家建設へと舵を切った。これにともなって、宣伝政策も調整を余儀なくされた。例えば、6 全大会は、宣伝部が党と政府の宣伝活動を一括して指導していることを問題視し、政府のスポークスマン的役割を担う行政院新聞局の新設を検討し始めた。また、同大会は、党の財政難と憲政の実施、メディアの市場化を背景にして、党報の企業化を提案した。

　以上のような党報をめぐる政治、社会、国際情勢は先行研究に詳しいが[12]、簡潔に要約するならば、政策面から見た場合、戦時から戦後にかけて党の指導力が強化されるような側面があったとはいえ、近代的国家制度に合致するような宣伝政策が模索されていた。その結果、こうした宣伝政策の推移が、南京・重慶『中央日報』と国民党政権との間に、徐々に距離を生むことになった。この距離について、次節以降で分析していきたい。

二　ジャーナリズム学と南京・重慶『中央日報』の人事

　国民党は、1920 年代半ばに、陳秋霖（1925 年 6 月 - 8 月）と甘乃光（1925 年 9 月 - 退任時不明）を主任とする中央宣伝員養成所を開設して、人材を養成しようとした。しかし、このリクルートシステムは、さほど機能しなかったようである。むしろ人材は、1920 年 9 月にジャーナリズム学科を新設した聖約翰大

学をはじめとする各地の大学で養成され13)、1930年代以降は燕京大学、復旦大学、中央政治学校を中心に育成されていった。

　燕京大学ジャーナリズム学部は、報道事業にたずさわる人材の育成を目標として、1924年に新設された。復旦大学は、1929年にジャーナリズム学部を新設し、陳布雷、程滄波らのちに宣伝政策にたずさわる国民党員を招聘して、多くの人材を輩出した。中央政治学校は1935年に正式にジャーナリズム学部を設置し、その後の政策過程のキーパーソンとなる馬星野14)が実質的な責任者となって人材の育成にあたった。同校は、1943年10月にアメリカのコロンビア大学と提携してジャーナリズム学院を新設し、国際宣伝業務を担当する政府高官や戦後の新聞経営をめざす人材を育成した。同学院の院長、副院長には、戦時の対外宣伝の最高責任者となった董顕光と曾虚白が任命された15)。

　いうまでもなく、中央政治学校は党および政府の行政幹部を育成する場であり、同校ジャーナリズム学部の卒業生の多くは、党や政府の宣伝部門にリクルートされた16)。しかし、宣伝部門に特徴的だったのは、戦時期の軍事報道にたずさわる人材が、軍事委員会政治部の要請に基づいて中央訓練団ジャーナリズム研究班で訓練を受け、『掃蕩報』をはじめとする軍の機関紙にリクルートされていったことである17)。これがのちに『中央日報』と『和平日報』(旧『掃蕩報』)との対立を生む一因となった。

　では、リクルートシステムが党、政府、軍に分かれていたことを理由に、南京・重慶『中央日報』の人事制度を中央政治学校とすべてイコールで結びつけてよいのであろうか。確かに、同校ジャーナリズム学部は『中央日報』、『大公報』、『時事新報』、『新民報』、中央通信社での実習を課していたことから、『中央日報』の記者たちの多くは同校からリクルートされていったと考えられる。しかし、ここで検討すべきは、社論の執筆など『中央日報』社の実務を担っていた社長、総主筆、総編集の経歴である。歴代の社長、総主筆、総編集のうち、明らかに中央政治学校との関係が認められるのは劉光炎、潘公展、馬星野らであるが、この事実が両者を決定的に結びつける根拠とはなり得ない。むしろ、実務担当者には、留学経験者や他社で実務を積んだ経験者がバランスよく配置されていた。

　そこで、歴代の人事を派閥の視点から読み解いてみる。すると、1つの特

徴が浮かび上がってくる。それは、CC系もしくはCC系に近い立場にあったとされる党員が比較的に目立つことである。葉楚傖、程滄波、陳博生、陶百川、潘公展、胡健中、さらには陶希聖、馬星野らがそうである。国民党政権の文化文芸政策は陳果夫、陳立夫、張道藩らCC系を中心に運営されていたことから[18]、この派閥性を指摘することはそれほど的外れではないだろう。従来の研究も『中央日報』のこの派閥性を意識して、南京『中央日報』と『和平日報』との対立、あるいは長沙『中央日報』と『中興日報』との対立を、CC系と三民主義青年団系（国民党の青年組織）の派閥闘争として理解してきた[19]。

しかし、これらの事実を根拠に、CC系と南京・重慶『中央日報』を結びつけることは、やはり一面的かもしれない。なぜなら、戦時に最高意思決定機関として機能していた軍事委員会委員長侍従室第2処（以下、侍従室第2処）との結びつきも強かったからである。例えば、陶希聖の総主筆就任は、陶自身が侍従室第2処第5組の組長を経験していたことと、侍従室第2処主任の陳布雷が蔣介石に推薦したことから、実現したといわれている[20]。

このように、CC系は南京・重慶『中央日報』と国民党中央とを結びつける最有力の党内派閥ではあったが、その他の政治的要素も南京・重慶『中央日報』には混在していた。また、南京・重慶『中央日報』が国民党中央に最も近い党報であったとはいえ、組織が社長制へと変更されたことから、宣伝部との制度上の指導関係は、われわれが想像するほど強くはなかった[21]。つまり、南京・重慶『中央日報』は、CC系や宣伝部を介して国民党中央と直結していたわけではなく、もう少し幅のある組織として理解する必要がある。このように認識すれば、歴代の人事だけを確認しても浮かび上がってこない、別の側面を指摘できよう。

以前から、アメリカのミズーリ大学のジャーナリズム学教育が人材育成に大きな影響を及ぼしてきたことは知られている。ミズーリ大学ジャーナリズム学部（the School of Journalism）の創設者ウォルター・ウィリアム・パウエル（Walter William Powell）が1920年代初頭に北京大学で講演したのを契機として、中国はジャーナリズム学教育に対する関心を高め、燕京大学は1924年にジャーナリズム学部を新設した。同大学は、ジャーナリズム学部をいったん廃止するが、ミズーリ大学の支援を得て、1929年に再度設置した[22]。また、上海で

創刊された英文誌『密勒氏評論報』(*The China Weekly Review*, 1917-1953年) も、ミズーリ大学ジャーナリズム学部と人的なつながりをもっていた[23]。さらに、中央政治学校で人材育成に尽力していた馬星野、および『密勒氏評論報』の元副編集長で中央政治学校ジャーナリズム学院長に任命された董顕光は、ともにミズーリ大学ジャーナリズム学部での留学経験をもつ。したがって、中央政治学校を卒業した南京・重慶『中央日報』の記者たちの多くは、間接的にミズーリ大学のジャーナリズム学教育の影響を受けていたと推測される。しかも、戦後復興をめざす困難な状況下で、南京『中央日報』の社長に抜擢された人物こそが馬星野であった。ミズーリ大学の影響が民国期のメディア界に広く及ぶなかで、南京・重慶『中央日報』も決してその例外ではなかったこと、それが戦後の経営自立化（後述）を支える1つの背景になっていたことには、注意しておきたい。

三　国民党政権と南京・重慶『中央日報』社論

　社論は新聞、雑誌を特徴づけるものであり、民営各紙（誌）の責任者は、経営戦略の一環として社論を重視する傾向にあった。確かに、党報の南京・重慶『中央日報』が市場原理にしたがって社論を執筆したとは考えにくいが、国民党政権にとっても社論は、体制の規範的構成原理を広く社会に浸透させるうえで最も有効な手段であった。同紙の社論は、南京・重慶『中央日報』の性格を凝縮しているといえるだろう。では、その社論はどのように執筆されたのか。

　程滄波時代の南京『中央日報』の社論（当時は社評）は、不定期にしか掲載されなかったが、その多くは、社長制の下で、程自身によって執筆されていたという[24]。しかし、言論統制が強まった戦時になると、社論の執筆過程には変化が生じた。宣伝部は、国内の団結と効率的な宣伝活動を目標に党報社論委員会を設置して、『中央日報』各版の社論を統一しようとした。委員会は、葉楚傖、潘公展、程滄波、甘乃光らを中心に党務と政務にたずさわる7名の委員から構成され、週3回のペースで開かれていたという[25]。同委員会は社論でとりあげるべきテーマと草稿を検討し、承認された社論原稿を中央通信

社と宣伝部を通じて全国に配信した。

　だが、この党報社論委員会は、当初のうちこそ機能していたが、党務と政務に追われる大半の委員が社論を執筆できなくなり、さらに通信手段の不備が重なったことにより、次第に機能しなくなった[26]。実際、成都『中央日報』は、「重慶の無線電信局の業務が過重で、〔弊社が受信できなかった社論原稿を〕再度送信してもらえないため、弊社の編集業務に重大な問題が生じている」と宣伝部に報告している[27]。したがって、戦時の『中央日報』各版の社論は、党報社論委員会ではなく、それぞれの版の社長、総主筆、主筆らの手によって執筆されていたと推測される。特に重慶『中央日報』の場合には、1943年以降に地位が上昇した総主筆を中心に執筆され[28]、状況に応じて、侍従室第2処主任の陳布雷が社論テーマを指示するか、草稿の確認を行っていたようである[29]。管見の限り、宣伝部は、社論掲載後に指導を行っていただけで、事前に原稿の審査を細部にわたって行っていたわけではなかった[30]。

　以上のような内部事情は、必ずしも一次史料によって裏づけられるわけではない。しかし、複数の回想録が同様の記述を行っていることから、南京・重慶『中央日報』の全般的な傾向として理解できるだろう。すなわち、社論執筆過程において、宣伝部の指導力は直接的なものではなく、主たる分担者が社長から総主筆へと移行するなかで、侍従室もしくは陳布雷個人の介入がしばしば見られるようになった、ということである。

　ただし、後者の事実をもって、蒋介石の国民党中央が侍従室第2処（陳布雷）を介して南京・重慶『中央日報』を指導していたと理解するのも早計である。なぜなら、侍従室第2処を介した蒋介石および国民党中央との意思疎通も、決して万全ではなかったからである。その最たる例が、英米との不平等条約撤廃（1943年1月）のニュースを交渉期間中の1942年12月27日に暴露してしまった事件である。この事件は国際社会における中国の信用問題にも関わるだけに、蒋介石の逆鱗に触れた[31]。この事件を引き起こした陶百川社長は、その後も重慶『中央日報』の論調をめぐって国民党元老らと衝突を繰り返したため[32]、1943年10月に更迭された。蒋介石自身も、1945年7月に重慶『中央日報』の編集作業と社論レベルを稚拙だと酷評し、編集者とコラムニストの早期交代を要求したほどであった——蒋介石が民間紙の『大公報』を重視して

いたことは、すでに周知の事実である[33]。

　さらに戦後に入ると、総主筆の陶希聖らが「まず『中央』〔党報としての職責を指す〕で、そのあとに『日報』〔新聞としての職責を指す〕である」と主張したのに対して、陸鏗ら若手が「まず『日報』で、そのあとに『中央』である」と公然と主張すると、もともと自由な報道事業に理解を示してきた馬星野社長は両者の調整を図り、陶希聖も若手の自由な活動を容認するようになった[34]。このような社内の雰囲気に加えて、経験豊富な副総主筆の王新命も開明的だったことから[35]、南京『中央日報』は1947年7月に孔祥熙、宋子文らの汚職を暴露する記事を掲載した[36]。南京『中央日報』はこの事件の5カ月前にも『資本論』の広告を第1面に掲載する失態を演じており[37]、同紙が宣伝部や侍従室第2処（1946年5月廃止）および蔣介石によってしっかりとコントロールされていたとは、やはり考えにくい。

　そこで、戦後の南京『中央日報』が掲載した2つの社論を通じて、同紙と政権内部との矛盾や軋轢を具体的に指摘することにしたい。ちなみに、戦前の南京『中央日報』は、蔣介石と汪精衛との対立を露呈させた社評「1つの初歩的で根本的な措置」（1935年10月28日）を掲載し、戦時の重慶『中央日報』は、言論統制政策の緩和を示唆した社論「言論の自由を論ず」（1944年4月21日）を掲載している[38]。

1　「われわれはどのような憲法を必要としているのか」
　　（1946年11月6日社論）

　孫文の三序構想（軍政→訓政→憲政）の完成、つまり憲政への移行を最大の使命としていた国民党は、訓政を開始するにあたり、その年限を6年としていた。1936年には、孫文の五権構想を具体化した中華民国憲法草案（五五憲草）をとりまとめた。この五五憲草の特徴は、総統の権限に比して立法院の権限が低く抑えられていたことである。

　しかし、憲法制定のための国民大会は1930年代の国難を背景にしてたびたび延期され、憲政実施は戦後に先送りされた。憲政への移行が大幅にずれ込むなか、共産党および第三勢力系の知識人は、憲政運動を組織して、連合政府論を提起するなど、五五憲草に対する不満を日に日に高めていった。こう

した下からの圧力を背景にして開催されたのが、1946年1月の政治協商会議だった[39]。同会議は五五憲草に大きな修正を加え、立法院の権限を強化すると同時に総統の権限を縮小する修正原則（以下、政協原則）を決議した。

この政協原則に対して、党内のCC系および黄埔、復興社、三民主義青年団系は、すぐさま反発した。彼らは、政協会議閉幕から約1カ月後の国民党6期2中全会（1946年3月）で、五権憲法の精神を踏みにじる政協原則を拒否し、あくまでも五五憲草を基礎とする憲法の制定を求めたのであった。こうした民意を無視した彼らの動きとその後の国共内戦の再開により、1946年11月15日の制憲国民大会は、青年党と民社党の協力しか得られないまま開幕することになった[40]。

ところが、国民大会で制定された中華民国憲法は、五五憲草を忠実に反映した憲法とはならなかった。国民党（孫科、王世杰、邵力子、王寵恵、陳布雷）、共産党、民盟、社会エリートなど総勢35名から成る憲草審議委員会が、政協原則を一部に反映させた政協憲草を作成し、それを基礎に中華民国憲法が制定されたからである。つまり、政協会議から憲法制定までの国民党内部の憲法案は、CC系、軍統系など反共的とみなされる一群が推す五五憲草——蔣介石の本音も五五憲草の擁護だった[41]——と、6期2中全会で彼らからの批判にさらされた孫科、王世杰、邵力子、陶希聖らの穏健派[42]が推す政協憲草とに二分されたのである。

1946年11月6日の社論は、こうした情勢下で執筆された。総主筆の陶希聖が執筆した[43]同社論は、「国民大会は立法院とは異なる。立法院は法案の技術面において責任をもつが、国民大会はそうではない。……したがって、国民大会は、国民政府が提出した憲法草案を審議の基礎としなければならない」と主張した。

では、その草案とは何か。「それは五五憲草の修正案である」。つまり、南京『中央日報』は、政協憲草を支持したのである。しかも、政協憲草の基礎となった政協原則を「出来栄えの良い作品」として肯定的に評価した[44]。

もちろん、この政協憲草は、政協原則を忠実に反映したものではなく、それゆえに共産党および民盟などの第三勢力から見れば民意を踏みにじった草案でしかなかった。南京『中央日報』もそのことを自覚していたからこそ、

意図的に政協原則を高く評価し、政協憲草の民主性をアピールしていたのかもしれない。しかし、ここで重要なのは、南京『中央日報』が五五憲草を優先しない社論を掲載したという事実そのものである。

このような南京『中央日報』の論調に対して、南京市党部は猛反発し、主管機関である宣伝部も批判したと伝えられている[45]。また、葉青（任卓宣）は、黄埔、復興社、三民主義青年団系の『和平日報』で、「現在、『中央日報』は、国民大会で政協憲草に賛同せよと主張している。国民党は、五権憲法に対して妥協的な態度をとれ、と主張しているのであろうか」と南京『中央日報』を痛烈に批判した[46]。

1946年11月6日の南京『中央日報』社論は、はたして、世論の支持を獲得するためだけの単なる政治宣伝だったのであろうか。もしそうだとすれば、なぜこの社論は、そのような理解を超えてしまうような内部対立を露呈させたのだろうか。同社論は、多様な意見を調整したうえで掲載された国民党中央の総意ではなく、6期2中全会の穏健派の意向に沿ったものであった。

2 「中国文化建設の道」（1947年8月10日専論）

1947年半ばから南京『中央日報』主筆に抜擢されたのが殷海光である。殷は、戦時中に国民党と蔣介石に親近感を覚えた若手知識人だったが、戦後から徐々に反国民党、反蔣介石へと立場を変え、戦後台湾においては自由主義知識人とみなされるようになった[47]。

殷海光は主筆に抜擢されて早々に、この専論において、「文化的伝統は、支配する力を潜在的にもっている。その潜在力は、すべての有形の政治権力を凌駕している。政治権力は、文化の潜在力を根本的基礎としなければならない」と力説した。それでは、文化建設の支柱とは何か。殷海光は、自由主義もボリシェヴィズムもともに中国の問題を解決できないとし、三民主義文化をその支柱に据えるべきだと主張した。彼のいう三民主義文化とは、民族主義、民主主義、社会主義を融合した文化のことである。

当時の殷海光は反共で反自由主義の立場にあったとはいえ、殷の定義する三民主義文化は社会主義を含んでいたことから、彼の三民主義は、蔣介石ら国民党中央が掲げる三民主義や伝統文化論とは微妙に異なっていた。彼は、

約2カ月後にも、三民主義を肯定的に論じたとはいえ[48]、1948年以降は、三民主義のうち民生主義（社会民主主義）と民権主義（民主政治）を民族主義（伝統文化）以上に重視するようになった[49]。こうして彼は、国民党が三民主義に忠実でないとして、国民党とは運命をともにできない、とまで公言するようになった[50]。さらに、国民党政権が台湾に渡る直前には、葉青ら国民党員を批判し、真の憲政の実施を要求した[51]。ここでも、『中央日報』と葉青との対立が再燃したわけである。

以上のような経緯から、殷海光は1949年8月に台北『中央日報』の職を辞した。以後の彼は、専制色を強めながら伝統文化を復興しようとした国民党政権から距離をおき、自由主義と反伝統主義の主張を台湾で展開した。

四　『中央日報』の経営自立化への道程

南京・重慶『中央日報』の経営体制は、①党が人事、業務、経費のあらゆる面を統括する伝統的な管理体制、②宣伝部直轄でありながら社長が人事と財務の自主権限を一定範囲内で有する社長制（1932–1947年）、③民営新聞社と同じ組織形態をもつ「股份有限公司制」（株式会社制）の3体制に区分できる[52]。①の段階ですら総編集と総経理が独自性を発揮して、宣伝部のコントロールがそれほど及んでいなかったとする指摘もあるが[53]、ともかく体制が①から③へと移行するにしたがって、南京・重慶『中央日報』の経営自立化傾向は強まっていった。

そもそも党報を株式会社化する案は、南京国民政府成立当時から国民党内部に燻り続けていた。戦前の約10年間（1926年7月–1937年7月）は空前の言論ブームだったと評価されているが、この時期、『申報』『新聞報』『立報』などの営利性の強い新聞はもとより、『大公報』『中央日報』『時事新報』『大晩報』などの政治性の強い新聞も、経営の自立化に向けて模索を続けていた[54]。戦時になると、党報の主たる財源であった発行収入と党からの補助金が思うように伸びなくなり、重慶『中央日報』も広告料に頼らざるを得なくなった[55]。

しかし、主たる収入源である広告収入は頭打ちの状態にあり、重慶『中央日報』は、増収増益を見込めない苦しい状況に陥った。同社経理部は、党報

であるがゆえの広告収入と発行収入の伸び悩みを赤裸々に告白している。その理由は、「党の思想政策に違反する」広告や「商業道徳に違反する」広告を掲載するわけにはいかないからであった[56]。

　こうした業務上の困難を克服するために考え出された案が、6全大会における党報の株式会社化だった。重慶『中央日報』は、6全大会以前の1944年時点で「本紙は宣伝重視でいくのか、それとも業務重視でいくのか」を議論していたが[57]、社長の程滄波は、すでに戦時の早い段階から「編集部は学術化しなければならず、経理部は営業化しなければならない」と繰り返し主張しており、後任の何浩若も経営の自立化に向けて積極的な姿勢を示していた[58]。

　一般に、国庫からの資金流入を断ち、資金の自己調達を目指す国民党の営利事業は、党営事業と呼ばれている。党報の株式会社化もその一環であり、1946年7月、成都『中央日報』社が『中興日報』社へと改組したのを皮切りに、1947年5月18日、上海『中央日報』社が上海中央日報株式会社として再スタートを切った（正式な登録は同年12月）[59]。党報株式会社化のなかで規模が最大だった南京『中央日報』社も、旧日本軍資産などを元手にして、1947年5月30日に正式に株式会社へと移行した[60]。

　党報株式会社化の背景には、党の財政難と戦後の憲政実施があった[61]。しかし、そこには戦後特有の社会情勢も影響していた。すなわ、戦後のメディアが復興、発展し、各社が熾烈な生き残り競争を繰り広げていたこと[62]も、党報に株式会社化を促した一因だった。戦後の南京『中央日報』は、「1946年から南京と上海はますます繁栄し、首都が南京に戻ってからは人口が増加したため、メディア界は空前の発展を遂げた。上海をはじめとする各地の新聞社は、紙面の拡充と内容の充実化によって、他紙と競争している」との内部報告を行い、経営努力による読者層の拡大を狙った[63]。

　確かに、南京『中央日報』社の株式会社化は、不完全な民営化ではあった。歴代の人事や、国民党が株の75％以上を占有して自由売買を禁止していたことからも、それは明らかであった[64]。定期購読者の内訳も、商工業者が31％、機関と団体が24％、学校が19％、公務員と自由業が11％、軍隊と警察が9％、学生が5％、その他が1％となっており[65]、当時人気を博していた『観察』誌のように、学生層には広く浸透していなかった[66]。さらに、1947年春に国民

党政権が自由主義経済政策を断念すると、紙の配給制度は公平性を欠いたまま実施され[67]、南京『中央日報』は優遇されたとされる[68]。

　しかし、以前の社長制と比較した場合、この株式会社制には前進の跡が見られた。実際、組織構造の合理化により業績が改善され、株券を発行することで資金を安定的に集められるようになった[69]。当時インフレが進行していたことを念頭におけば、各費目の収入額の増加を過大に評価することはできないが、株式会社化を試行した南京『中央日報』は、1946年1月から従来の赤字体質を克服していった。また、1日の平均発行部数が増加し、広告紙面も拡大した。経営管理の側面からいえば、株式会社制は、少なくとも開始直後においては、一定の成果を収めたといえる。南京『中央日報』は、党営事業ではあったが、少なくとも表面上は、党からの補助金を断ち、資金面の自立性を徐々に強めていった[70]。

おわりに

　従来からいわれてきたように、南京・重慶『中央日報』が国民党政権の方針を最も代弁していた党報であったことは間違いない。また、蒋介石が南京・重慶『中央日報』を最も重視していたことも否定できない。

　しかし、国民党内部には派閥が形成され、国民党中央が組織部によって強固にまとまっていたわけではなかった。中央で揺れる国民党は、当然地方を完全にはコントロールできず、その統治能力の脆弱性は、党員を拡大して三民主義青年団との矛盾を抱えた戦時以降、とりわけ顕著になった。さらに、党、政府、軍の立場が時々の内外情勢に応じて異なり、戦時の国防最高委員会が形骸化して、蒋介石の「手令」（直接の命令）が政策過程に影響力を及ぼすようになったことから、国民党政権は、党が政府や軍を強力に指導するような政治体制ではなかった[71]。

　本章が解明した南京・重慶『中央日報』と国民党政権との距離は、このような政治体制の性格を物語っていよう。すなわち、南京・重慶『中央日報』が、国民党中央機関紙として国民党政権の総意を最も代弁していたとはいえ、必ずしも政権の中枢と一体化していたわけではない、ということである。この

ような自立化傾向は、とりわけ戦時から戦後にかけて確認できる。日中戦争期の中国は、総動員体制論からだけでは読み取れないのである。

付記：本章は、中村元哉「国民党政権と南京、重慶『中央日報』」（中央大学人文科学研究所編『民国後期中国国民党政権の研究』中央大学出版部、2005年）の改訂版である。

注
1）曾虚白『中国新聞史（第4版）』台北：国立政治大学新聞学研究所、1977年。
2）王凌霄『中国国民党新聞政策之研究（1928-1945）』台北：近代中国出版社、1996年。
3）蔡銘澤『中国国民党党報歴史研究』北京：団結出版社、1998年。なお、大陸の研究動向は、徐培汀『20世紀中国新聞学与伝播学——新聞史学史巻』（上海：復旦大学出版社、2001年）、趙凱編『20世紀中国社会科学——新聞学巻』（上海：上海人民出版社、2005年）に整理されている。
4）前掲、蔡『中国国民党党報歴史研究』50-51頁。
5）同上、52-53頁。
6）易仲銭「抗戦期間中央日報4社長」『報学雑誌』第1巻第3期、1948年10月1日、43頁。
7）穆逸群「『中央日報』的22年」谷長嶺、俞家慶編『中国新聞事業史』北京：中央広播電視大学出版社、1987年、365、374頁、前掲、王『中国国民党新聞政策之研究（1928-1945）』193頁。
8）趙効沂「一部機器中的一顆螺絲釘」中央日報社編『中央日報与我』台北：中央日報社、1978年、41頁。
9）前掲、蔡『中国国民党党報歴史研究』239-242頁。
10）『革命文献　第76号　中国国民党歴次全国代表大会重要決議案彙編（上）』台北：中国国民党中央委員会党史委員会、1978年、13-16頁。
11）同上、209-210頁。
12）中村元哉『戦後中国の憲政実施と言論の自由　1945-49』東京大学出版会、2004年、高郁雅『国民党的新聞宣伝与戦後中国政局変動（1945-1949）』台北：国立台湾大学出版委員会、2005年、第1-3章。
13）前掲、曾『中国新聞史（第4版）』674頁。
14）中村元哉「戦時言論政策と内外情勢」石島紀之・久保亨編『重慶国民政府史の研究』東京大学出版会、2004年、289-293頁。
15）李瞻『世界新聞史』台北：国立政治大学新聞研究所、1968年、1009-1012頁。
16）前掲、曾『中国新聞史（第4版）』682頁。
17）1938年5月、武漢大学留日帰国訓練班（主任は唐澤）にジャーナリズム組が設置されたのが始まりである（前掲、曾『中国新聞史（第4版）』686-687頁）。

18) 前掲、中村『戦後中国の憲政実施と言論の自由　1945-49』第1章。
19) 王良卿『三民主義青年団与中国国民党関係研究（1938-1949年）』台北：近代中国出版社、1998年、365-370頁、林桶法『戦後中国的変局—以国民党為中心的探討（1945-1949年）』台北：台湾商務印書館、2003年、246頁。
20) 胡有瑞主編『60年来的中央日報』台北：裕台公司中華印刷廠、1988年、50頁、徐詠平『陳果夫伝』台北：中正書局、1977年、202頁。
21) 劉家林編著『中国新聞通史（下）』武昌：武漢大学出版社、1995年、185頁。
22) 前掲、李『世界新聞史』1010頁。
23) Neil L. O'Brien, *An American Editor in Early Revolutionary China: John William Powell and the China Weekly/Monthly Review*, New York; London: Routledge, 2003.
24) 前掲、胡主編『60年来的中央日報』30頁。
25) 前掲、穆「『中央日報』的22年」362頁、前掲、徐『陳果夫伝』201頁。
26) 前掲、穆「『中央日報』的22年」365頁、前掲、胡主編『60年来的中央日報』46頁。
27) 成都中央日報→宣伝部、代電第297号、1940年7月1日（中国第二歴史檔案館蔵中央宣伝部檔案『中央日報社籌備情況、工作計画及営業情況報告（1940年1月-1940年7月）』、718/974）。
28) 前掲、穆「『中央日報』的22年」364-365頁。
29) 前掲、胡主編『60年来的中央日報』159頁。
30) 例えば、社論、専論、記事に対する事後の検閲意見は、中国第二歴史檔案館蔵中央宣伝部檔案『該部新聞審査處対中央日報大公報社論、評論審査意見（1943年-1945年）』（718/186）からうかがい知れる。
31) 前掲、徐『陳果夫伝』196-197頁、前掲、劉編著『中国新聞通史（下）』186頁、馬曉華『幻の新秩序とアジア太平洋—第二次世界大戦期の米中同盟の軋轢』彩流社、2000年、132頁。
32) 前掲、王『中国国民党新聞政策之研究（1928-1945）』193-194頁。
33) 張瑞德（鬼頭今日子訳）「遠隔操縦」姫田光義、山田辰雄編『日中戦争の国際共同研究1—中国の地域政権と日本の統治』慶應義塾大学出版会、2006年、52頁。
34) 陸鏗『陸鏗回憶与懺悔録』台北：時報文化出版事業公司、1997年、97-98頁。
35) 同上、98頁。
36) 前掲、高『国民党的新聞宣伝与戦後中国政局変動（1945-1949）』98-99頁。
37) 陳汝言「『資本論』広告在中央日報刊出始末」『出版史料』第2号、北京：1983年12月。なお、同論文（40頁）によれば、龔德柏が総編集を務める『救国日報』は、社論「中央日報竟為共党張目」を掲載して、南京『中央日報』を公然と批判したとのことである。
38) 前掲、蔡『中国国民党党報歴史研究』157頁、および、本章が下敷きとする前掲、中村「国民党政権と南京、重慶『中央日報』」、中村元哉「一党支配を掘り崩す民意—立法院と国民参政会」（深町英夫編『中国議会100年史—誰が誰を代表してきたのか』東京大学出版会、2015年）を参照のこと。

39) 西村成雄『中国ナショナリズムと民主主義―20世紀中国政治史の新たな視界』研文出版、1991年、第4章。
40) 横山宏章「中華民国憲法の制定と南京政府の崩壊」『中華民国史―専制と民主の相克』三一書房、1996年。
41) 汪朝光「1946年早春中国民主化進展的頓挫―以政協会議及国共関係為中心的研究」『歴史研究』1999年第5期、北京：1999年。
42) 汪朝光「戦後国民党対共政策的重要転折―国民党6届2中全会再研究」『歴史研究』2001年第4期、北京：2001年。
43) 前掲、胡主編『60年来的中央日報』50頁。
44) 『中央日報』の基本的立場は、政協会議の軽視と国民党主導型の憲政実施であった（山田辰雄「平和と民主主義の段階における中国国民党の戦後政権構想」石川忠雄教授還暦記念論文集編集委員会編『現代中国と世界―その政治的展開　石川忠雄教授還暦記念論文集』石川忠雄教授還暦記念論文集編集委員会、1982年）。しかし、政協原則を支持する含みをもった社論も、同紙には掲載されていた（「憲法的最低原則」重慶『中央日報』1946年3月14日、社論）。
45) 前掲、胡主編『60年来的中央日報』50頁。
46) 葉青「対於五権憲法可以採妥協態度嗎？」『和平日報』1946年11月10日、第6版、呉曼君「五権憲法不容修改」『和平日報』1946年11月10日、第6版。
47) 章清『殷海光』台北：東大図書公司、1996年、同『思想之旅―殷海光的生平与業』（鄭州：河南人民出版社、2006年、王中江編『萬上不許一渓奔―殷海光評伝』台北：水牛出版社、1997年、張斌峰・王中江編『西方現代自由与中国古典伝統』武漢：湖北人民出版社、2000年、張斌峰・張暁光編『殷海光学術思想研究』瀋：遼寧大学、2000年、黎漢基『殷海光思想研究―由五四到戦後台湾　1919-1969』台北：正中書局、2000年、賀照田「次経典・問題史閲読与中国新思想伝統的形成―以『中国文化的展望』閲読問題為中心的討論」劉擎ほか編『自由主義与中国現代性的思考―「中国近現代思想的演変」研討会論文集（下）』香港：中文大学出版会、2002年、何卓恩『殷海光与近代中国自由主義』上海：上海三聯書店、2004年。
48) 殷海光「中国現代政治思潮」南京『中央日報』1947年10月10日、社論。
49) 前掲、黎『殷海光思想研究』112、117頁。
50) 殷海光「我們走那條路？」『青年雑誌』第1巻第2期、1948年9月。
51) 殷海光「自由主義的新教育」台北『中央日報』1949年5月14日、社論、殷海光「民主与寛容」台北『中央日報』1949年5月28日、社論。
52) 前掲、蔡『中国国民党党報歴史研究』93、98-99、288-290頁。
53) 同上、54頁。
54) 前掲、曾『中国新聞史（第4版）』362-373頁。
55) 経営業績の詳細な数値は、前掲、中村『戦後中国の憲政実施と言論の自由　1945-49』第5章を参照のこと。
56) 南京図書館特蔵部蔵重慶中央日報『中央日報社工作報告書（1943年10月16日-1944年

4月10日）』重慶中央日報印行、1944年。
57）同上。
58）程滄波「新時代的新聞記者」重慶『中央日報』1940年4月1日。
59）前掲、蔡『中国国民党党報歴史研究』280-281頁。
60）中国第二歴史檔案館蔵中央通訊社檔案『南京中央日報社股份有限公司創立会紀録（1947年5月30日）』（656・4／5612）。
61）松本充豊『中国国民党「党営事業」の研究』アジア政経学会、2002年、33-40頁。
62）前掲、中村『戦後中国の憲政実施と言論の自由　1945-49』第3章。
63）前掲、中国第二歴史檔案館蔵中央通訊社檔案『南京中央日報社股份有限公司創立会紀録（1947年5月30日）』。
64）前掲、蔡『中国国民党党報歴史研究』287、293頁。
65）前掲、中国第二歴史檔案館蔵中央通訊社檔案『南京中央日報社股份有限公司創立会紀録（1947年5月30日）』。
66）『観察』第2巻第24期（1947年8月9日）、第3巻第24期（1948年2月7日）、第4期第23・24期（1948年8月7日）に掲載された各業務報告書を参照。
67）儲安平「我們建議政府調査并公佈白報紙配給情形」『観察』第3巻第19期、1948年1月3日。
68）儲安平「白報紙！」『観察』第3巻第9期、1947年10月25日、「当前報業的幾個実際問題」『新聞学季刊』第3巻第2期、1947年12月25日。
69）前掲、蔡『中国国民党党報歴史研究』288-294頁、前掲、中村『戦後中国の憲政実施と言論の自由　1945-49』第5章。
70）前掲、高『国民党的新聞宣伝与戦後中国政局変動（1945-1949）』152頁は、「企業化後の党報が党の補助を二度と受け取らなかったのかどうかは、考えさせられる問題である」と指摘している。
71）土田哲夫「抗戦時期中国国民党党員成份的特徴和演変」『民国研究』総第6号、2001年12月、同「抗戦期の国民党中央党部」中央大学人文科学研究所編『民国後期中国国民党政権の研究』中央大学出版部、2005年、同「抗戦時期中国国民党中央的人事結構与派系変動」『民国研究』第10号、2006年、前掲、王『三民主義青年団与中国国民党関係研究（1938-1949年）』、王奇生『党員、党権与党争——1924-1949年中国国民党的組織形態』上海：上海書店出版社、2003年、劉維開（加島潤訳）「国防最高委員会の組織とその活動実態」前掲、石島・久保編『重慶国民政府史の研究』、前掲、張「遠隔操縦」、前掲、中村「一党支配を掘り崩す民意」。

第10章

リベラル派知識人の国際情勢観
―― 1945年前後を中心に

水羽信男

はじめに

　いうまでもなく国際政治史から見れば、1945年は中国にとって画期的な意味をもつ年である。この点は否定できない。しかし日本の学界では1949年の中華人民共和国の設立を歴史の画期とせず、20世紀の中国史を貫く諸問題の連続性に着目するようになって、すでに10年以上になる。1945年における断続面だけに着目するのは不十分であろう。だが中国の国内政治の構想とも密接な関係をもって提起された対外認識について、1930–1950年代を一貫して考察する研究は、いまだ十分とはいえない。
　筆者はこれまで西南連合大学などに結集したリベラルを「戦国策派」と呼び、その国内問題についての議論を検討してきたが[1]、本章ではリベラル派知識人のなかでも特に彼らに着目し、1945年前後の対外認識をとりあげる。具体的には、①第二次世界大戦終結末期に明白になった米国とソ連の国際政治上の指導力の向上と、両国の対立という国際政治の推移について、どのように認識していたのか、また、②国際政治理解に密接に関わる思想問題――「大政治」や東西文化論争――について、どのような立場に立っていたのか、

という2つのテーマをとりあげてゆく。

なお本章でとりあげる人々の言論活動の場は、彼らの名前の由来となった雑誌『戦国策』および新聞『大公報』の副刊『戦国』ではなく、これらの雑誌・副刊が停刊したのちに公刊され、抗戦中から戦後内戦期にかけて公刊された『当代評論』『自由論壇』や『周報』などである。だが筆者は雑誌ごとに「〜派」を設定するような態度にはいささか疑問を感じており、学界の通例に従って「戦国策派」との呼称を使用する。具体的には抗戦中は日本統治下での生活を拒否して重慶や昆明など西南地区で活動し、『戦国策』や『戦国』に執筆した一群の人々で、抗戦勝利後は北京大学・清華大学・南開大学などのスタッフとして活動した学者グループである。ちなみに本章ではそのなかでも費孝通（1910-2005）と雷海宗（1902-1962）の議論に着目しているが、前者は『自由論壇』の編集責任者の1人[2]、後者は『周論』の編集者であったといわれている[3]。

一　国際情勢認識（１）——政治的な側面

1　先進資本主義国に対する認識

1942年6月のミッドウェー海戦を転機として、太平洋戦線での日本の劣勢が次第に明確になってゆく。とはいえ、中国戦線での日本の軍事的な優勢は揺るがなかった。そのなかで1943年1月、日本は南京にあった汪兆銘政府と、英米両国は重慶政府と、不平等条約の改正に踏み切り、やがて蒋介石の中国は連合国の「五大国」の1つとなってゆく。

『自由論壇』は1943年2月に、それにともなって広がった楽観論に対して、「連合国の勝利とわれわれの勝利とは別のことだし、連合国の勝利が必ずしもわれわれの勝利ではない」と批判した[4]。

また『当代評論』でも同年12月、雷海宗によって、同様の見解が示された[5]。

　　中国は過去、列強の侵略の対象であり、今もなお依然として未開発の国家であり、6年半の抗戦の偉業があるとはいえ、他人に重視されることは簡単ではな

い。これが国事に関心をもつ人が忘れてはならない点である。

　当時のリベラルにとって、中国の現実をリアルにとらえることなく、国際関係を論じることは、百害あって一利なし、と理解されていたといえよう。
　さらに1944年に入ると米軍は、テニアン島などから日本を空爆することが可能となり、フィリピンから小笠原諸島・沖縄を経て日本本土に迫る軍事戦略を確立した。それは中国大陸を重視する従来の軍事戦略からの転換を意味し、米国の反共姿勢は次第に明確になってゆく。それを象徴的に示したのが、1944年10月のスティルウェル事件であり、フランクリン・ローズベルト（Franklin D. Roosevelt）大統領は蔣介石の反共姿勢を容認したのである。
　その後、戦後を見据えて英米をどのようにとらえてゆくのかが、重要なポイントとなる。1945年3月、費孝通は以下のように指摘したうえで、「新秩序において自由と平等は分けることができないもので、スエズ運河を分水嶺とすること〔民主主義をスエズ以東に適応しないこと——以下〔　〕内は引用者の注記である〕はさらにできない」と強調して、第二次世界大戦前の植民地帝国を維持しようとする英仏両国を批判した[6]。

> 考えてみて欲しい。もし広大なインドの人々が「これはわれわれの戦争ではない」という態度をとらなければ、われわれ後方で苦労している人も、現在ほどの困難を被ることはなかった。また日本が連合国の東方の脆弱な一辺〔＝フランス領インドシナ連邦〕を、このようにいとも簡単に占領できただろうか。……間違いや愚かさはわれわれの本性である。しかしわれわれが理解できないのは、どんなことにおいても人を敬服させる友人が、そう困難なく発見できる愚かさ〔＝英仏の植民地主義〕を悔い改めることができないことである。

　上記のエッセーで費孝通は、フィリピンの民衆が日本に対して積極的に戦っていることを根拠として、アメリカに対して相対的に高い評価を与えていた。だがアメリカの国内問題と対外政策については、当時のアメリカの独占資本による支配を厳しく批判し、次のように述べている[7]。

「すべての人間は生まれながらにして平等であり、その創造主によって、生命、自由、および幸福の追求を含む不可侵の権利を与えられている……」という独立宣言の文言は、新たに起こった不平等と不自由に対して屈服することはない、……〔しかし〕それ〔＝米国の独占的な経済〕は、〔米国と〕同様に太平洋の対岸〔＝中国〕の数億の労働大衆の自由と平等を搾取することができる。

費孝通にとって第二次世界大戦の目的は、リベラルな価値観をもとに東西のすべての諸国民を含む新たな世界秩序をつくり出すことだった[8]。しかしアメリカがリードする現実の国際政治は、費の考えた方向には進みそうもなかった。

2　ソ連に対する理解

「戦国策派」のソ連観は、王贛愚（1906-1997）の立場に代表されるものであった[9]。すなわち、①以前はソ連における失業の恐怖の解消は共産党への従属の対価であると批判したが、②独ソ戦の開始（1941年）、コミンテルンの解散（1943年）などを通じて、ソ連に対する評価は好意的なものに変化した。③ただし、ソ連の政治制度を中国に持ち込むことについては批判的立場を継続していた。

確かに抗戦勝利直前には、ソ連を理想の国家と評価するような議論も、リベラル派の雑誌に登場するようになる[10]。しかし冷戦は刻々と激化してゆき、ソ連への過度の期待は、決してリベラルのなかで主流とはならなかった。例えばチェコスロバキアでは、共産党とその他の政党とが連合政府を組織していたが、1947年のマーシャル計画の受け入れを表明してソ連から批判され、さらに1948年2月には、ソ連と国内の共産主義勢力の圧力により連合政府が瓦解した。共産党の強い影響力のもとで新政権が誕生したのである。チェコの政変に即応して、雷海宗は以下のように指摘した[11]。

ここに至り〔1948年2月25日〕、東欧の最後の今なお自由の息吹があった地帯も警察国家になってしまった。「英米のスパイ」の罪名のもと、リベラルな傾向をもつ人々が今まさに大規模に逮捕され獄につながれている。首都プラハの若き

学生は、暴力を恐れず抗議のデモを行ったが、警察に発砲され傷を負った。今後は勅命による提灯持ちのものか、あるいは公式の排外的なものを除けば、チェコ国内ではおそらく二度とデモはできないだろう。

　1948年3月には、チェコスロバキアの新政権で唯一の非共産党員の閣僚だったヤン・マサリク（Jan G. Masaryk）が外務省ビルから「転落」死し、その死と共産党の関係が当時から疑われていた。リベラル派の新聞と目されていた『大公報』の蕭乾（1910-1999）は、1930年代のスターリン（Josef V. Stalin）の粛清に対する批判を踏まえ、マサリクの「自殺」に象徴されるソ連の自由抑圧を十分に理解して報道している[12]。欧米のソ連に対する批判的な情報も中国に伝わっていたと考えて間違いないだろう。

　彼らの国際情勢認識の前提にあったのは、次のような「個の尊厳」を基礎とする自由主義の原則であった[13]。

　　　西欧の自由主義のポイントは、「人」を目的として、人を手段とはしないことであり、人格の尊重の結果は、個性を発揮する十分な自由を断固として求めるのである。個人が十分な自由をもってはじめて生命の内部に潜む価値を引き出すことができ、同時に世界の人々と協調しともに発展することを求めるようにさせるのである。……個人の自由の切実な保障が、民主政治の成功の条件である。

3　冷戦下の中国の出路について

　米ソ両国をリアルに見つめた彼らは、中国が自律の道を歩むことを志向してゆく。雷海宗はこの点について、次のように指摘している[14]。

　　　もし中国の内部で、ある人はソ連の代わりに〔アメリカを〕攻撃し、ある人はアメリカに代わって〔ソ連を〕攻撃したとすれば、将来、米ソのいずれが勝利を得ようとも、結果として中国を打ち負かすことは疑いなく、ソ連が勝てば中国はソ連統治下の中国となり、アメリカが勝てば中国はアメリカ統治下の中国となり、中国人には少しもよいところはない。

さらに雷海宗はアメリカと日本の関係についてさえ、過大な期待をかけず、イェール大学の地政学者ニコラス・スパイクマン（Nicholas John Spykman：1893-1943）15)の次のような主張を紹介している16)。

> 真珠湾攻撃以後でも、依然として日本は恐れるべきではなく、ただ打ち破ればそれでよいのである。しかし人を心配させないではおかない中国の富強化は憂慮すべきで、アメリカは少なくとも、この種のありうべき発展を援助することはできない……。

　費孝通は別の立場から、アメリカと日本の接近の可能性について指摘している17)。

> 米国に別の選択肢がなければ、能なし〔＝中国〕は無用だが助けるべきである。これが中国側の一部の人のもくろみで、マーシャルは彼の離華声明のなかで、〔中国政府の無能について〕遠慮なく言及している。〔だが〕この点について言及したことの意味とは、私〔＝アメリカ〕があなた〔＝中国〕を助けなければならないと考えることはない。アメリカにはまた別の方法がある、ということである。
> 　どんな方法かといえば、簡単である。中国がだめなら、日本を支援するということである。

彼らからすれば、中国が自律的な発展の道を歩むことは、「書生の机上の空論」ではなく、中国のおかれた現実的な情勢を打破するための方策であった。

二　国際情勢認識（２）――思想的な観点から

1　「大政治」

　民国時代の著名な新聞記者・范長江（1909-1970）は「大政治」が戦国策派の唯一の共通点だと回想している18)。「大政治」は high politics（軍事・政治に限

定した外交）や real politics（現実政治）、power politics（権力政治）と密接な関連性をもつ理念といわれるが、その意味するところは極めて概略的で、洪思斉は「国家の生存と発展」を実現するために、党派の別、階級の違い、省の別を超えて、全体として行う政治だと解釈している[19]。

　抗戦時期にこの「大政治」を主として論じたのは、洪思斉のほかに何永佶がいる。洪は1949年以後、台湾へ移り、何は大陸に止まるが、筆者は彼らについて、これまでほとんど触れることはなかった。今日の中国の学界では、アルフレッド・マハン（Alfred Thayer Mahan：1840-1914）やカール・ハウスホーファー（Karl Haushofer：1869-1946）、ハルフォード・マッキンダー（Halford Mackinder：1861-1947）らが確立・発展させた地政学を、何と洪が中国に導入したとして評価されている[20]。

　実際、当時のリベラルに対する地政学の影響力は極めて強いものがあった。例えばおそらくスパイクマンの議論を参考にして、雷海宗は1942年には海洋進出の重要性を強調し、次のように論じている[21]。

　　　2000年来の自然な趨勢から論じれば、南洋と中国の関係は必然的であるといえる。われわれは将来海軍を建設しなければならないが、一般的な役割を除いて、その主要な着眼点は南洋にある。東北と南洋を、中国は永久にしっかりと把握しなければならず、そうしてこそ明るい前途がある。

さらに１年後には、地政学の議論に依拠して、海軍だけでなく航空兵力の重要性も説くに至る[22]。

　上述の雷海宗の地政学に基づく議論は、先に紹介した費孝通らの先進資本主義国の植民地侵略を批判する立場とどのように整合的に論じられるのか。雷海宗の議論の目的は、中国が今後、他国に侮られないための自衛策の追求であり、中国の大国主義や膨張主義を意味するものではなかったといえるのだろうか。いずれにしても、当時の中国に対外的な発展の可能性はなく、雷の議論は20世紀において現実化することはなかった。

　ただ費孝通の場合でも、現実の国際政治をリアルに捉える立場においては共通点があった。例えば、次のような議論には地政学の影響を認めることが

できよう[23]。

> 中国はアメリカにとって、必ずただちに統治しなければならない地域ではけっしてない。国務省のスポークスマンは、中国はギリシャとは異なるといったが、私から見れば、異なるのはこの点である。

冷戦へと移行してゆく国際政治を規定する第1の要素は、米ソ両国をはじめとして各国の国益を第一とする政策であった。そのただなかで、いかにして祖国を守り、人類の理想を実現してゆくのかという困難な課題を、彼らは自らの課題にしようとしていたように思われる。そのためには何よりも、現実社会を正確に理解することが必要であり、そのために採用されたのが、「大政治」であり、地政学であったといえよう。

2　東西文化論争

「戦国策派」の国際情勢認識を規定した思想的な立場としては、「大政治」のほかに東西文化論争で示された文明観がある。「戦国策派」の文明観を代表するといえる、雷海宗の議論の概要は、①なぜ中国の文明は、四大文明において唯一今日まで存続し続けているのか、②その答えは漢族が非漢族と融合し、海外文化を積極的に受容したことであり、③今日の問題の焦点は、西洋文化を受容しきれるのか否かである、というものである[24]。

つまり雷海宗は、西欧の民主主義を徹底して導入することで、新たな中国の伝統の再構築を目指したといえる。筆者なりに雷海宗の議論を敷衍すれば、近代とは伝統の内的革新でしかあり得ない、つまりどんなに良いものであれ、受け入れ得る条件がなければ、それが根づくことはない、ということになろう[25]。

費孝通にも同様の立場が見られ、リベラルの一部にも、陳序経（1903-1967）ら全面的な西洋化論とは異なる立場の人々がいたことがわかる。全面的西洋化論でなく、また新儒家といわれる立場でもなく、中国の近代化のために伝統を活用できると考えた人々は少なくなかったのである[26]。

彼らはその根拠の1つを、農村のエリート層の「自治」の伝統に求めた。

例えば費孝通の立場は、次のとおりである[27]。

> 政治における「双軌」の原則〔上からの統治と下からの異議申立ての２つのルートが併存していること〕は、「現代の民主政治ではっきりと見て取れるだけでなく、実は、いわゆる専制政治の実際の運営においても同じように見て取れるものなのである」。……私たちは、中央集権が次第に強化され、政府のなすべきことが徐々に拡大していく状況に対応しながら政治機構の健全性を維持していくためには、「双軌」〔政治〕のうちの下から上への政治軌道を強化しなければならない。それを強化する方法は、私が見るところ、英米の代議制を学びとることしかないだろう。

すなわち彼らは中国の伝統を通じて自由と平等を中核とした近代原理を受け入れることに固執したのであり、それは同時代の中国の知識人のなかで特異な立場であっただけでなく、日本の「近代の超克論」や浪漫派とも異なる思想的立場に立っていた[28]。

おわりに

リベラルたちは、戦争を通じて新たな世界の構築を願った。それは経済民主主義と政治民主主義とを統一した「新しい民主主義」とも形容される秩序で、そのために共産党とリベラルな勢力との共闘が模索された[29]。だが、現実の国際政治は、羅隆基自身も認めたように、「四悪──民族主義、主権国家、権力政治、侵略主義──が、間違いなく容易には消滅しない」というものだった[30]。

それにもかかわらず、現実を冷徹に見据えようとしたリベラルたちに筆者は着目している。いうまでもなく、彼らの国際情勢認識のすべてが正しいわけではない。しかし、地政学など当時の最新の学術研究の成果に学びながら、彼らが「大政治」に着目して国際情勢をリアルに見据えようとしていたことを、筆者は評価する。

特に米ソの冷戦構造のなかで、国内の統一もおぼつかない中国に代わって、

アメリカがかつての敵国・日本を、東アジアにおける反ソ反共政策のパートナーとして重視するようになることを的確にとらえている点は、彼らの現状認識の的確さを示していると考えている。また東欧諸国に対する政策などを丁寧にフォローしながら、当時のソ連の対外政策についても、彼らは極めて冷静に分析していた。現状を的確に分析しない政治議論には、社会を動かす力はないが、彼らの国際情勢認識は、今日から見ても多くの点で正鵠を射たものだったといえよう。

だが、米ソ冷戦の激化という国際情勢のなかで、中国国内の伝統的な要素を活用しながら、民主的な国家を建設するという彼らの構想は、国共内戦の進展のなかで、ますますその実現が困難になっていった。その要因の1つは、彼らが民衆に対する強い不信をもっていたことである。例えば費孝通は「人民」をやみくもに信じていないと宣言し、専制政治のもとにおかれてきたがゆえに、中国民衆の政治レベルは「極めて低い」と評価している[31]。雷海宗も同様に民衆への不信感を次のように示している[32]。

> 自主的であるのが市民〔原文：「公民」〕であり、人に操られるのが群衆であり、〔人々が〕操られる現象がひとたび普遍的になった後に、歴史的な趨勢が予想できない段階に至れば、われわれはただ「これからどんなことでも発生しうる」といえるだけになる。恐ろしいことは、発生する「どんなこと」も古い理想をもつ人々が徹底的に嫌うことであるだけでなく、操られる群衆も予期できないものだということである。

彼らは民衆の政治的な能力が低いと判断したがゆえに、ローカルエリートの役割に期待をかけてゆく。だが、そのローカルエリートは、周知のように共産党の土地革命によって、その存在が否定されていった。そこに「戦国策派」が直面した極めて困難な状況があったのである。

とはいえ彼らが現実を分析する観点は、リアリズムをなによりも重視する点において一貫していた。それこそが彼らの言論活動を意味あるものにしたのであった。それゆえ彼らが重視した中国の地方エリートがもっていた「近代化」の推進者となる可能性については、改めて考察する価値があると筆者

は考えている。

注
1）水羽信男（鄭暁琳訳）「第二次世界大戦与中国的民主主義運動―以戦国策派為中心」『抗日戦争研究』92、2014年など。
2）聞黎明（鈴木義昭訳）『聞一多伝』北京：北京大学出版社、2000年、514頁。ただし鄧麗蘭「叩問憲政真諦―抗戦時期『自由論壇』雑誌研究」（『抗日戦争研究』84、2012年）は、杜邁之らの役割を重視している。
3）王敦書「学貫中西　桃李天下―雷海宗先生的生平、学術成就和治学特点」南開大学歴史学院編『雷海宗与二十世紀中国史学―雷海宗先生百年誕辰紀念文集』北京：中華書局、2005年、306頁。
4）記者「英美放棄在華特権以後」『自由論壇』1-1、1943年2月15日、7頁。
5）雷海宗「四強宣言的歴史背景」『当代評論』4-1、1943年12月1日、4頁［279頁］。なおこの評論を含め筆名や無署名のものの作者が雷であることは、江沛・劉忠良編『中国近代思想家文庫　雷海宗・林同済巻』北京：中国人民大学出版社、2014年、によった。また［　］内の数字は、この雷の著作選の頁数を示すものとする。
6）費孝通「自由応無垠」1945年3月18日、『費孝通全集』3、呼和浩特：内蒙古人民出版社、2009年、397-398頁。以下の議論については、下出鉄男「中国智識人の第二次大戦観―費孝通の場合」『東京女子大学紀要論集』61-1、2010年、も参照のこと。
7）費孝通「美国民主精神的展望」『民主周刊』1-3、1944年12月23日、9、16頁。アメリカ独立宣言の訳文は、アメリカンセンターに掲載されたものを使用した。https://americancenterjapan.com/aboutusa/translations/2547/（2016年7月12日閲覧）。
8）前掲、下出「中国智識人の第二次大戦観」95頁。
9）水羽信男「抗戦時期的自由主義―以王贛愚為中心」『学術研究』2010年3期。
10）袁西華「蘇連民主特徴及其歴史発展」『民主周刊』2-1、1945年7月7日。
11）雷海宗「捷克已矣！」『周論』1-8、1948年3月5日。
12）丸山昇『魯迅・文学・歴史』汲古書院、2004年、306-312頁。
13）王贛愚『民治独裁与戦争』出版地不明：中正書局、1941年、11頁。
14）雷海宗「国際謡言中的中国」『正論』3、1948年3月［原文著者未見：348頁］。
15）ニコラス・スパイクマンについては、さしあたり奥山真司が訳した彼の著作『平和の地政学―アメリカ世界戦略の原点』芙蓉書房出版、2008年を参照されたい。彼はハリー・S・トルーマンの「封じ込め政策」の立案者で、中国が強国化すれば、アメリカは日本と連携してアジアの勢力均衡を図らざるを得ないと主張したオランダ系アメリカ人の地政学者として、中国では紹介されている。https://zh.wikipedia.org/wiki/尼古拉斯・斯皮克曼（2015年10月11日閲覧）。
16）「認識美国対日政策的一貫性」『周論』1-13、1948年4月9日、2頁。なお昆明のリベラルたちの日本認識については、聞黎明「西南連大的日本研究―以戦後処置日本問

題的認識与主張為中心」(伊継東・周本貞主編『西南連大与現代中国研究』北京：人民出版社、2008年) も参照のこと。
17) 費孝通「美国対華政策的一種看法」1947年6月1日、前掲『費孝通全集』5、172-173頁。
18) 范長江「昆明教授群中的一支"戦国策派"之思想」『雲南文史資料選輯』21、1984年、201頁。
19) 洪思斉「釈大政治」『戦国策』10、1940年8月15日、3頁。
20) 張江河「地縁政治与戦国策派考論」『吉林大学社会科学学報』50-1、2010年、肖剛・劉武中「民国時期"戦国策"外交思想」『国際論壇』13-4、2011年が詳細であり、これらの研究では近年の中国の国際戦略に対応してか、地政学に基づく「力」の外交を戦国策派が中国に導入したことを高く評価している。他方、謝超「戦国策派"大政治"思想研究」北京語言大学修士論文 (2013年) は、これまで文化面・思想面に力点がおかれてきた戦国策派の政治思想研究をめざすものだが、ここでは上記の研究のように地政学的な「力」の政治を高く評価する傾向は見られない。そのほか王福「何永佶政治思想研究」雲南大学修士論文 (2015年)、張彦鋒「何永佶思想探究」東北師範大学修士論文 (2016年) などもある。
21) 雷海宗「戦後世界与戦後中国」『当代評論』2-5、1942年7月15日、70頁 [254頁]。
22) 雷海宗「大地戦略」『当代評論』3-23、1943年8月20日、4頁 [268頁]。
23) 前掲、費「美国対華政策的一種看法」174頁。
24) 戦国策派の文明観については、江沛「戦国策派文化形態学理論述評―以雷海宗、林同済思想為主的分析」『南開学報』2006年4期なども参照のこと。
25) この点は市井三郎・布川清司『伝統的革新思想論』(平凡社、1972年) に示唆を受けて展開された嵯峨隆の議論を参考のこと (嵯峨隆『近代中国アナキズムの研究』研文出版、1994年。特に序章を参照されたい)。
26) 当時の費孝通らの議論に着目した貴重な成果に、中村元哉『戦後中国の憲政実施と言論の自由　1945-49』東京大学出版会、2004年がある。
27) 費孝通「再論双軌政治」『大公報』1947年11月2日。訳文は砂山幸雄責任編集『世界冷戦のなかの選択―内戦から社会主義建設へ』(『新編原典中国近代思想史』7) 岩波書店、2011年に収録された中村元哉のものを使用した (166、170頁)。
28) 日本浪漫派と戦国策派が本質的に異なっていることについては、すでに王向遠"戦国策派"和"日本浪漫派"」『中国現代文学研究叢刊』1997年2期が明確に論じている。
29) 馮忠国「当前欧洲政局的啓示」『自由論壇』3-4、1944年12月1日、24頁。
30) 羅隆基「戦後是怎様一個新世界？」『民主周刊』3、1944年12月23日、18頁。なおこの文献は、Carl Lotus Becker の *How New Will the Better World Be? : A Discussion of Post-War Reconstruction* (New York: Alfred A Knopf, 1944) に対する書評である。
31) 前掲、費「再論双軌政治」(邦訳：168頁)。
32) 雷海宗「欧米民族主義的前途」『中央日報 (昆明版)』副刊「現代」7、1946年2月12日 [原文筆者未見：291頁]。

第11章

錯綜する願い
——国民政府教育部に寄せられた学生の手紙から

アーロン・W・ムーア

(李仁哲訳)

はじめに

　中国国民党による統治がいつ崩壊に向かう「引き返せないライン」を突破したのかという議論はさておき、中国大陸における中華民国の終焉をもたらした主な原因、すなわち、構造的な汚職、非効率な諸政策、そしてインフレーションは、1945年8月15日の時点ですでに出揃っていた。そのため、1945年から1949年までに明らかになったことは、国民党の支持基盤が弱体化していったというよりも、これらの原因によって解き放たれた諸勢力が、中国共産党による中華人民共和国の成立以降にいたるまで、いかに現代中国のあり方を規定していったかという問題にほかならない。
　国民党による「国家建設」（建国）に向けた主な取り組みの1つは、青少年を政治的および軍事的活動のために動員したことである。これは、いうまでもなく、戦時中に日本に抵抗するために行われた大衆動員と深く関係している。
　戦争末期、国民党は、経済、とりわけ通貨とインフレの問題に悩まされ、

政治的内紛という足かせもあった。さらには、継続的な組織改革を行っているにもかかわらず、軍隊がなかなか機能しないという危機にもさらされていた[1]。しかし、統治体制を強化する試みが何もなされなかったわけではない。1944年、国民党は、アメリカから資金援助を受け、中学3年生から大学生まで（16歳から22歳まで）の若者を動員すべく、「青年軍」を組織した。当時、国民党に対する信頼は、さまざまな理由から大きく損なわれつつあったとはいえ、それでも、若者たちは、愛国的な義務を果たす手段として入隊を志願した[2]。1940年代に入隊した多くの若者は、民衆に対する宣伝活動にあたる場合も多く、全員が前線に赴く兵士や士官になったわけではなかったが、国民党の伝統的な革命精神に触れることができた。国民党の失敗は、戦時中に理想を抱いた彼らの要望に、戦後、十分に応えられなかったことである。それは、共産党に対抗するため若者を動員する努力が失敗に終わる最大の要因の1つとなり、ついには国民党が、1949年に中国大陸を失う結果を招くことにもなった。

一　若者の動員と国民党の革命的伝統

国民党は、若者を自党の政治理念を実現するための有力な勢力であるとみなしてきた。世界各国を見ても、イギリスのボーイ・スカウトとガール・スカウト、日本の青年団、ドイツのヒトラー・ユーゲントなど同様の事例が多数あるが、中国の若者が積極的に政治に参加した背景には、日中戦争に先立つ時期の革命運動の歴史も密接に関係していた[3]。戦前から戦時にかけての国民党の諸政策が示すとおり、同党は、国家建設と次世代の人々に愛国的な自己修養を教え込むこととの関連性を十分に理解していた[4]。例えば、コレット・プラム（M. Collette Plum）の研究によれば、戦時中の国民党は、革命政治を刷り込む格好の対象として孤児を位置づけるようになっており、戴笠などの有力者も、大量の若年失業者や目標が定まっていない中学生を中央軍事学校の幹部教導総隊で訓練することによって、国策遂行勢力にしようとした[5]。要するに、抗日戦争が戦後に残した遺産の1つは、国民党統治下の中国が、北平（北京）から昆明にいたる全国の若者に、自発的、積極的政治活動の重要

性を教育したことであった。

　中国政府は、厳しい環境の下で学ぼうとする若者たち、特に兵役に就いていた若者たちに対し、すでに1930年代半ばから、教育の機会を提供する政策を大々的に打ち出した。むろん、政府が出資したこれらの教育プログラムは、国民党が社会に広めたい政治的価値観を強く押し出したものであった。1936年、国民政府教育部は、学ぶ機会を失っていた若者に対し、戦時には欠乏が見込まれる消費財の製造に従事する技能訓練の場を提供しようとした。国民党は、当時、流行していた新劇（「文明戯」）の例にヒントを得ながら、演劇を通じて一般大衆の関心をかき立てると同時に、若手俳優を起用することで若者の関心を惹き、彼らを動員しようとした。1930年代の若者たちの日記を見ると、学校の休日を利用してこの活動に参加した者もいれば、親子連れで反日宣伝に加わった者もいた。また、反日宣伝の仮装劇の準備会（「反日化粧宣伝準備大会」）の様子を記したある学生の日記によれば、教師が授業で愛国心を訴えていたことがわかる。怒りで顔を真っ赤にした教師が、日本人から中国が受けてきたさまざまな「屈辱」を話していくと、学生たちも皆それに応じた。

> 　誰もが、自分たちは輝かしい歴史を有する祖国をもっている、と心のなかで思っていた。しかし、今、わが国は、よそ者に踏みつけられることを許し、痛みすら感じないほどになっている！　自分は教室に掲げられている「大中華」と書かれた額を見て、思わず泣きだした。誰もが薛仁貴が蘇るのを望んでいる。また、……自然（「天公」）が地震を起こして、大阪と東京を破壊してほしいとも願った[6]。

　中国大陸の各図書館には、「南京十年」と呼ばれる1928年から1937年にかけて記された若者たちの『模範日記』や愛国青年文学、あるいは政治家や教育者が記した教育に関わる出版物が大量に保管されている。これらのコレクションは、政府寄りの愛国的な青年文学が、五四運動やそれ以前のどの時期よりも盛んだったことを物語っている[7]。

　1937年に起きた日本の侵略は、これらの政策を加速させ、中国の東部地域が侵略されたことによって、中国政府は上述のメッセージを四川、雲南、甘

粛などそれまであまり重視されていなかった西部地域の各省にも広めるようになった。

　第1に、政府は、活発な宣伝活動を支援した。1938年初頭に、教育部が資金を援助し展開された各地に教育を広める試み（「民衆教育巡回試教車」や「巡回戯劇教育隊」など）は、「発展の遅れ」と「識字率の低さ」を批判し、「青年自学講座」を提供した。その際、政府組織に属さない民間の活動家が重要な役割を担うことになったが、国民党の中央宣伝部と教育者、作家が緊密に連携していたことを認識しておかなければならない[8]。このようなやり方は、国民党が1950年代初頭に台湾を統治してからも継承され、共産党もまた同じ時期に同様の政策を展開した[9]。

　第2に、国民党は、日本からの侵略によって存亡の危機に立たされた時でさえも、教育普及活動を支援する諸政策を打ち出した。1938年1月から師範学校の学生は、制服、必要な書籍、その他の必需品を準備できる補助金60元を給付された。また、経済的に困窮している学業優秀な学生（「貧困優等生」）以外にも、「清寒証明書」を提示できる学生、つまり、「実家が戦闘地域となった学生、家族が学費を負担できない学生」も、補助金の支援対象となった。福建、湖北などの戦火が激しくなった各省は支援金の捻出に苦労したが、史料によると、教育部は戦争による被害を受けた学生に対する補助金を確保できていたようである[10]。特に1944年の「青年軍」創設は、教育政策の転換点になった。「一号作戦」（大陸打通作戦）をはじめとする中国西南地域での日本軍の攻勢に対抗するため、10万人もの学生が動員され青年軍に入隊した。教育部の政策に多くの学生が応じ、学業の継続を放棄して入隊した。もっとも、こうして動員された教養ある若者たちは、戦争終結後、政府に対し社会的な地位を保障するという約束を守るようにと、迫ることにもなった。

　対日抗戦に若者を動員することには成功したにもかかわらず、革命教育と大衆動員という国民党の教育政策は、さまざまな批判にさらされるようになった。国民党政権の内部でも、戦時教育問題研究委員会の委員や保守派の邱有珍*〔以下、*の人名表記は音訳――訳者〕らが、国民党の活動が不十分なことを非難するようになった[11]。小学校などでさまざまな政治教育にたずさわってきた41歳の党員、嚴振昭*は、1943年に戦時における政府の教育政策を厳し

く批判した。厳は、官僚が横柄で効率が悪く、「頭でっかち」になっている、と不満をあらわにした。これは、軍が1937年から批判してきたことに呼応したもので、諜報や防諜、調査活動などの訓練がきわめて疎かにされていることを指摘している。しかし批判者たちの間でも、教育と動員の重要性は強調されていた。「占領地の知識階級と若者の自覚を高める必要がある」とする厳は、「とりわけ持久戦においては、われわれは教育の潜在的な力を常に把握すべきである」と主張している[12]。史料が示すところによれば、多くの若者は、中国の巨大で非人間的な官僚制度によって疎外され、戦火のなかで自らを取り巻く状況が悪化したことに絶望していた。こうした学生たちは、新聞社などのメディアを通じて、自分の声を教育部に届けるようになった。学生たちが高等教育を管轄している当局（高等教育司）に直接陳情することはきわめて煩雑で困難だったため、国民党機関紙の『中央日報』を利用しなければならなかった[13]。いうまでもなく、学生が『中央日報』などの国民党寄りの新聞社を利用して教育部に対応を求めるというのは、いささか的外れなことである。また、これらの苦情は明らかに氷山の一角にすぎず、背後には声をあげられない無数の若者の怒りが渦巻いていた。

　もっとも、ここで批判にさらされていた非人間的な教育官僚制度は、国家や歴史という枠組みを超えた普遍的な問題でもある。また、当時、中国の一部の学生が直面した問題は、おそらく国民党の手に負えないものでもあった。

　まず、戦争は、国民党の教育システムに深刻な影響を与えた。日本が最も激しく攻撃した江蘇省、わけても上海や南京は、まさに国民党にとって最大の支持基盤だった。1938年末、教育部が試算した経済的損失は、すでに2億元に達していた[14]。陳立夫、顧樹林、方治などの教育調査委員は、戦時中の教員たちの苛酷な勤務状況を嘆いていた[15]。学生の親たちは、教育を受けさせることがいかに難しくなるかを知っていたため、登校しない子供や学校から抜け出そうとする子供に厳しい罰を与えた[16]。

　次に、三民主義青年団のような党や政府の組織は、教養ある若者を大量に動員したが、彼らの将来を保証するような資格認定の仕組みは、ほとんど整えられていなかった。政府支援の高等教育プログラムへの入学をめざす若者のため、学費を徴集し予備校的役割を担っていた多くの学校は、「勇敢な兵士

たち」、戦時中の労働者、愛国青年をどのように選別し、学費を減免して支援すべきかについて、教育部に具体的な説明を求めた。国民党寄りの南京『中央日報』でさえも、政府が将来有望な若者に対して支援を行わなかったことは明らかな失敗であるとして、強い関心を示していた[17]。ただし、戦時中の国民党が、戦争によって貧困に陥り、進学の道を絶たれた数え切れないほど多くの学生を無視したことはもちろんだが、同党が主たる勢力基盤とその主要な収入源を1937年から1945年までの間にすべて失ったことも、記憶にとどめておく必要がある。

最後に指摘しておくべき点は、教育部が、戦時中、占領地域にあった日本側の学校で教育を受けた学生や、避難先で学業を継続した学生、あるいは辺境地域の若者や各地に離散した中国人の学生たちの将来について、一度も明確な説明を行わなかったことである[18]。戦争が終わると、教育部に、日本が残したものを一掃するために、「史料的な価値のあるもの」以外、「〔学生証や卒業証書なども含め〕傀儡政権が発行したすべての教育関連物、宣伝物を回収し処分せよ」と指示した[19]。しかし、日本人はすでにある世代の若者たちを教育してきており、彼らのなかには、医療、工学、経営などの各分野で貴重なスキルを身につけた者が多数いた。そのため、『和平日報』など各新聞社は、戦後に厳しい生活状況におかれた優秀な学生に代わって、声をあげ始めた。同じような主張は、一般の人々からも聞かれるようになった。彼らは、抗日戦争のために占領地域に残って愛国活動に尽力したにもかかわらず、戦後の社会では進学や出世をなかなか果たせないでいる学生たちが特別な配慮を受けられるようにすべきだと、主張した[20]。教育部は、最終的に、異なる状況におかれた学生の待遇について、いくつかの声明を発表したが、戦後の教育部の力ではその政策をなかなか実行できなかった。そのなかでも、とりわけ重要だったのは、戦時中に教育を受けた若者たちと無数の教育制度の認定について、教育部が明確に定義づけできなかったことだった。

実は国民党は、「南京十年」と呼ばれた1928年から1937年にかけて、若者を熱狂させる数多くの野心的かつ大胆な教育政策を展開していた。ロバート・カルプ（Robert Culp）が説明したように、これらの努力は、一見すると軍国主義的な形でなされたが、国民党が1940年代の苦しい局面に立たされるまで、

その目的は、軍の予備部隊を設立することではなかった[21]。青年軍だけを例にとっても、教養があって理想に燃える数千人の若者が政府を支援するために集まったのだった。国民党は、結党当時から、将来性のある若者を政治教育と軍事教育を目的に募集しており、戦時中のこのような募集はそれ自体特に珍しいことではなかった。問題は、国民党が一貫して若者を重視してきたにもかかわらず、なぜ戦争が終わると、彼らに対して何も積極的に支援をおこなわず、貴重な人的資源を無駄にしてしまったのか、ということだった。若者たちが1945年以降に教育部へ送った手紙を読めば、彼らの身に何が起こったのかがよくわかる。

二　中断された生活──教育部への陳情

　中国各地の若者は、第二次世界大戦が終わり、1949年に共産党が勝利するまで、教育部にたくさんの陳情を送っていた。その陳情の範囲と規模は、首都南京の江蘇省から遠く離れた新疆省からも寄せられるほどであり、国民党は、中国大陸から退却せざるを得なかった時期に、わざわざそれらの陳情を教育部の公文書として台湾に送ったほどだった[22]。鄧紀年＊をはじめ、多くの学生は、日本に侵略されたことでより良い未来が閉ざされたことにただただ落胆し、教育部に対して特別な配慮を求めて陳情した[23]。その他の学生も、後述するように、戦時中に大変な苦労を背負ったが、政府は、そうした彼らに対して何1つ約束を果たせなかった。これらの手紙からわかることは、戦時中に教育を受けた中国の若者たちは、1940年代に共産党や他の政治勢力を支持するようになったわけではなく、国民党が若者を熱狂させた戦前の状況を思い出し、初心に戻ってほしいと切に願っていた、ということである。

　1940年代に政府は、青年軍などに入隊するため学業を中断した学生には、授業料の免除、補助金の支給、そして各種の資格証明書を発行することを約束していた。中国各地の若者は、戦時中もしくは終戦直後に、政府の政策で設置された教育宣伝部隊などに入隊したが、なかでもとりわけ甘粛省、四川省、雲南省など日本の占領を免れた地域の若者が、数多く入隊した。1937年8月以降、中国の東部にあった学校は、教職員が戦火から逃れるために内陸

部に移動したため、瞬く間に閉鎖され、多数の若者たちが学業を中断せざるを得なくなった[24]。当時の状況を回想した胡建中によれば、彼らには「臨時学生証（借読証）」が発行され、内陸部に移動して別の学校で勉強を続けるように勧められた。

　　武昌にたどり着いた時、華中や華北といった中国国内からの難民がなだれ込んできて、大混乱となった。そこでは、私たちには「借読証」で学校を見つけることは難しく、そのまま「流亡学生」になった。行くあてもなく、唯一受け入れてくれたのが、難民センターだった。私たちは難民となり、難民センターで暮らした。そこでは、特に何もしなくても1日3食が支給されたが、私たちはただ飯を食うだけの怠け者にはなりたくなかったから……何人かでそこを出た。多くの者は、軍官学校に入り、その他の者は、語学学校に入った[25]。

　胡自身も、最後は、黄埔軍官学校に入学した。確かに、この時期の学生は、社会教育を目的とした行政機構に参加する者や、政府の奨学金でさまざまな学院に入学することを考えていた者も含め、ひとまず軍関係の仕事に就いた。当局の報告によると、重慶市では、「戦闘地域から流れ着いた数多くの学生が市の訓練プログラムに集まった。異なる事情を抱えた学生たちは、軍による管理を望んだ」[26]という。

　甘粛省のプログラムは、主に18歳から25歳までの男性を支援対象とした。ところが、教育部の内部では、抗戦に何らかの形で貢献した女性にまで支援対象者を拡大しようという議論が始まっていた[27]。昆明の五華学院を見ても、この学院が主に戦争で教育を中断させられたさまざまな年齢の学生を受け入れていたことがわかる[28]。戦時中の政府は、戦争によって全国の教育システムが損害を受けたことをむしろ、国家のために働く優秀な学生をリクルートできる好機と捉えたのだった。

　ただ、手紙からわかるように、若者たちはすでに苦しい立場に追い込まれていた。そのため、政府が彼らを動員することは、容易なことではなかった。そのうえ、学生たちは、戦争のために義務を果たすことと学問を追求するという夢を両立させる難しさを、次第に感じ始めていた。例えば、食料と医薬品が不足しつつあった状況下で、若者たちは健康問題にしばしば直面し、そ

のことが高等教育を修了できない一因となった。例えば、羅廣默*は、学生が入隊を志願した場合、政府が修了証明書を発行すると約束したことを受けて、大学4年の時に入隊した。しかし、その直後に（おそらく国民党軍の兵舎の劣悪な環境が原因で）「体がなかなか言うことを聞いてくれない」と体調不良を訴えて実家に戻って静養したが、彼の修了証明書はその後どうなったのであろうか29)。

　このような学生たちは戦争が健康状態を悪化させた例だが、安定した支援環境にあった学生もまた病気で進学の道を失うことがあった30)。

　張尚毅*と何人かの学生は、病気で退学したある学友に代わって、手紙を書いた。手紙には、その学友が戦争末期、重慶大学に入学するために努力してきたこと、そして1945年の秋学期にようやく入学が承認され、それを一緒に祝ったことが詳細に綴られていた。「彼は危険を冒して首都にまでたどり着いた」が、「不幸にも病にかかってしまった。彼は『なせばなる』と考える努力の人だったが、今は、他の人と同じように、ただ不運に見舞われてしまった」と記されている。張は、常に邪魔が入る場所で勉強し、照明も十分になく、貧困ゆえに病気にもなりやすい環境について、簡単にいってしまえば、「私たちの生活はまさに地獄だ」と説明した。彼は、教育部が同じような苦境に陥っている学生たちを救うために対策を講じるように陳情した後、「字が汚いのは手が凍えてかじかんでいるためです。なにとぞご容赦ください」と締めくくっている31)。

　むろん、健康問題は、中国の学生の教育を戦時中に中断させた一因にすぎなかった。例えば、日本軍の侵攻による混乱に加え、父の死により一家の収入源を失うことも、学業の継続を非現実的なものにしてしまう原因の1つだった32)。いくら学業を希望していても、現実がそれを許さなかったのである。

　学生の主な悩みの1つは、いわゆる「大後方」と呼ばれた中国奥地の壊滅的な経済状況をどのようにして切り抜けるかということだった。日本が沿海部を占領したことで、多くの人たちが故郷を追われ、そのせいで本来であれば、地主、富農、商人、あるいは都会の中産階級といった自分たちの子供を学校に通わせられた家庭でさえも、計り知れないダメージを受けていた。難民を受け入れた雲南のような都市部に残された記録には、若者たちがどのよ

うに苦境を耐え忍んでいたのかが記されている。

　　不幸にも、日中戦争が突如として始まり、兄が軍官学校に行って訓練を受けた時、私はちょうど県立の小学校を卒業したばかりだった。家では〔妹と私は〕母に冷遇され、入学試験の準備を助けてくれる人などいなかった。だから私たちは、昆明に来て仕事を探し、故郷の人の紹介で、ある工場で見習いとして働き始めた。兄はこれを知った時、ショックを受けたが、私たちの経済状況をどうすることもできなかった。それから1年後、兄は〔除隊して〕家に戻り、県の中学校に入学した。学校は家から遠く離れていたため、兄は母の負担を軽くするために、家に帰ることは滅多になかった[33]。

　制御不能なインフレは、日本が引き起こしたものである。その目的は、中国の通貨を不安定にさせ、アメリカの一時的な援助によって辛くも支えられていた国民党の財政政策を破壊させるためだった[34]。アメリカで第80期の議会選挙が行われ国民党の腐敗に対する批判が強まるにつれ、アメリカからの対中援助は削減され、中国政府の財政は、ますます紙幣の増発に頼るようになった。したがって、戦時中に苦しい生活を強いられた人々は、戦後になっても、さらに苦しい生活を強いられ、学生をはじめ収入の変わらない人々の購買力は著しく低下した。教育部は、貧困学生と退役軍人に対して、1939年頃には1人当たり年間およそ60元を支給していたが、1945年7月には80元ないしは
100元まで上げ、1940年代末にはさらに5万元にまで増額した[35]。

　また、この時期には、南京の金陵大学をはじめとする私立学校に資産を投入してきた家庭は、政府からの学資援助を得るために、自らの子弟を私立学校から国公立の学校へと編入学させた。つまり、多くの家庭とその子弟は、国内にある外国出資の不安定な私立学校よりも、中華民国政府が運営する国公立学校のほうが条件が良いと、判断したのである[36]。中国の主要都市で私立学校を運営していた外国人もこのような社会の傾向に気づいたが[37]、私立学校に対する奨学金や補助金あるいはその他の支援が減らされたために、国家が守り育てるべき若者たちは国共内戦期にかえって危機にさらされた。

　そして、何といっても最大の問題は、戦時中に軍隊やそれに関連する活動

に参加した学生たちが、かえってそうした体験によって党に幻滅し、戦後に国民党の忠実な支持者にはならなかったことである。軍事訓練の部局に保管されていた報告書によれば、将校たちは女子生徒たちを大けがをさせるほどひどく殴り続けたという[38]。また、この記録によれば、多くの若者たちは、軍人になるための身体基準を満たしていないというだけの理由で、除隊させられた。このような措置は、入隊以前には軍に希望を抱いていた学生たちにとっては、耐え難いことだった。ある学生は、手紙に次のように記している。

　　国の犠牲になっても構わないぐらい強い愛国心をもっていた私は、……政府の兵士募集に応えて入隊した時、困難に耐え、血を流す覚悟だった。何かしらの学歴があって入隊したわけではなかったが、少なくとも、まっとうな人間になるために入隊したのだった。しかし、私は、本物の男になるために入隊したにもかかわらず、実際は積み荷を運ぶ動物のように扱われただけだった。除隊するまでの6カ月間、私はインドで1カ月間、列車を運転する訓練を受け、毎日課題をこなした。ところが、……各種の授業内容はたんなる知識の習得でしかなく、青年軍の精神鍛錬は封建的で、芯まで腐りきっていて、ただ〔自分たちのことを〕民主的だと自慢しているだけであって、他の軍事訓練と大差はなかった。

　こうした軍事教育に対する失望感は、左翼勢力に対する期待感を抱き始めていた一部の学生には、自分たちの将来に対する焦りをさらに高めるのに十分だった。左翼学生の扇動的な発言は、国民党の指導者にとっても、真剣に取り組むべき課題となった。張治中は、1945年8月22日、西南聯合大学に関係のある学生たちが、青年軍で「いい加減な育成教育」しか受けられず、その後に除隊させられたと不満を漏らし、潘光旦や張奚若といった著名な知識人にも啓発され、左翼勢力の政治的な見識に期待を抱くようになっている、と報告している[39]。西南聯合大学のあった雲南省は、龍雲主席の下で独自色を強め、蒋介石の支持者らに同調する政策から保護されてきただけに、学生たちによる国民党に対する抗議、不満、要求は高まる一方だった。
　とはいえ、こうした学生たちの動きは、共産党をはじめとする左翼勢力の台頭の結果、もしくは、それらの勢力の政策が功を奏したから、というわけ

ではなかった。史料に即していえば、例えば、戦争末期の学生たちは、「国家により一層貢献できる」、あるいは年老いた両親の面倒を見られる、学問を続けられる、などの理由から、正式に除隊させられていたからである。

1944年に20歳で広西大学を離れ、地元の三民主義青年団に参加した余軍宝*は、「戦地服務団」で勤務した。余は、湖南省と貴州省の省境で戦闘に参加し、1946年2月に除隊した。彼は、「もう一度大学に入って世の中の役に立って、党を改革し、国を助けたい」と手紙に記している40)。特に重要な点は、青年軍に入隊した多くの若者が、自分たちのために国は、直接的に教育を支援すべきだと確信していたように思われることである。李磊*、簡詩琮*、李貞樺*が1948年に書いた手紙には、青年軍中学校が戦後に経済支援や教育支援を行ってくれたからこそ、自分たちは進学できたとあり、政府を褒め称えていた。ところが、学生たちは、入学後に学費を支払わなければならず、ショッキングな事実に直面することになった。入学後にいくつかの学校は法外な学費を要求し、さらに、戦後のインフレによって、奨学金は事実上なくなってしまった。政府からの支援は、瞬く間に消えうせてしまったのである。

　青年軍から学校に戻ると、政府からの支援を受けられた。それだけが頼りだった。今、〔私立の〕商業学校に入った私たちは、生活が貧しくて希望をもてないから学校をやめようかと考えている。……公的な支援を受けている学生たちは、奨学金で食べていける。しかし、〔私立の〕商業学校で〔同じく政府の補助を受けている者のための〕学生寮と学生食堂を取り巻く環境は、かなりひどいし、値段も高すぎる。去年（1947年）12月に90万元以上〔の食事代〕がかかったが、寮は47万元〔の食事代〕しか支給しなかった。今年（1948年）1月だけで、私たちは、100万元を使ったが、寮は51万4000元を支給しただけであり、まったく足りなかった。後で足りない分を支給してくれるかもしれないが、インフレで物価はすでにその何倍にも膨れあがっている。公的補助金を頼りにしている学生たちの食事代は、半月しかもたない！　しかし、西北の同じ地区にある〔公立の〕他の学院に入学して公的支援を受けている学生たちは、実際に食べた分だけの食事代がもらえるという。なぜ、同じ市の同じ地区にいる同じ公的支援を受けている学生の状況が、こんなにも違うのか。どうか、この問題を解決してください41)。

第11章　錯綜する願い　195

　政府の無責任な約束は、戦後に教育を受けた中国の若者の心には忘れられない印象を残した。1927年以来、国民党は若者たちを重視し、その影響力も大きかったといえる。しかしその力は、共産党と対峙するようになったとたん、おとろえ始めた。しかしながらこの時点でも、教育を受けた中国の若者たちの間で、共産党や他の政治勢力に賛辞を向ける者は、隠語のなかにあってすら、少数であった。

　従来の中国近現代史研究では、左翼的な政治運動に焦点を絞るものが多く、国民党に近かったり右翼的な政治的見方をもっていた若者たちについては、ほとんど分析されてこなかった。

　1938年10月下旬、武漢が陥落した後、甘粛省、四川省、および雲南省の一部など、いわゆる「大後方」と呼ばれた地域に、東部戦線から古参兵が押し寄せた。彼らは、軍を含むさまざまな公共サービスを充実させるために、学校から若者を積極的に募集した。教育部が軍と協力して学校を予備部隊のための訓練場として使用したことは、ある程度の成功を収めたといえる[42]。ケビン・ランドデック（Kevin Landdeck）の研究が示しているように、すべてではないが、入隊した多くの学生は、中華民国、国民党、そして蔣介石の強力な支持者となった[43]。教育部宛の一部の手紙を読むと、右翼の若者が革命軍への入隊をより強く希望していたことがわかる。

　　　小柄な日本人どもが貴州と広西を〔一号作戦によって〕侵略し、国家が切迫した状況に陥った時、私は、われわれの偉大なる指導者〔蔣介石〕の呼びかけに応えて、入隊した。〔政治指導者は、〕私たちが学校をやめて、軍に入ることを強く勧めた。私は、入隊した時、短期間で機械化訓練を受け、戦場で胸を張って根性を見せれば、小柄な盗賊どもを追い返すことができるはずだと思った。……しかし、国際情勢がすぐに大きく変わり、日本人がすぐ投降したことから、この願いはかなえられなかった。私は、恥を忍んで家に戻った[44]。

　甘粛省の国民党軍による募集は効果的だったようで、1939年に中学校、高校で軍事訓練を行った担当者によると、参加した若者は、訓練に「興味津々」で、軍のルールも厳守したという。しかし、訓練施設が不足し軍事訓練も中止されたことから、学生たちも募集に応じなくなった[45]。情熱に燃える若者

たちは国民党の呼びかけに応えようとしたが、国民党が彼らをサポートできなかったのである。つまり、戦時中の国民党は、左翼かぶれ、もしくは反国民党の人々を追い出そうとしたのではなく、〔国民党に忠誠を尽くそうと〕高いモチベーションをもっていた若者たちに機会を提供できなかったがために、彼らを失望させたのである。ある学生の以下のような指摘は、この問題が戦後にますます深刻になることを暗示していた。

> 私たちは、軍が若者を動員していることに応え、喜んで兵舎に入った。自己犠牲を受け入れるよう訓練を受け、入隊してからは、とにかく訓練を受けることに夢中だった！ 軍のなかで、私たちは厳格な軍紀に従って、日本に対する抵抗を強め、より良い中国を築くという革命的な使命を果たした。日本が投降した後、私たちは、すぐに除隊して、それぞれの道に進んだ。……青年軍にいた私たちのような者の多くは、大きな夢と強い意志をもっている。……復員したら、勉強を続けるべきか、それとも仕事を探すべきか。今すぐ決断しなければならない！46)

国民党は、多くの若者を動員したものの、彼らが新しい目標を実現するための選択肢を与えられず、戦後社会を適切に改革して、彼らに活躍の場を提供することもできなかった。その結果、若者が気力を失い、失望してしまうのは避けがたく、より成功している他の政治組織が事態を収拾する結果になった。

傷口に塩を塗るかのごとく、退学して入隊した若者をさらに落胆させたのは、戦時中に彼らを募集した組織の多くが、高等教育機関の承認を受けていなかったために、有効な資格認定を発行できなかったことである。張作杰*は、一号作戦の厳しい時期に、森林管理プログラムを中退して軍に入隊した。1946年に除隊して再入学を考えた張は、森林管理プロラムがすでになくなり、彼の資格認定を受け入れる学校が１つもないことをはじめて知った。その結果、彼は、１年分の学業を無駄にすることになった47)。

また、教育部は、若者の要望をあえて拒否することで、予算を節約したかったように思われる。1947年７月、「師範学校の学生」(師範生) を含む多くの学生を援助するための政府の政策が発表され、その結果、一部の学生たちは、

かえって経済支援を断ることになった。そうした学生の1人である王冠英*は、教育部に苦情の手紙を送った。

　〔政府の〕規定にある「師範生」という3文字は、広義で捉えれば、省立師範学校の学生〔例えば、王のような学生〕を含むものと私は考えます。高インフレのもとで学生生活を続けるのは難しいため、どうか私の状況を改善してください48)。

　長年にわたる戦争は、当然若者の人生設計に大きな影響を与えたが、戦後、政府はこの問題をあまり改善しようとしなかった。こうして、順調に官職に就くこと、もしくは給与が支払われる民間企業に就職することを思い描いていた有能な若者は、とりわけ失望を深めた。一部の学生は、教育部に家庭教師を〔教育機関として〕承認するように陳情した。江蘇省の高校で1学期勉強した曾碩平*は、「故郷の町が日本人の手に落ち、すぐに経済的な援助を受けられなくなり、退学した」ので、自分の家庭教師からの推薦状が卒業証書の代わりになるかと質問した49)。実は、〔彼らのように〕中国を侵略から実際に守った学生と比べて、裕福な両親をもち、特権を利用できた、いわば戦後の学生募集に応じなくてもよかった学生のほうが、〔戦後の人生は〕順調だった。政府に失望した何洪成*のような学徒兵の世代も、この教訓を決して忘れはしなかった。

　これまでの2年間を思い返すと、学校をやめて、言葉にできないほどの苦痛に耐え、抗戦のためにすすんで銃をとったこと——これらのことに対して、私は怒りも不満も何もない。私は、国家に対して、反感をまったく抱いていない。しかし、現在の政府は、何のためらいもなく、私を投げ捨てた。今、戦時中の同級生はみな大学2年生になったが、私たちのような実際に戦った者たちは、どんどん落ちぶれる一方である。それにもかかわらず、政府は私たちを助ける気がないのではないかと懸念している。

　何は、戦時中にインドで過ごした時期も含めて軍での経歴が長く、戦後の高い失業率や教育の不公平さ、さらには、飢餓で苦しむ社会状況などについ

ても克明に記した。「国家に身を捧げる」、「党に忠実」といった国民党の革命的な用語を引用していることから、この手紙は、彼のイデオロギーの変更を示しているのではなく、国民党に対して内部から改革を行い、理想を抱いてほしいと嘆願している文書だと見るべきである。「私たちに最も厳しい任務を与え」、「私たちを国境に派遣してほしい。私たちは、誰よりも国家を愛しているし、誰よりも祖国に忠実だ」と書き綴っている[50]。

若者たちは、日本や共産党ないしは「匪賊」という敵対武装勢力による暴力的な行為にはいずれに対しても抵抗した。戦時中、戴笠の中央宣官学校は、敵に包囲されるなか、十分な装備が欠如しており、当時そこに参加していた学生は、1942年に多くの施設が日本の戦闘機によって爆撃され粉々になった情景を目のあたりにした。この学生たちは、爆撃の際、防空壕で昼食をとっていたが、戴は「彼らは自分の目ですべてを目撃したので、とても危険を感じていた」と説明している。最終的に、彼らは講義用のメインホールに移動し、そこが彼らのを学生寮になった[51]。

王慶生＊の教育部宛の手紙は、中国大陸における共産党勢力の台頭を明らかにするだけでなく、それが学生を一層混乱に陥れていることについて言及している。史効民＊の代理として手紙を出した王は、国防医学院の一学生でしかなかったが、ためらうことなく、朱家驊部長に直接請願した。王の説明によれば、史は優秀な学生だったが、「共産党匪賊」のせいで幾度となく学校から避難しなければならなかった。また、彼の家族と故郷は、戦争で深刻な被害を受けていたので、生き残った史と彼の母親は、学校からのわずかな援助を頼りに生活していた。王は、フランクリン・ローズヴェルト（Franklin Roosvelt）大統領が自分のサイズに合わない靴を履いていた兵士に新しい靴を与えたという有名なエピソードを紹介して、「史効民に入学の許可を与えるか、もしくは学校当局が彼の入学を承認するように指示するか、いずれかの措置をとってほしい」と訴えた[52]。彼らは、同じように訴えた多くの学生と同様に、台湾や香港まで出向いて陳情したわけではない。しかし、教育部が1948年9月のこの王の要望への対応をようやく決めた時、共産党勢力はすでに中国全土を席巻していた。王と史が回答を待ち望んでいた頃、彼らの陳情書は、教育部の幹部職員とともにすでに台湾へ向かう途上にあったのである。

おわりに──浪費された資源と失われた青春

　戦争が終わるにあたり、日本の一部の若者は、敗戦を認め「天皇制」を非合法化する１つの反応として、革命的な共産主義を含む左翼政治を受け入れた。マルクス主義者の学生は、戦時中の「封建的」抑圧を非難する論評を『文藝春秋』のような雑誌に寄稿し、他の学生は、自らの「奪われた」もしくは「失われた」青春について、激しく憤った[53]。日本の学生の政治活動は活発で、一部の学生は学長や教員に殴りかかり、ある学生たちは学校を閉鎖させ、文部省に対し学校指導者に圧力をかけるように働きかけ、彼らを辞任させることにも成功した。茨城県の水戸高校の学生は、「私たちは新しい時代に目覚め」、〔学長の方針が〕知識に飢える若者の心に害をなすものだったため、学校の「民主化」を主張し続ける、と書き残している[54]。しかし、日本においても、革命家たちは、中国と同様に、戦後日本の若者の多数派になることはなかったし、重要な勢力を形成することにもならなかった。その結果、革命は起こらなかった。

　戦前の大日本帝国政府は、戦時中の国民党と同様に、若者を使い捨てにした。それにもかかわらず、戦後の日中が異なる結末を迎えたのは、主に終戦に対する向き合い方の違いによるものだった。連合軍に占領された日本では、終戦は、平和主義を強く支持する世代を生み出す力となった。ただし、この遺産は、この世代が消えつつある現状では危機にさらされている[55]。一方、中国では、終戦は、皮肉なことに、日本の占領期間を生き延びることによって戦争に「勝利」した国民党が大陸での統治を喪失する要因となった。共産党との戦いが本格的に始まると、戦時中、理想に燃えた多くの若者たちは、すでに国民党から離れていた。たとえ形式的な所属のうえでは離れていなかったとしても、その心は、もはや国民党にはなかった。

　こうしてみると、東アジアで起きた戦争の遺産の１つは、政府に裏切られたと感じた、ある世代の若者たちを生み出し、その経験が、その後将来にわたって彼らの政治的な見方と行動に影響を与え、規定していったということになるだろう。

注

1) His-sheng Ch'i（斉錫生）, *The Much Troubled Alliance: US-China Military Cooperation during the Pacific War*, London: World Scientific, 2015, Chapter 12, "Wedermeyer's New Path," pp. 625–690.
2) Yu-lan Feng（馮友蘭）, *The Hall of Three Pines: An Account of My Life*, trans. Denis C. Mair. Honolulu: University of Hawai'i Press, 2000, p. 353.
3) Jeffrey N. Wasserstrom, *Student Protests in Twentieth Century China: The View from China*. Stanford: Stanford University Press, 1991; Robert Culp, *Articulating Citizenship: Civic Education and Student Politics in Southeastern China, 1912–1940*. Cambridge: Harvard East Asian Monographs, 2007; Stephen R. Platt, *Provincial Patriots: The Hunanese and Modern China*. Cambridge: Harvard University Press, 2007.
4) 詳細は下記参照。Lanjun Xu, "Little Teachers: Children's Drama, Traveling, and Ruptured Childhoods in 1930s and 1940s China", *Twentieth Century China*, 41-2, 2016.
5) 戴笠檔案、国史館144-37A、1937年10月12日。M. Collette Plum, "Lost Childhoods: The Political Construction of Child Citizen-Workers," PhD diss., Department of History, Stanford University, 2006.
6) 国輝『一個女学生的日記』上海：女子書店、1932年、1931年9月30日の記述（上海図書館蔵）。薛仁貴は辺境の平定に尽くした唐代の将軍。中華民国時代に中国の守護神として称賛され、1926年には『薛仁貴征西』という映画まで制作された（監督は顧無為）。雲南省檔案館12/5/128：「五華学院外語系―李（zhihong）自伝No. 9」1947年。
7) Aaron William Moore, "Growing Up in Nationalist China: Self-Representation in the Personal Documents of Children and Youth, 1927-1949", *Modern China*, 42-1, 2016.
8)「辦理国立中学之設備」、国史館193/019-209A：「参加事項―宣伝」1938年春。発展の遅れや識字率の低さについては、張群『1939年戦時社教人員湖北工作員視察報告』、国史館194/019-345A：「各省区幹部訓練」1939年4月17日を参照。また、国史館193/019-205A：「参加事項」1942年も参照。なお、1940年代後半に、202師団のような青年軍が国民党に代わって宣伝物を携帯して満洲に現れたことについては、Everett D. Hawkins, "Education in Manchuria", *Far Eastern Survey* 16-5, 1947, p. 54を参照。また、政府とメディアが戦時期に協力していたことについては、Parks M. Coble, *China's War Reporters: The Legacy of Resistance against Japan*. Cambridge: Harvard University Press, 2015; Charles Laughlin, *Chinese Reportage: The Aesthetics of Historical Experience*. Durham: Duke University Press, 2002 を参照。
9) 国史館194/019-345A：「各省市幹部訓練」。1950年代の戦時動員に関わる宣伝物のなかでも、家族のような表現で民族的一体感を演出していた。
10) 国史館192/019-90A：「優秀学生奨学金」1938年1月4日福建、1940年3月1日湖北。
11) 台湾で邱は、京劇のような他の分野でも儒教主義的道徳教育の普及を支援した。Nancy Guy, *Peking Opera and Politics in Taiwan*, Champaign: University of Illinois Press, 2005, p. 79.

12）国史館193/019-243A：「戦時教育問題」1943年7月21-26日。
13）国史館196/019-1017A：「各人請詰責事項―一束（白（baojin）の手紙）」1948年4月4日。
14）国史館193/019-209A：「参加事項―宣伝」1938年12月31日。
15）国史館193/019-247A：「国民教育輔導」1946年。
16）雲南省檔案館12/5/128：「五華学院外語系―李（Cunzhi）自伝No.11」1947年。
17）国史館196/019/1016A：「各人請詰責問題」。このうち、1948年1月12日から2月11日までのファイルを参照。そこには、山東勝利師範専科学校を代表した張（qunyang）からの手紙が含まれている（1947年12月9日）。
18）国史館196/019-1016A：「各人請詰責問題」1946年。
19）教育部檔案、国史館019/131-9917。このうち、「全国復員収復区各項経済措施辦法1945年9月15日-1946年6月17日」の文書を参照。1940年代の観察者によれば、満洲ではさらに厳しい状況が存在した。Hawkins, *op. cit.,* pp. 53-54. 1944年、戴笠は大学図書館のロシア関係文献を調査するように命じ、事態はさらに悪化した（戴笠檔案、国史館144-20A）。
20）国史館196/019-1016A：「各人請詰責問題」。このうち、胡（jiayin）の手紙（1947年8月31日）と学生たちの手紙を参照。なお、これらの手紙は、『和平日報』から送付されたものである。
21）Culp, *op. cit.,* pp. 197-208.
22）国史館196/019-1018A：「束2」1948年6月17日-9月27日。
23）国史館196/019-1017A：「束1―鄧の紀念葉書」1948年4月7日。
24）浙江省の状況については、R. Keith Schoppa, *In a Sea of Bitterness: Refugees during the Sino-Japanese War,* Cambridge: Harvard University Press, 2011, pp. 188-213を参照。
25）袁梅芳、呂牧昀『中国遠征軍―滇緬戦争併図与老戦士口述歴史』香港：紅出版、2015年、247-248頁。
26）国史館194/019-336A：「軍事訓練―志願中等学校軍訓、軍訓教官」。
27）性別に関する統計については、国史館192/019-101A：「清寒優秀学生奨学金」を参照。例えば1944年入学生に対する給付状況が1945年7月に報告されている。また1948年以降については、国史館192/019-110A：「各省市戦時公教子女救学」参照。
28）昆明の五華学院に対する筆者の解説は、雲南省檔案館に保管されている文書に基づいている。そこには、1946年から1948年までの数百名の学生たちの自伝が含まれている（後掲）。なお、これらの多くは、以下の書籍のなかで紹介されている（"Kunming Dreaming: Hope, Change, and War in the Autobiographies of Youth in China's Southwest", Toby Lincoln ed., *The Habitable City in China,* New York: Palgrave Macmillan, 2017）。
29）国史館192/019-99A：「学生従軍奨学金」1946年。
30）雲南省檔案館12/5/128：「五華学院学生志願―李（shiwu）自伝」1948年。

31) 国史館193/019-247A:「国民教育補導―張（shangyi）の手紙」1945年12月16日。
32) 国史館196/019-1017A:「各人請詰責問題―朱（zhaoping）の手紙」1948年3月13日。
33) 雲南省檔案館12/5/130:「五華学院学生志願―張（jirong）自伝12」1948年。
34) Felix Boecking, "Unmaking the Chinese Nationalist State: Administrative Reform among Fiscal Collapse, 1937-1945", *Modern Asia Studies* 45-2, 2011, pp. 277-301.
35) 国史館192/019-101A:「清寒優秀学生奨学金」1945-1949年．
36) 国史館196/019-1018A:「各人請詰責事項―束1」1948年6月17日-1948年9月27日。
37) Yale Divinity School materials.
38) 国史館194/019-336A:「軍事訓練―志願中等学校軍訓、軍訓教官」。その1944年12月26日と1945年9月6日の報告書によれば、西南中山高校の女生徒に暴行を加えた教官は契約を解除されたとある。
39) 国史館192/019-99A:「学生従軍奨学金」1945年8月22日。John Israelも参照。
40) 国史館192/019-99A:「学生従軍奨学金」1946年2月22日。あわせて、同ファイルにある寶（zongzhen）の手紙と「呈請早日退伍復学由」と題する請願書も参照。
41) 国史館196/019-1017A:「李（lei）、簡（shicong）、李（zhenhua）の手紙」1948年3月1日。
42) 国史館194/019-336A:「軍事訓練―志願中等学校軍訓、軍訓教官」。ここには、陸（xingnan）の履歴書がある。彼は、江蘇省から招聘され、国民党の中央軍事学校の政治士官となった。彼は、軍事訓練を受けたことのある歩兵で、1939年に甘粛省の軍事学校に士官として赴任する前に、湖北省と湖南省でいくつかの戦場を経験していた。彼はまだ24歳だった。あわせて、国史館194/019-338A:「軍事訓練」も参照。ここには、陝西省の軍事学校に送られた約30名の軍事訓練士たちそれぞれの個人ファイルがある。
43) Kevin Paul Landdeck, "Under the Gun: Nationalist Military Service and Society in Wartime Sichuan, 1938-1945," Ph. D. dissertation, Department of History, University of California, Berkeley, 2011.
44) 国史館192/019-99A:「学生従軍奨学金」1946年2月26日。
45) 国史館194/019-336A:「軍事訓練―志願中等学校軍訓、軍訓教官」1939年9月5日。
46) 国史館192/019-99A:「学生従軍奨学金―劉（huanzhang）、張（zuojie）の手紙」1946年2月13日。
47) 同上。
48) 国史館196/019-1016A:「各人請詰責問題」1948年1月12日-2月11日。
49) 国史館196/019-1017A:「各人請詰責問題―曾（shuoping）の手紙」1948年4月15日。
50) 国史館192/019-99A:「学生従軍奨学金―何（hongcheng）の手紙」日付不明（1946年初頭と推測される）。
51) 国史館144-46A:「戴笠の毛人鳳宛書簡」1942年8月14日。
52) 国史館196/019-1018A:「各人請詰責事項―束1（1948年6月17日-9月27日）、王（qingsheng）の手紙」1948年5月22日。
53) こうした現象については別稿でも簡潔に検討した。Aaron William Moore, "The Prob-

lem of Changing Language Communities: Veterans and Memory Writing in China, Taiwan, and Japan," *Modern Asian Studies* 45-2, March 2011, pp. 399-429.
54）斎藤功『東京都学徒勤労動員の研究』のんぶる舎、1999年、607-608頁。
55）Franziska Seraphim, *War Memory and Social Politics in Japan, 1945-2005*, Cambridge: Harvard University Asia Center Press, 2006, Chapter 5.

第3部

東南アジアの変動

第12章

戦争・民族・国家
—— 抗戦前後における雲南土司の苦境と選択：1942-1952

呉 啓訥

（藤井元博訳）

はじめに

　中華民族とは古くから実体があったものではなく、中華民族の国家であると自らを規定する中華民国が成立した日に直ちに形成されたというものでもない。中華民族は、前近代を基礎として、清末から中華民国期にかけて形成され、近代中国の領域内における各エスニック・グループの共同の歴史的経験が凝集したものである。今日、雲南は「民族団結模範省」と称され、省内の漢族以外の各エスニック・グループは、国家から「中国人」と「中国少数民族」という2つの身分を賦与されている。しかし、対日抗戦前後に雲南西部の各エスニック・グループの長である土司がイギリス・日本や中国という国家に向きあった際の苦境と選択を観察すると、彼らが中国人という身分を受け入れる過程は、何度も繰り返され重なりあうものであったことが、そして現代中国と中華民族の形成過程は曲折と複雑性に満ちたものであったことが、明らかになる。

一　苦境と伝統のつながり

　中国の歴代王朝の目標は郡県制を拡大すること、つまり直接統治の範囲を拡大することにあった。しかし王朝の統治力には限界があり、辺境の地方政治勢力は自治を保ち郡県制に抵抗し続けてきた。雲南の土司勢力もその１つであり、強大な武力による支配と相対的に弱い統治力という２つの要因が相互に作用した元代に生まれた。16世紀から、ビルマ（現ミャンマー）とベトナムの勢力が台頭し、西洋の経済・政治・文化がインドシナ半島に浸透すると[1]、雲南における明朝の軍事力の相対的な衰退は明白となった[2]。さらに内陸アジアの経営に注力した清は、雲南では全般に守勢の戦略をとり[3]、土司がビルマと清朝の双方に従う両属状態にあることを黙認した。イギリスがビルマを制圧すると、土司に対する清朝の支配はさらに弱まった。民国成立後も辺境地域では交通や教育の整備が遅れ、雲南西部の経済は実質的に英領インド－ビルマの一部に組み込まれた。土司の子弟はビルマで近代教育を受けるようになり、文化・教育面でもインド・ビルマの影響が広がった[4]。

　同時期、ロシアやイギリスの経済的文化的影響圏に組み込まれたモンゴル人やチベット人、新疆トルコ語系ムスリムと同様、雲南各地の土司は、中国とも特殊な関係を維持していた。明清時代、人口爆発の生じた華中や華南で、漢族の西南への移住が加速した。地形が比較的平旦で農耕に適した地域は漢族の人口が相対的に優勢であったが、辺境地域の丘陵・山岳などでは漢族の移民は少なく、彼らは現地のエスニック・グループの人々と婚姻し、そのなかに溶け込んでいった[5]。このように繰り返される頻繁な文化交流と融合は、エスニック・グループのなかに３つの異なるタイプの国家意識を生んだ。

　第１のタイプは、は四川・貴州・広西など周辺の漢族社会と接する地域における国家意識であって、土司らは漢族化し、中国の王朝や中華民国の直接統治を受け入れる傾向にあった。民国初期、雲南の漢族以外のエスニック・グループの知識人層は、「五族共和」の中華民国のなかで、漢満蒙回蔵の五族と平等な政治的地位を手に入れようとしていた。1927年以降、雲南・四川・貴州辺境の彝族の政治勢力が雲南の軍事的政治的主導権を掌握すると[6]、これに鼓舞された四川や貴州の彝族は龍雲ら彝族の軍事指導者の支持あるいは

庇護を求めていった。彼らは漢族との通婚を通じて彝族の漢化を加速させ[7]、先祖を先秦時代まで遡らせたりした[8]。こうした土司は本章で検討しない。

　国家意識の第2のタイプは、雲南西部・西南部の土司支配下の農耕地帯の、さらに外縁に広がる伝統的な生活様式の地域におけるものである。彼らは早くから列強の拡張政策に直面し、それに対処するため、中国の王朝との伝統的な関係を実際以上に強調する必要に迫られた。1926年、佤佤の土司たちは、中国の歴代王朝から授かった委任状をイギリス側に示し、われわれは孔子を知っていてもキリストは知らないとの声明を出している。「班洪抗英事件」で中英両国が国境画定交渉を行った際も、佤佤人は中国との関係を強調した[9]。

　第3のタイプの国家意識は、ビルマ国境地帯にあって、漢族居住地域から遠く離れているとはいえ、優れた農耕条件を有し、相対的に独立した経済と文化をもつ地域におけるものである。こうした地域の土司は、中国とビルマの間に立って、自己利益の最大化を図った。すでに述べた通り、彼らは中国との政治的な関係を受け入れる一方、英領インド－ビルマの経済・文化体系にある程度組み込まれ、ビルマの政治的資源も利用しようとした。本章で多くの紙幅を割くのは、こうした土司についてである。

　民国初期、北京政府は清朝の「改土帰流」という同化政策を引き継ぎ、国民政府は10年前後をかけ土司統治を完全に排除する計画を立てた。しかしこの地域の土司はこうした施策に応じなかった。例えば擺夷（傣人、タイ族系ルー族）の土司、線慶祥は、1913年、雲南省が同化政策のために設けた潞江県佐の下、潞江安撫司という司官の座に就いた。だが県佐は擺夷の習俗に慣れず集落に居住しなかったため、潞江壩の土司統治は実質的に維持された。また省政府が新たな官職を置こうとした時、線慶祥はこれに猛反発し、任官された役人も潞江壩の生活条件を嫌がり赴任を拒否したので、官職の設置計画自体が放棄された。1930年代初頭、国民政府が設治局を設立し、土地整理を進め税を直接徴収しようとした時は、線家以外の土司たちもそれを拒否した[10]。

　盧溝橋事件後、西南に逃れた国民政府は、山間部のさまざまなエスニック・グループと密接な関係をもつようになり、彼らを政治資源として動員し抗戦を支えることになった。英領ビルマに接する雲南は中国の国際運輸ルートの一部になり、雲南西部は抗戦の要衝となった。前に述べた第1のタイプにあ

たる土司や地方勢力は、抗戦に向け主導的な役割を果たした[11]。第2のタイプも自らの利益のため積極的に抗戦に参加した。1939年から建設が始まった滇緬鉄道は、そのうち100キロメートルあまりが阿佤山区を通っていたが、その建設には阿佤などの労働者数万人が投入されている[12]。一方、滇緬公路（ビルマ・ルート）と滇緬鉄道の建設は、第3のタイプの土司に、軍事力を背景とする国家の動員力を認識させた。彼らはそれを警戒しつつも、適切に対応する道を模索した。

　1940年代初め、インドシナ半島に戦線を広げた日本は、西南から中国を包囲分裂させるため、同盟国タイ[13]の汎タイ主義を尊重する姿勢を見せ[14]、漢族以外のエスニック・グループが住む西南を中国が統治する合法性に疑義を示し、広西・雲南に進攻する際の政治的支持を得ようとした。第3のタイプの土司は、イギリス、フランス、中国が日本に対抗できない可能性を懸念し、タイやシャン州と連携して保身を図ることを考え、さまざまな動きを見せた[15]。中国における傣・僮などカム・タイ語族のエスニック・グループは、「汎タイの記憶」という虚構に少なからず影響を受けていた。また雲南西部の土司にとって最も憂慮すべき問題は、依然として政治的現実の問題であり、抗戦のための動員を機に、国民政府が土司の勢力圏に直接統治を拡張しようとすることにあった。

　真珠湾攻撃後、日本軍はビルマ・ルートの封鎖をめざし、ビルマに戦火を拡大させた。中国遠征軍のビルマでの作戦は失敗し、日本軍は雲南方面に進んで1942年5月に雲南西部に攻め入った。国民政府は雲南西部の民衆を動員する必要性を痛感し、騰衝出身の雲貴監察使、李根源が民衆の組織化を助けることになった。李根源は「もし土司の意図を察知し、国の恩を示して忠誠を発揮させず、敵の脅しや誘いにさらしておくならば、彼らの志を弱め彼らと団結する術を失う恐れがある」と見てとった[16]。国民政府と李根源にとって第1の目標は、伝統的な土司統治から政治的な資源をくみ取ることにあったのである。李根源は、龍潞辺区と雲南西部の土司は「元代から今まで数百年を経て、その勢力の基盤は固まっている。この時局にどうしてそれを放置し、利用せずにいられようか」と考えた[17]。そこで国民政府は改土帰流を中止し、改めて土司の世襲制を復活させた[18]。日本軍の脅威に直面した国民政府がとっ

たこの施策は、自らの利害得失を優先して考える第3のタイプの土司の政策選択に対し、明らかに直接的な効果を発揮した。

　土司への書簡のなかで、中国側は歴史的連続性を重視し、土司による国境防衛の歴史に触れ、抗戦に加わる現代の土司を激励した。宋希濂は線光天宛書簡に次のように記している。「昔日は石柱の司官であった女将秦良玉は国のため敵を殺して功を立て、その名声は不朽のものであります。貴殿は……秦良玉の良き前例を受け継ぎ、いっそうの輝きを加えられることでしょう」。南甸土司の龔綬は蔣介石宛の電報で「私どもは代々国恩を受け、仇敵への怒りを共有しており、今、あなたの有徳の志を仰ぎ、生死を賭して抗戦し、国土と存亡をともに致します」と述べた[19]。

　1942年6月、李根源は国境地帯出身の尹明徳を土司たちの下へ派遣し、潞江の線光天、南甸の龔綬、干崖の刀京版らに蔣介石の写真、書簡、委任状などを授けた。土司たちはそれへの返書のなかで心から尽力すると誓った。日本軍占領下にあった芒市・遮放・猛板の土司も秘密裏に中国側と連絡をとっていた[20]。感動した李根源はこう述べた。「各土司は敵に対する怒りを共有している。数百年来の懐柔撫綏の徳と効忠明恥の教えの効果がついに現れた」。南甸土司の龔綬は、一族が代々忠誠を尽くしたことを政府が後世に伝えてきたので、日本がどんな利益で誘おうとも「民族の気骨を失わない」と強調した[21]。こうした言葉には、彼らが近代国家建設の端緒的な影響を受けていたことを見てとれる。当時31歳だった線光天は、幼少期に挙人から教えを受け、成長した後、近代教育を行っていた騰衝県立中学を卒業した。彼の観念のなかでは、伝統的な忠孝意識と近代の国家民族意識とが一体のものとなっていた。また干崖土司の刀京版の父・刀安仁が辛亥革命に参加したことは、彼ら一族が中華民国と直接的なつながりをもつ原点になっている。

二　保家、保族のための抗戦参加

　日本軍は1942-45年の雲南西部占領中、「スカーフを被る者、大きな耳飾りをつける者、噛みタバコを常用する者、籠箕を身に着ける者」は殺さず、漢族の中国人だけを殺すと布告した[22]。少数の傣族土司の頭目は日本軍とタイ軍

に協力して後方支援にあたり、中国軍を脅かした。しかし補給に欠陥があった日本軍は、強硬な姿勢で民衆に被害を及ぼし、家族と土地を守ろうとしていた怒江沿岸の多数の土司を怒らせた。彼らは、初めは受動的に中国政府による動員を受け入れる姿勢を示し、それから保家・保族という現実の必要に迫られ、雲南西部の抗戦を支援するようになったのである。

　前述の第2のタイプにあたる土司が抵抗の先頭に立った。雲南ビルマ地域での戦闘開始後、阿佤山地区の土司は「大中華民国雲南省接緬辺区卡佤山十七頭目連防協会」を成立させ、「良心に基づき政府の法令と蒋委員長の指示を誠実に遵守し、連合して外敵に対抗し一貫して祖国の指導の下で匡境を守り、国家の領土主権を保持する」と宣言した[23]。1942–44年、阿佤山地区の土司は「抗日保土」、「抗日守衛阿佤山」を標榜し、阿佤山の民衆を動員して中国軍に協力し日本軍の侵攻に抵抗した。猛角・猛董土司の張萬美は阿佤山地区の土司の指導者と連絡して大理に赴き、第11集団軍総司令官の宋希濂に抗日武装組織の成立に協力するよう要求した。宋希濂は土司の兵力を集め「耿滄抗日支隊」を組織したほか、滄源県境の猛董永和地区では「阿佤山区遊撃支隊」を、南臘では「阿佤山特区自衛支隊」を設立し、その数は2200人を超えた。1944年10月には班洪土司の胡忠華も「班洪抗日自衛支隊」を設立した[24]。阿佤山地の抗日武装組織は幾度となく日本軍の進軍を遅滞させ、猛董・猛定から攻めこもうとした日本軍とタイ軍の計画を放棄させた。1955年、中国とビルマの間で国境を画定した際、胡忠華ら阿佤山地区の部落は中国への帰属を再び強く主張している[25]。

　第3のタイプの土司もまた、住民を率いて武装組織を設立し日本に抵抗した。雲南西部には独自の作戦能力を備えた12の抗日遊撃隊があった。すなわち、滇西辺区自衛軍潞江支隊（司令：潞江土司、線光天）、滇西辺区自衛軍第1路軍（司令：干崖土司、刀京版）、第2路軍（司令：南甸土司、龔綬）、第3路軍（別名騰南十二郷抗敵大隊。司令：趙寶賢）、滇西辺区自衛軍蓮山支隊（司令：明増慧）、滇西辺区自衛軍盞西独立大隊（司令：呉祖伯）、昆明行営龍潞遊撃支隊（司令：朱嘉錫、常紹群）、滇康緬遊撃第5縦隊（司令：楊文榜）、滇康緬遊撃第2路縦隊（別名龍江遊撃隊、司令：劉紹湯）、古永遊撃隊（梁正中により率いられる）、騰北遊撃隊、中英美連合軍（野人山で活動）があった。こうした遊撃隊は

第12章　戦争・民族・国家　213

少なくとも400人、多ければ2000人に達し、そのほかにも多くの抗日自衛隊があった[26]。

　雲南西南部の傣族、景頗族、漢族の民衆は、2000人あまりの武装抗日組織を結成し、日本軍に側面から打撃を与えた。1942年、騰龍辺区の自衛隊は盈江芒允で100人以上の日本兵を倒し、梁河九保・曩宋河辺・盈江渾水溝・隴川壩尾での戦いでも少数の日本軍を壊滅させた。怒江上流の瀘水県六庫・片馬では、傈僳族、怒族、白族（民家）などが第11集団軍の遊撃隊に協力した。1942年8月、六庫に成立した「福（貢）碧（江）瀘（水）練（地）民衆自衛隊」は、土司の段浩出司令の統率下、4つの遊撃大隊に600人超を擁し、その3分の2はエスニック・グループの子弟が占めた。自衛隊は青年を滇西戦時幹部訓練団に送りこみ人材養成を図るとともに、道路修築や運輸、傷病兵搬送のため民衆を組織した。1943年6月23日、日本軍が孟定に進攻すると、第33師93団（連隊）の一営（大隊）が班洪自衛支隊三十数人とともに付近の村落住民の支援を得て六十余人の敵を倒した。6月29日には正規軍部隊と班洪自衛隊が協力し小黒河で日本軍を待ち伏せ攻撃し、過半数を死傷させた[27]。

　日本軍は、ビルマ方面から雲南西部に進攻すると同時に、仏領インドシナから河口・金平へ接近し、南から昆明に迫っていた。雲南軍第1集団軍を率いる盧漢に対し、紅河南岸の土司は、国境防衛遊撃隊を支援し国境の外で日本軍を防ぐよう求めた。そこで盧漢は納更土司の龍健乾に遊撃隊総司令を任せ、雲南軍の作戦に協力させた[28]。

　1943年以降、日本軍が占領した怒江以西やラシオ以北の地域における抗日武装勢力の動きも活発であった。民衆は道路の破壊、手製の銃・弓矢・刀・矛を用いての襲撃、獣用の罠や落とし穴などの方法で攻撃した。シーサンパンナ（西双版納）の曼掌・曼畔などの傣族は日本軍と結んだタイ軍や傣族武装組織を拒絶して森に逃げ込み、貧弱な武器で敵と渡り合った。土司の武装勢力は頻繁かつ多彩な遊撃行動をとり、日本軍の活動範囲を戦略拠点付近のみに縮小させた[29]。

　1944年5月、中国軍の対日反攻が始まると、潞江土司の線光天は軍の糧秣を考慮し「米の豊かな産地である騰龍を奪回すれば、抗戦への意義は甚大である」と建議した。5月11日、第20集団軍が怒江を渡って高黎貢山へ進むと、

騰衝抗戦政府と抗日組織が軍を支援した。騰衝県で徴集に応じた者は4万6000人あまりに達し、軍への物資補給や道路修復に協力した。地形や敵情に通暁した現地の青壮年が軍を案内し、敵情を偵察した。こうして1944年9月14日、第20集団軍は騰衝を奪回したのであった。

　土司が抗戦に参与するうえで、自らの土地と利益を守る意識が、伝統的な忠君意識や芽生えつつあった愛国意識を凌駕していたことは疑いない。国民政府は土司制度を改めて承認することで土司の憂慮を打ち消し、各エスニック・グループを抗戦に動員した。国民政府は抗戦に参加した土司を表彰し褒賞を与え、彼らの声望を高めた。土司制度は生き延びただけでなく、その力を強めた[30]。抗戦勝利後も、辺境の多くの民衆は、土司の役所を知っていても県政府の所在は知らなかった。

　しかし、土司制度が受け継がれる一方で、土司内部の政治構造は変化をこうむっており、中央の官僚制度のなかに組み込まれる現象（流官化）が生じていた。土司であった多くの司令官およびその官吏は、軍事委員会・第11集団軍から「自衛軍」や「遊撃隊」の指揮職と階級を授与されて軍の指揮下に入り、遊撃隊は国民政府に装備の補給を求めることとなった[31]。こうして土司の兵制と中国軍の軍制が混じりあい、土司の任官・世襲（封委・承襲）制度と兵制が変化し始め、土司と国家の間に衝突の種がまかれたのであった。

三　切迫した危機の消失と旧来の苦境の再来
　　──国民政府および土司の選択と妥協

　日本軍の敗北が決定的になった後、土司と国民政府とは再び対立関係に陥った。そして戦時の同盟国イギリスも、中国をビルマにおける戦略的な競争相手とみなすようになり、イギリスと雲南西部の土司は共通の利害に基づき再び連合した。

　雲南西部で対日反攻が開始され中国の大軍が押し寄せると、土司は政府が機に乗じて再び土司制度の廃止を企むのではないかと懸念し、イギリスとの連携を回復した。一方イギリスは、戦後ビルマの支配の復帰をめざし、中国の影響力拡大を防ぐため、雲南西部を中英間の緩衝地帯にすることを考えた。

両者の足並みが揃い、イギリス側と土司側は1944年9月末に高理会議を開き、土司が自立する道を話しあった。その主な決定は以下のとおりである。

（一）土司の自治機構の名称を「政務委員院」（あるいは「辺政委員院」）とする。
（二）幣制を統一し、全土でインドルピーを使用する。
（三）辺区の武装を統一・充実させ、必要な時はイギリス側が武器装備を提供する。
（四）イギリスの植民地統治組織に倣い、騰龍辺区を「特別表行政区」とする。
（五）国境に置かれているポールを高黎貢山と怒江西岸（目下中国領内）へ移す。
（六）情報組を設置し、中国政府による行動の一切を偵察する。
（七）ビルマで戦争が発生すれば、イギリスは援助物資を提供する[32]。

　土司の懸念は現実のものとなった。1945年1月、雲南西部を奪回した国民政府は、これを「統治権拡大の好機」ととらえ、雲南西部に設治局と国民党党部を復活させ、改土帰流を再び進めようとした。雲南省第6行政督察専員公署専員の李国清は、ビルマ・シャン州と接する猛卯土司の所領を通常の行政制度に変えようとしたが、イギリスの干渉に遭って流れてしまった[33]。同年、国民政府はイギリスの永久租借地になっていた猛卯三角地を取り戻そうと「光復郷」を創立したが、イギリスは直ちに圧力をかけこれを撤廃させた[34]。
　1945年6月には、イギリスに支持された干崖土司の刀保図（刀京版）が干崖と盞達の青年を集め「干崖青年会」を立ち上げた[35]。同じ頃、ビルマの独立運動も展開されつつあった。ビルマ北部の撣族と克欽族が民族独立の旗を掲げると、共通の文化をもち往来も密接だった雲南西部の擺夷族や山頭（景頗）族が影響を受け、独立を考えるようになった[36]。
　抗戦勝利後、辺境から軍が引きあげ、政局の焦点が省政府の改組や共産党との協議、対共産党軍事作戦の準備へと変わっていくと、雲南の辺境行政の優先度は下がった。1945年8月27日、雲南西部の土司は、戦後再建策をテーマに小隴川会議を開きイギリス側の参加を求めるとともに[37]、高理会議の決定の具体化に向け協議を進めた[38]。
　会議に参加した芒市土司の代理人、方克勝は次のように宣言した。「今後、機構を整備し、共同で国家の領土と土司の権利を守ることが求められる。わ

れわれは孫文の学説に従って各土司の土地を適切に管理し、祖先の創業の苦心に報いる」。刀承鉞は、民族特別区を設定し、土司が自主的に統治することを政府に要求すべきだとした[39]。会議の決議は以下のとおりである。

(一) 特別行政区政務委員院を成立させ、刀保図を主任委員、龔緩為を副主任委員とする。その下に軍警・教・工・商・農・交・建・衛生・司法・秘書の10局を設け、各土司を局長に任じ、刀保図が辺区自衛軍総司令を兼任し、李照輝を副司令とする。
(二) 各土司が統一団結して事変に備える。
(三) 雲南省政府に特別行政区の設置を申請する。
(四) もしビルマが独立すれば、建国大綱第4条あるいは民族自決の原則に基づき独立後のビルマに加わる。ビルマがイギリス属領であり続けるならば、民主主義に依拠しイギリス側につく。もしビルマが中国に帰属するならば、方途を考え現状を維持する。
(五) 幹部2人をビルマに派遣し、イギリス政府関係者と連絡させる。
(六) 特別行政区政務委員院は、対外的には土司連絡委員会と称する[40]。

会議後、政務委員院は、土司連絡委員会の名義で李国清に会議の内容を報告したが、決議のことは隠匿された[41]。11月中旬、刀保図は土司管区を巡視し新たな機構の設置を準備し、同月29日には刀保固とともにビルマ北部のバーモやラシオに赴き、ビルマ当局との折衝にあたった[42]。一方、方克勝は代表団を率い1945年11月と1946年1月に昆明に赴き、雲南省政府に「騰籠辺区各土司の管轄地域を特別行政区に改める」請願書を提出したが[43]、省主席の盧漢はこれを拒絶した[44]。滇西警備司令も代表の昆明訪問を阻もうとし、一行を大理で拘束した[45]。

1945年11月4日、盈江設治局局長の陳本昌は、土司の動きを国民政府に伝えた[46]。1946年1月15日、刀保図の前任秘書であった徐秉文も国民政府に土司が開いた会議の内情を報告した。この時期、実際に刀保図がビルマに赴き独立について討議したことから[47]、警戒を強めた国民政府はイギリスと交渉するとともに雲南省政府に真相の究明を指示した[48]。雲南省は第6行政督察専員公署に調査を任せ、国境の実地調査と現地への派兵駐屯を優先任務とし

た[49]。清末から長らく無策であった中国政府は、依然、土司とイギリスの両者に対する優先順序を確定できなかった。雲南省の地方行署と県設治局の官吏は、土司の武力制圧を土司制度撤廃の最終手段とする案を示した[50]。一方、雲南省の政府当局は、対外的な要因が辺境地域とその行政に決定的に影響することを熟知しており、国境の画定こそが前提条件であると主張した[51]。

　公平に見れば、省政府の見解は、地方政治と国境をめぐる国際政治とが相互に結びついた複雑な現実に根差したものであり、もし行署・県設治局の主張に従えば、土司はますますイギリスを頼り、イギリスとの国境画定交渉において中国を不利な立場に陥れるのは確実であった。そこで省政府は1946年3月17日の国民党第6期第2回中央委員会第19回会議で通過した「辺境問題決議案」[52]に依拠し、「三民主義・五権憲法・統一の民主国家という原則」に基づき「辺境民族の自治権を保障する」と訴え、汎タイ主義や民族自決の思潮、イギリスの介入が土司に与える影響などを緩和しようとした。また土司を懐柔する担当官を派遣し、土司制度の存続を承諾した。この時期、ビルマ独立運動が再び高まり、イギリスも土司の「自治」支持を継続することが困難になったため、高理会議と小瀧川会議で提起された方針は、1946年の夏から秋の間に解消された。

　しかし、1947年夏から1948年初めまでに起きた2つの政治事件は、雲南の土司の自治に対する希望を再燃させた。1947年8月、国民政府は、西昌警備司令部司令の賀国光と雲南省主席の盧漢の建議を採用し、西昌に「川康滇三省辺区辺務設計委員会」を設置するとともに「川康滇三省辺区夷務治理計画」を策定した。ついで1948年1月には第1次辺務設計会議を開いた[53]。1948年1月4日には、イギリス議会がビルマの独立を承認している。

　雲南土司は「川康滇三省辺区辺務設計委員会」の成立に潜在的な脅威を感じていたが、ビルマがイギリスから独立したことも不確定要素ととらえていた。刀京版は1948年2月8日、雲南西部の土司を招いて会議を開き、以下のように決議した。

　　(1)川康滇三省夷族独立設計委員会の設立。(2)同委員会は国家の法制度により夷族を保甲制度に正式に編入する。(3)同委員会は正副主席各1名、秘書1名、委

員5名からなり、各土司が分担する。また代表団を別に組織し、刀保図を団長、線光天を副団長、多永安・思鴻昇・刀威伯・衍景泰を隊員とする。(4)経費は74口で1口2000ルピーを出資することにし、3月9日に芒市で資金を集め会議を開催する54)。

　土司会議が微妙な時期に開催されたため、国民政府は警戒心をもって「擺夷独立」の可能性を直視せざるを得なくなった。抗戦中から戦後にかけて起きた「東トルキスタン独立運動」と外モンゴル独立事件は世論を震撼させ、雲南土司が擺夷の独立を推進し「南詔連邦合衆国」を建国しようとしているとの議論まで出された。ビルマとの国境画定によって国土を喪失しかねないという潜在的な危機感が惹起され、政府は土司制度の撤廃を強く求められるようになった55)。しかし、国民政府は、擺夷独立の条件と1946年以降の現状との間にあまり変わりのないことを見て、1946年夏の政策方針を維持することに決め、しばらく雲南西部の土司制度を撤廃しないことにした55)。1948年8月17日、川康滇三省夷族独立設計委員会主任の賀国光は「辺境統治には軍事より政治の重視が必須であり、武力を必要としない」とし、土司に対しては「地方政府の管轄を受け入れるよう勧める」とした57)。土司制度の撤廃を主張する世論の主潮に対し、刀京版ら土司たちは、中国を離脱する意図を否定する一方で土司制度の維持を強調し、中央政府・省政府がその望みに正面から応じたことに感謝した58)。こうして雲南土司の存廃をめぐる当時の議論は失速し、土司はすべてを維持することができたのである。

四　新たな主人との対面――人民共和国成立期における歴史的慣性と最終的な転換

　アジアの植民地体制が全面的に崩壊し、中華人民共和国周辺の政治情勢は中華民国期に比べて大幅に改善した。しかし、1950年に人民解放軍が雲南に進軍した際、新政権も土司制度の残る雲南西部地域をいかに支配するかという課題に取り組まねばならなかった。雲南西部の土司は、共産党が「民族自治権」を承認すると聞き、政権交代を自主独立の1つの機会とみなしていた。

1950年、陳賡率いる第4兵団は、昆明入城直後、芒市土司代理の方克勝から、徳宏を「特区」に設定し「自治」を実施するよう求める電報を受け取った[59]。

雲南西部に進軍した人民解放軍は、さまざまな地域でエスニック・グループに襲撃されるという現実にも直面していた。そこで共産党は現実主義的な方針をとり、土司支配地域について「一定期間、われわれの目標は民族間の融和を図ることにあって、階級闘争を発動することではない」とし[60]、現状を維持し慎重に事を進め、エスニック・グループと新政権の間で対立が生じるのを避けた[61]。具体的には雲南省全土を「内地民族雑居区」と「土司制度を有する国境地区」（原文「有土司制度的辺沿区」）に分け、後者については安撫政策をとった。この地域では、政策実施の際、共産党はまず土司（「民族上層」とされる）と必ず協議することにしたほか、土司の武装は維持され、他の地域で実行されていた小作料引き下げ政策なども実施しないことにした[62]。全般的にいえば、1950年初めから52年末まで、雲南西部の土司制度は第二次世界大戦終結直後のままの状態にあった。しかし、抗戦前後、雲南西部で国民政府が国内政治の面でも対外関係の面でも危機に直面して以降、1950年代初めまでに、すでに根本的な変化が起きていた。そのうえ、共産党は国民党と異なり、平穏な3年の間に、ひそかに大きな変動を準備していた。

共産党は伝統的な資源を有効に活用しつつ、その内容を一新し、中央と土司の間に新たな紐帯をつくっていった。1950-54年、北京は費用を惜しまず、雲南省のみで45回、合計4170名が参加した「少数民族観礼団」や「参観団」を組織し、北京およびその他の都市を訪問させた[63]。参加者は厚遇され、伝統的な栄光と政治的・経済的利益が与えられ感激した。土司など上流層の子弟は民族学院で学ぶよう奨励され、次世代の地方エリートに育てられた。1950-54年の「民族識別」工作では、土司ら上流層の見解が重視された[64]。こうした一連の措置により、土司は従前の統治が続いているように一時的に錯覚してしまい、彼らの潜在的な反抗の可能性は摘み取られていったのである。

1949年9月、中国人民政治協商会議で共同綱領が通過し、「少数民族地域」で「民族区域自治」政策を実行することが決まった。「民族区域自治」は土司制度と表面上よく似ているものの、その内実はまったく異なっていた。この制度は、「少数民族」が国家を離脱する権利をもたないことを前提とし、制度

上、土司制度にとってかわろうというものであった。新制度では多様で広汎なそれぞれ異なるエスニック・グループによって構成される「民族区域自治」の地域が設定された。この結果、主体を増やして勢いを分散させるという政治的効果が発揮され、「民族化」「自治化」の可能性が排除された。そして、より有効で代替的な政治組織、つまりは共産党が民族自治区の最終決定権を握るのである[65]。民族自治区の人民代表大会代表と政府高官には、各民族の上流層があてられた。ただし人民代表大会代表は一般選挙で選ばれ、政府高官は人民代表大会で任命されるので、伝統的な冊封・世襲のシステムは終焉する。こうして民族自治区の人民代表大会代表と高官に任ぜられた民族の上流層は国家公務員として国家の意思と利益に依拠しなければならなくなった。

　こうした穏やかな滑り出しの後、共産党は1952-53年に細心の注意を払いながら雲南西部の基層社会に「民族工作隊」を派遣し、土司の統治基盤を密かに弱体化させた。例えば、住民に救済を施しながら、同時に土司が税を催促し住民から救済の食糧や資金を収奪するのを放置すれば、土司と住民との利害関係に溝が生まれる[66]。農耕技術や医療衛生の人員を派遣すれば、住民のために実際の利益をもたらすことになり、統治の正統性の基盤が拡大する[67]。こうした政治的措置の結果、共産党は「民族」を「階級」に置き換え、自身を「少数民族の利益代表」の位置に押し上げて、土司の権力基盤を徹底的に消滅させることに成功した。

　1953年1月24日、雲南省内に初の「民族自治州」、シーサンパンナ・タイ族自治州が成立した。1958年初めまでに、雲南省には合計8の少数民族自治州、9の民族自治県が設置された。こうした「民族自治区域」は雲南における3つのタイプの土司の勢力範囲をすべて包括している。しかしそれは土司が望んだ「自治」とは懸け離れたものであり、雲南の土司制度はここに至って終焉を迎えた。

おわりに

　日中戦争は中華民族の形成過程における重大な歴史的事件であり、戦後の中国と国際政治に明確な変化を生じさせた。日本の中国侵略が辺境を経由し

奥地にまで達したため、雲南辺境の各エスニック・グループは、漢族に比べてもより直接的だったといえるほど戦争に関わった。日中戦争は近代中国の辺境行政と国家、民族の統合に対し、また辺境地域それ自体と各エスニック・グループに対し、想像以上に巨大な影響を及ぼしました。

　雲南西部の土司は、日本の侵略に対してだけではなく、抗戦という好機を得た国家によって自らが支配される危険に対しても、注意を払わねばならなかった。国境のビルマ側ではイギリス植民地当局とエスニック・グループとが植民地政策をめぐって衝突しており、双方を睨んだ対応を考えねばならなかった。一方、政治的軍事的力量や組織の効率性、動員能力が不足していた国民党と国民政府は、地方の政治的軍事的勢力と取引を行いながら、彼らを党国体制に組み込まなければならず、伝統的資源を利用し、土司のように直接統制できない政治勢力にある程度の影響力を及ぼす必要があった。結局この戦時期には、各エスニック・グループの利益と中華民族の国家的、民族的な利益は便宜的に結びついていたのみであり、国民党は、辺境の各エスニック・グループのもつ政治資源を、自らへの長期的な支持に転換させることはできなかった。そして戦争が終結すると、国家と土司の間で利害衝突が生ずるようになったのである。

　幸い国民政府は、中国古代王朝国家が近代民族国家に発展する過程についてある程度考察していたので、困難な局面でも外来の強敵に対し妥協しなかった。戦時中、辺境の各エスニック・グループもまた、自らの利益と国家の利益が一致することをある程度実感した。また彼らは、空前の規模の動員と戦争への参加という経験により、社会への適応力を強化させた。そうして中国は戦時に得たものを戦争の終結まで堅持したのである。勝利の後、中国は一部の領土の分離独立を承認するよう迫られ、連合国の勢力圏内に組み込まれながらも、内部の政治的妥協によって辺境地域の主権をほぼ維持することができたといえる。漢族以外のエスニック・グループも、漢族と命運をともにした歴史的経験をある程度もっており、自覚的にせよ無自覚的にせよ、中国人としての意識の原型が存在していた。近代中国における国家と民族の構築、および国家統合において、こうした漢族以外のエスニック・グループの身分の「中国国民」化と「少数民族」化は有益であった。この一連の結果が、共

産党政権による雲南の土司制度完全廃止の基礎となったのである。

　他方、エスニック・グループに対する日本の工作は、結果と過程のいずれにおいても失敗した。その原因は、つきつめれば、日本の利益と漢族以外の各エスニック・グループの利益とをうまく結びつけることができなかったことに求められる。国民政府の動員能力と影響は日本や共産党と比べて小さかった。しかし、古代王朝期における中国の多元的なエスニック・グループとその文化遺産、そして近代的な「国族」構築の過程において膨れあがった慣性は、日本と各エスニック・グループとの間に共通の立場がつくられることや、列強の脅威を、すべて阻んだ。そして、各エスニック・グループと中国という国家の間に共通の利益に基づく紐帯が生まれるのを促したのである。

　対日抗戦期間、共産党は各エスニック・グループとの間で民族自決・民族解放論と現実的・具体的な利益とを巧妙にすり合わせ、民族政策を各エスニック・グループの動員工作に柔軟に応用し、その政治資源を自らへの支持へと転化させた。共産党は政権樹立後、こうした政治動員のモデルを利用し、各エスニック・グループの政治資源をすべて吸い尽くした。そして最後には土司制度などの政治的伝統を終結させ、辺境とそこに住むエスニック・グループのすべてを、中華人民共和国による直接統治の範囲内に収めたのである。

注
1）16世紀初頭、ビルマに侵入したポルトガル人は、イラワジ河流域と隣接する雲南地域を支配下に置き、孟密で宝石を買いつけた。『明世宗実録』にも西洋の布など「洋貨」が孟密・孟養より入り雲南経済に衝撃を与えたと記され、万暦年間には「行商人が古刺錦・西洋布・孩児茶の類を孟密・迤西（孟養）などから持ち込み、雲南の重い弊害」になっていた（謝肇淛撰『滇略』第3巻、台北：台湾商務印書館、1971年）。
2）16世紀中期から18世紀中期にかけ、ビルマのタウングー・コンバウン両王朝と明・清は国境戦争を繰り広げた。『明史』315巻「雲南土司三」、G. E. Harvey, *History of Burma*, New Delhi: Asian Educational Services, 2000, pp. 131-132; 140-144; 153-216, 賀聖達「嘉靖末年至萬暦年間的中緬戦争極其影響」『中国辺境史地研究』12巻2期、2000年、73-80頁参照。
3）18世紀前半、アウンゼーヤ（Aung Zeya, 1711-1760. ビルマでは仏名アラウンパヤー Alaungpaya）がコンバウン朝を興してビルマを統一し、18世紀中期にはタイの首都アユタヤに迫った。コンバウン朝は雲南に入り清朝とも戦った。敗れた清朝は、雲南西部・西南部の土司に対する支配権を失った（呉啓訥「成也辺関；敗也辺関―楊応琚在

西北與西南辺境的政治生涯」藍美華主編『漢人在辺境』台北：政大出版社、2014年、69-88頁）。
4)「滇西騰龍辺区芒市等土司内幕及陰謀活動調査表」中央研究院近代史研究所檔案館蔵、経済部『海固回民視察：雲南開遠、蒙自両県及土司現況調査報告』館蔵号：18-22-01-36-07。
5) 李誠『国家建構與辺境穏定―基於中緬辺境阿佤山区的実証研究』昆明：雲南人民出版社、2013年、120-124頁。
6) 関連研究に、潘先林『民国雲南彝族官僚統治集団研究』昆明：雲南大学出版社、1999年。
7) 林耀華『涼山彝家』上海：商務印書館、1947年、120-121頁；邵献書、劉苗生ほか「鎮雄県塘房区涼水井郷和平溝下寨彝族社会調査」中国少数民族社会歴史調査資料叢刊雲南省編輯組『雲南彝族社会歴史調査』昆明：雲南人民出版社、1986年、222-224頁参照。
8) 龍雲輯『貞孝褒揚録』第一冊、書誌情報不明、1936年。
9) 1934年、ビルマのイギリス植民地当局が雲南省滄源県班洪・班老の銀鉱を軍事占領した際、班洪の胡玉山は各部落の首領を集め、佤・漢・擺夷の武装勢力を基礎に「西南辺防民衆義勇軍」を組織し英軍を追い出した（班洪抗英事件）。その後、次のような宣言が出された。「われら佤佤十七の王は……代々辺境を堅守すること千数百年、史書に記載があり歴代王朝から交付された公印も保持している。……われら佤佤山数十万戸、流血で河をなそうとも断じてイギリスの奴隷にはならない。佤佤山は中国の土地にして佤佤山の民は中華民族の一部分であり、佤佤山と中国は一体にして不可分である」。「告祖国同胞書」段世琳主編『班洪抗英紀実』昆明：雲南人民出版社、2013年、362-366頁。
10) 王文成「滇西抗戦與雲南龍潞辺区土司制度的延続」『抗日戦争研究』1994年第2期、146-160頁。
11) 軍需輸送のため、国民政府は滇緬公路（ビルマ・ルート）と滇緬鉄道を建設した。その建設には30万人近い労働者が動員され、533の橋、3292のトンネルを含め、全長1146キロメートル（うち中国領内960キロメートル）の大動脈が築かれた（譚白英著、李猛暹・傳勤家訳『滇緬公路修築史』台北：台湾鉄路局、1968年、40頁）。日本軍はこれを破壊するため、1940年10月下旬から大規模な空爆を開始した。
12) 周家瑜「簡論佤族在抗日戦争中的貢献」『臨滄教育学院学報』2005年第3期、14頁。滇緬鉄道のビルマ領内の路線はイギリスが建設を担当し、1942年には一部が完成した。しかし太平洋戦争開始後、日本軍がラングーンを陥落させ、滇緬鉄道用の資材も失われた。進撃を続ける日本軍に対し、国民政府は遠征軍を派遣しビルマ領内で英軍に協力し抵抗するとともに、滇緬鉄道の工事停止を宣言した。さらに蒋介石は、滇緬鉄道を敵に利用させないため自ら破壊するよう命令し、昆明－平浪間を除くすべてが爆破された。
13) 近代のタイは親日的な立場をとり、満洲事変時に国際連盟が採択した日本非難決議

の際も唯一棄権した。太平洋戦争勃発後、日本はタイと日泰攻守同盟条約を締結した。
14) 汎タイ主義は20世紀前半にタイで興った汎民族主義運動で、シナ・チベット語族内の「カム・タイ語群」を用いるタイ、ラオス、ビルマ、インド、ベトナム、中国などの諸族を一律に「汎タイ民族」とし、歴史上の南詔国や大理国を泰族の国家とみなした。陳呂範「中泰関係若干問題研究課題小結」『泰族起源與南詔国研究文集』北京：中国書籍出版社、2005年、2－4頁参照。
15) 日本が「シャム（暹羅）の国号をタイに改め、いわゆる汎タイ主義を唱えさせ」たので、雲南西部の土司の「多くがそれに惑わされた」（中華民国雲南省民政庁辺境行政設計委員会編印『騰龍辺区開発方案』昆明：雲南省民政庁辺境行政設計委員会、1944年、2頁）。
16) 李根源号『永昌府文徴』昆明：雲南美術出版社、2008年、「文録」第6冊、30巻。
17) 同上。
18) 前掲、王「滇西抗戦與雲南龍潞辺区……」、146-160頁。
19) 前掲、李『永昌府文徴』「文録」第6冊、30巻。
20) 常紹群「滇西敵後軍民抗戦紀実」中国人民政治協商会議雲南省委員会文史資料研究委員会編『雲南文史史料選号』第25号、昆明：雲南人民出版社、1985年、182-207頁。
21) 前掲、李『永昌府文徴』「文録」第6冊、30巻。
22) 中国人民政治協商会議雲南省宏徳傣族景頗族自治州委員会文史資料研究委員会編『徳宏州文史史料選号』第1号、芒市：徳宏民族出版社、1987年、142-150頁。
23) 「大中華民国雲南省接緬辺区卡佤山十七頭目連防協会立盟書」雲南省西盟佤族自治県県志編纂委員会編『西盟佤族自治県志』昆明：雲南人民出版社、1997年、419頁。
24) 同上、418-421頁。
25) 王連芳『雲南民族工作回憶』北京：民族出版社、2012年、124-125頁。
26) 前掲、常「滇西敵後軍民抗戦紀実」参照。
27) 同上。
28) 楊力「組織紅河少数民族抗日辺防遊撃隊述略」章徳華主編『西南民衆対抗戦的貢献』貴陽：貴州人民出版社、1992年、109-110頁。
29) 陳明富・馬汝慧「雲南各族軍民在抗日戦争中的突出貢献」『保山学院学報』2010年第1期、48-52頁。
30) 『滇西騰龍辺区……調査表』前掲、経済部『海固回民視察……』。
31) 尹明徳「抗日戦争時期日記片段」『徳宏史志資料』第2号、1988年。
32) 『滇西騰龍辺区……調査表』前掲、経済部『海固回民視察……』。
33) 衎景泰回憶、王海整理「衎景泰回憶録（続完）」『徳宏史志資料』第6号、134-148頁。
34) 余縄武「有関猛卯三角地的一些状況」『中国辺境研究通報』烏魯木斎：新疆人民出版社、1998年、80頁。
35) 『滇西騰龍辺区……調査表』前掲、経済部『海固回民視察……』。
36) 同上。
37) 李国清「李国清等給盧漢的原電」『徳宏史志資料』第5号、1988年、107頁。

38) 龔廉「徳宏十土司猛養会議内幕─望図搞傣族連邦野心的態度」『徳宏史志資料』第3号、1988年、176-177頁。
39) 同上。
40) 『滇西騰龍辺区……調査表』前掲、経済部『海固回民視察……』。
41) 盧漢「関於滇西各土司情況給民政庁的訓令（附調査材料、証明材料他件）」前掲『徳宏史志資料』第5号、103-105頁；李国清「李国清向盧漢呈報小隴川会議詳情」同上、102、107頁。
42) 『滇西騰龍辺区……調査表』前掲、経済部『海固回民視察……』。
43) 同上。
44) 「雲南省政府関於刀承鉞『図謀不軌』的訓令」前掲『徳宏史志資料』第5号、85頁。
45) 霍甫幽「擺夷独立與刀京版」『新聞天地』47期（1948年9月1日）。
46) 前掲、盧「関於滇西各土司情況……訓令」103-105頁。
47) 前掲、霍「擺夷独立與刀京版」。
48) 1946年3月14日、雲南省政府→省民政庁、訓令。民政庁→李国清、転令（前掲、盧「関於滇西各土司情況……訓令」）。1946年3月18日、内政部→雲南省政府、電告（「省政府秘書処的辦案意見」前掲『徳宏史志資料』第5号、112頁）。
49) 1946年4月20日、李国清→盧漢、電。6月14日、盧漢→李国清、電（いずれも前掲『徳宏史志資料』第5号、107頁）。6月28日、李国清→盧漢、建議（同上、115頁）。7月25日、外交部→雲南省政府、電（同上）。8月8日、雲南省政府秘書処→民政庁等（同上、113頁）。同日、雲南省政府は派兵問題について雲南省警備総司令と討議した（王春橋「土司存廃與国家統一」『雲南民族大学学報（哲学社会科学版）』第32巻1期、2015年、103-108頁）。
50) 第6行政督察専員の李国清は「土司制度は国家にとっての悪性腫瘍」とし、連隊規模の部隊を進駐させ、土司を武装解除し県制を施行するよう主張した（「李国清建議廃除土司制度意見書」前掲『徳宏史志資料』第5号、46-47頁）。盈江設治局局長の陳本昌も政府に「連隊規模の部隊を派遣して鎮圧し、強制的に武器を地方政府に接収させる」ことを提案した（前掲、盧「関於滇西各土司情況……訓令」105頁）。
51) 前掲、盧「関於滇西各土司情況……訓令」99頁。
52) 張治中『張治中回憶録』北京：中国文史出版社、1985年、489-493頁。
53) 川康滇三省辺区辺務設計委員会「川康滇三省辺区夷務治理計画」（1947年10月）、四川省檔案館所蔵、全宗号民54／巻1521。
54) 「滇西擺夷独立設計委員会及土司大同盟干崖津司不法活動情形調査表」中央研究院近代史研究所檔案館蔵、経済部『海固回民視察─雲南開遠、蒙自両県及土司現況調査報告』館蔵号：18-22-01-36-07。
55) 前掲、王「土司存廃與国家統一」。
56) 「楊茂実代転滇西各土司抗廃土司制度的報告（附民政庁辦理報告及省府批覆意見）」前掲『徳宏史志資料』第5号、50頁。
57) 「賀国光自渝飛京、対記者談治辺必須政治重於軍事」『申報』1948年8月19日、第1

張2頁掲載。
58) 前掲、王「土司存廃與国家統一」。
59) 馬曜主編『雲南民族工作四十年』(上) 昆明：雲南族出版社、1994年、7-8頁。
60) 中国人民解放軍第二野戦軍前敵委員会「関於少数民族工作的指示」前掲、禹主編『雲南民族工作四十年』(上)、122-123頁。
61) 同上、6、8頁。
62) 同上、135頁。
63) 徐暢江『民族関係的国家建構─以雲南為例』北京：知識産権出版社、2014年、105頁。
64) 雲南省民族事務委員会編『雲南民族工作大事記（1949-2007）』昆明：雲南民族出版社、2008年、32-33頁；呉啓訥「人群分類與国族整合─中共民族識別政策的歴史線索和政治面向」余敏玲編『両岸分治─学術建制、図像宣伝與族群政治』台北：中央研究院近代史研究所、2012年、319-393頁。
65) 呉啓訥「民族自治與中央集権」『中央研究院近代史研究所集刊』第65期、2009年、81-137頁。
66) 王連芳『雲南民族工作回憶』北京：民族出版社、2012年、276-277頁。
67) 宋任窮「入滇後的回憶片段」呉禎祥『雲嶺朝霞─中国人民解放軍第四兵団占領並経営雲南三年紀実』(上) 昆明：雲南民族出版社、1992年、97-98頁。

第13章

重慶国民政府のビルマ国境政策と
軍事占領　1942-1945

藤井元博

はじめに

　日米開戦により連合国の一員となった重慶国民政府は、中国大陸だけでなく東南アジアの戦線にも参加することとなった。なかでもビルマでは日本軍に対抗するべく部隊を派遣し、イギリス・アメリカとともに共同で作戦を遂行した。しかし、連合軍は日本軍に敗れインドまで撤退し、ビルマは日本軍の支配下におかれた。その後、中国・アメリカ・イギリスはビルマに対する反攻作戦を期し、1943年より計画を進めていった。そして、連合軍は1943年末より反攻を開始し44年末までに日本軍に大きな打撃を与えた。
　従来、中国とビルマの戦いに関しては、国際関係と軍事作戦の面から議論され、その大筋がすでに明らかになっている分野である[1]。また、本章で扱う、第二次世界大戦期ビルマの少数民族地域についてはクラトスカが中英関係にも言及しつつ議論している。クラトスカは日本の軍事占領に直面した少数民族が自身の生存を図るため、中国・日本・イギリスの対立を利用していたことを指摘した[2]。加えて、雲南の土司勢力と日中戦争の関係についても現地の史料を用いた研究が進んでおり、遊撃戦や中国政府への協力などが明

らかにされている3)。また、本章で扱う国境紛争は、19世紀後半以降の清朝の衰退やイギリスの進出に伴い土司制度の崩壊が進んだことにも起因している。こうした土司をめぐる国際関係も近年にかけて進展を見せている関連分野である4)。

　本章は、以上のような第二次世界大戦や中国政治史以外の観点からの研究成果も踏まえたうえで、従来のビルマ作戦研究とは異なる問題に光をあてるものである。連合軍がビルマ各地を奪回していく過程で、植民地の確保・維持を念頭におくイギリスは、他の連合国が現地の占領に関与するのを避けようとした5)。日本支配地域の奪回・軍事占領は、植民地体制の存続にも影響すると考えられていたのである。東アジアにおいて、終戦期の軍事占領はその地域をめぐる戦後の政治情勢と密接に結びついていたといえる。例えば香港の場合、重慶政府はイギリスより先に占領することで現地の支配を確立し領土として回復することも検討していた6)。しかも本章の扱うビルマとの国境地帯はすでに19世紀末から流動化していた7)。こうした地域の軍事占領は中国にとって国土回復に直結する問題だったのである。すなわち、戦争末期において、重慶政府がビルマの奪回と領土問題の解決という2つの問題をいかに考え、そして対処したかが、本章の検討する主要な問題である。

一　ビルマ反攻以前における重慶政府の国境問題認識

　そもそも、蔣介石率いる中国国民政府は1930年代を通じてビルマとの国境問題の解決を図ろうとしてきた。なかでも外交部は1930年代よりビルマとの国境問題について調査を進め、イギリスとの交渉に備えていた。1929年にはイギリスと交渉するために外交部と内政部が共同で調査員を派遣したが、満洲事変により問題に着手する余裕がなかった8)。その後1935年には国際連盟の介入を得て交渉の機会を得たものの、イギリス側が少数民族地域に派兵したことに端を発する「班洪事件」によって挫折した。第二次世界大戦期における国境問題も、基本的に1930年代の文脈を引き継いでいた。1941年8月、外交部は、インドと西康省とを結ぶ康印公路の建設とビルマ北部国境問題との関係についてイギリス大使と交渉したことについて、蔣介石に具申した。

第13章　重慶国民政府のビルマ国境政策と軍事占領　1942-1945　229

　外交部の具申は雲南監察使を務めていた李根源が外交部に宛てた意見書を引用する形で作成されたものであったが、前述の国民政府による調査とあわせてそのベースとなっていたのは、清末に雲南・ビルマ国境を画定した際の交渉であった。清朝とイギリスとの国境画定の交渉は1885年から始まっていた。当時、「無主の地」とされたビルマ北部の少数民族地域をめぐり、清朝とイギリスは緊張関係にあった。係争地域となったパンロンなどの鉱山資源やイラワジ川・サルウィン川流域の航行など経済利権についても争われ、一時は軍事衝突も発生した[9]。そして1891年から交渉を担った薛福成により1894年に中英続議滇緬界務商務条約が締結された。このとき、本章で問題となるコーカンがイギリス側に割譲されるなど、雲南・ビルマ国境の規定が進んだ[10]。外交部は国境問題の研究にあたりまずこの条約と薛による研究を参照したのである。蒋介石への具申に添付された欧州司の報告でもイギリスが清末に武力で現地を占拠したと改めてとりあげられている[11]。国民政府にとって、このビルマ国境問題は対英関係とともに少数民族地域の支配をめぐる問題でもあったのである。

　また、国民政府の調査に影響を与えたもう１つの要因が雲南省による研究である。なかでも尹明徳は重要で、彼は1930年には外交部・内政部が共同で派遣した調査団に加わった国境問題の専門家であり、1933年にはその成果をまとめた『雲南北界勘察記』を著した。こうした尹の研究を支えていた１人が、李根源であった。李根源は雲南省を支配する雲南軍の元老で、戦時期においても龍雲率いる省政府に多大な政治的影響力を保持しており、同省の抗戦への協力を支える人物であった。しかも李は、問題となっている国境地域をふくめ、雲南各地の社会に向けて抗戦への参加を呼びかける工作を行っていた[12]。李は尹を現地に派遣するよう軍事委員会に推薦しただけでなく、尹が現地で安全に活動できるよう、各土司に協力を求めた[13]。こうした経緯もあって、尹や李の国境問題に対する議論は、土司地域への支配の拡大など強硬な雰囲気をまとっていた。例えば、尹は、中英間の国境問題となっている土司の支配地域は、中国領に属すべきという強硬な主張を唱えていた。

　一方で、外交部は彼らの研究を参考にしつつも、まったく異なる姿勢をとっていた。欧州司は、康印公路が国境未画定の地域を通っているとして、同公

路による国際路線を増設するためにも早期の交渉がよいと論じた[14]。康印公路とは、西康省とインドを南北に結ぶ線で、仏印ルート（仏印はフランス領インドシナの略称）の封鎖後唯一となったビルマ・ルートに続く通商路として期待されていた。その増設を図るうえで国境の画定が必要とされたのである。外交部は国境線の変更より国境の管理・安定化をめざしていたといえよう。

　これらの議論を踏まえ、欧州司は、1941年9月にイギリスとの交渉の方策を検討して外交部長に提出した[15]。そこで、欧州司はイギリス側に提案する甲乙2つの国境線の案を提示している。甲案は従前の希望通り駝洛江－恩梅開江－獨木河を国境とする案で、恩梅開江以東の地域が中国の帰属となる。乙案は、球江－恩梅開江－尖高山を国境線とし、恩梅開江東岸にイギリス領を認めている。このうえで欧州司は、恩梅開江と邁立開江の間にあたる江心坡を中英の友好関係のためにイギリスに譲り、一方で恩梅開江東岸の中国への帰属を求めるという方策を示した。江心坡は中国側が「明朝以来」中国に帰属すると従来より主張してきた地域である。外交部は、ビルマ国境問題において領土や少数民族などの要素が大きくなるのを避けていた。

　外交部が国境画定交渉に向けて動き出した一方で、軍もビルマ国境問題に積極的に関与し始めた。軍はビルマ反攻に参加するとともに、1942年に占領された雲南西部・ビルマ国境地帯の奪回をめざしていた。軍内部において、国境問題に関与する主体は、中央の軍事委員会隷下の各機関・部局と、出先にあたる現地の中国遠征軍という2つに大きく分かれる。中国遠征軍とは連合軍のビルマ反攻に中国側から応ずるべく、1943年より雲南省西部の保山に配置されていた第11集団軍を基幹とし編成された中国軍の部隊である。司令部は雲南省楚雄にあり、陳誠が司令長官についていた（1943年末以降は衛立煌が就任）。

　第11集団軍は宋希濂を司令官とする中央直系の部隊で蔣介石からの信頼も厚く、とりわけ遠征軍設置以前のビルマ国境防衛に関しては、独自の裁量を認められていた[16]。そこで、同軍司令部はビルマ北部の国境問題にも積極的に関与しようと動いていた。1942年11月、保山に駐屯する第11集団軍93師司令部は、イギリスが撤退した地域に要員を送り込んで現地住民を管轄するよう進言し、早期に現地の行政を安定させることで「夷民」を郷里に帰し、農作

物を収穫させれば、部隊の糧食に裨益するところが大きいとした[17]。この時点での93師司令部は、後述する少数民族への政治工作などには関心をおいておらず、むしろ純粋に軍事的観点から国境での活動を考えていた。これは、遠征軍への再編以前の同部隊があくまで国境の防衛に専念していたことに由来していると思われる。

しかし、1943年以降ビルマ反抗作戦が現実性を帯びてくるにつれ、軍の国境地域への関心も単に軍事的なものにとどまらないものへ広がっていった。同年8月、軍事委員会軍令部が外交部に示したビルマ国境問題に関する主張は、1941年の外交部案がイギリスに譲るべきとした江心坡など邁立開江東岸一帯の領有を確保するよう説くものであった。軍令部も雲南省政府と同様に領土的な問題を重視するようになったのである。ただし、軍令部も完全に対英強硬姿勢に転じたとはいえず、中英関係に障害を生じないよう外交部からの助言を請うていた[18]。軍中央が示したビルマ国境に対する領土的な関心は、遠征軍によってより具体的な形をとって現れることとなる。

二　民族問題への波及

1942年5月、軍事委員会は、コーカン土司の楊文炳が雲南省保山に駐屯する宋希濂と李根源に面会し中国領への編入を求めてきたと、蔣介石に報告した[19]。コーカンとは南汀河と怒江の合流地点北部に位置する地域で、土司の楊文炳が現地に住む漢民族系の住民を率いていた。楊の要求は次のようである。「(1)コーカンは中国の版図に入るべきである、(2)（中国側は楊一族を）世襲でコーカンの総管に任じて銃を買い与える、(3)人員を派遣して（コーカンと）協同して民衆を組織・訓練する」。これに対し、現地軍は参謀将校を派遣するにとどめ、中国への服属については対応しなかった[20]。

また、1943年2月にはパンロン土司の韓定国の書簡が何応欽に届いた[21]。韓は、抗戦への協力を表明するとともに派兵してパンロンを保護するよう求めていた。そして、パンロンは班洪事件によりイギリスの管轄下に入ったために「漢夷雑居」しているとはいえ、住民の祖国への忠誠心は強いとして、中国に服属する意思があることを示した。このように、土司はイギリス撤退

後のビルマにおいて生存を図るために、「中華」を用いた民族主義的なレトリックを用いることで中国軍の支援を得ようとしたのである。これは、戦時下のビルマ国境地域をめぐる重層的な対立構図のなかで「民族」というレトリックが有効であったことを示している。

こうした「民族」を利用した土司たちの動きに、現地に駐屯する遠征軍と雲南省政府は強い反応を示した。李根源は、宋希濂とともに辺境での政治工作や土司たちに対する遊撃部隊を組織するよう呼びかけたほか、蔣介石を名義上団長とする幹部訓練団を大理に設置し、多数の学生を招集して訓練した。訓練課程を経た学生の多くは、コーカンや江心坡、拖角など後にイギリスとの国境紛争の舞台となる地域に派遣され、各種の工作を担った[22]。また、土司に対する宣撫工作を尹明徳に推進させた[23]。

さらに、軍はビルマ北部における現地の住民が提示した「民族主義」的な姿勢を意識していた。連合軍の東南アジア司令部（South East Asia Command. 以下、SEACと略称する）がビルマに進駐した中国軍に、イギリスの民政要員と連絡将校を派遣することを申し出た際の議論はそれをよく表している。SEACとは1942年に設置された、イギリスの主導する東南アジア戦線を指導する司令部であった。総司令官はマウントバッテン提督（Admiral Lord Louise Mountbatten）である。当時、インドのシムラにはイギリス・ビルマ政庁が避難していたが、中国軍との連絡は同司令部が担っていた。イギリス側の要求に対し遠征軍は、やはり「民族」を根拠に応酬した。第11集団軍司令部は1943年10月に蔣介石に提出した報告書において、イギリスが拖角に行政官を設置してきたことは認めながらも、占領を強行したと指摘したうえ、中国側はそれを承認しておらず、非合法な統治であるとした。さらに、拖角や江心坡などの住民から中国への帰順を希望する声があり、現地に行政官を派遣できると主張した[24]。

興味深いのは、同司令部が、ビルマ北部国境地域を『中国の命運』のいう「中華民族の生存に必要なもの」に適合するとした点である[25]。大戦末期に、かような形で民族問題が強調された背景には、中国軍による現地の支配が作用していたといえよう。そもそもビルマ国境問題は、現地を支配する土司勢力の動向と不可分に結びつき複雑化してきた経緯がある。そこに新たに参入

した遠征軍は、蔣介石が公式に表明した「中華民族」の設定を利用することで土司との関係を構築しようとしたのである。

三　土司をめぐる中英間の対立

　中国遠征軍は中華民族という概念を用いて国境地域の帰属を主張しつつ、同時に現地を掌握する現実的な必要性にも迫られていた。そこでも土司の動向は極めて重要であった。遠征軍は日本そして時にはイギリスと少数民族との関係を強く意識し、特に現地を支配する土司たちの政治動向に警戒心を示した。遠征軍93師の佤仮・班弄一帯に関する活動報告はそれを明瞭に示している。班弄周辺の地域に分布する回民は清末にイギリスが侵入すると、彼らに従うようになったと評価したうえで、目下現地を占領する日本軍にも利用されかねないと警告した。そして国土を保障し辺境を防衛するため、早期に同地域を中国領として回復するよう勧めた[26]。

　以上の認識を抱く遠征軍は、やがて日本軍の活動を妨害するのみならず、イギリス植民地当局や現地住民とも衝突するようになっていく。すでに述べた通り、遠征軍はビルマ国境に割拠するコーカンを利用するため、現地に設置した遊撃部隊の長に土司の楊文炳を任じた。しかし、楊文炳は1944年2月、部下の楊文泰から日本軍と通じたと密告され、ほかならぬ遠征軍により拘束されてしまう。事態の収拾に乗り出した同軍司令部は、楊文炳の逮捕後に県長を自称した楊文泰を殺し、その部隊を武装解除した。そして、遊撃隊長の経験を有し、中国側に協力的と目されていた、楊文炳のいとこの楊文燦を県長に据えたのであった。

　楊文炳はなぜ排除されたのか。遠征軍は逮捕の理由として日本軍との関係をあげる。確かに、コーカンは怒江の両岸をまたぐ交通ルート上に位置するため、地政上、非常に重要な拠点であった。もしコーカンを日本が押さえれば、日本軍は自由に怒江を渡ることのできる拠点を確保することになるので、防衛上の措置であったといえなくもない。しかし、先述の通り遠征軍が土司と外国勢力との関係そのものを問題視していたことを加味すれば、その真意は、自らに親和的な人物を通じて地域を支配することにあったと思われる[27]。

遠征軍は、国境未画定とはいえビルマの行政が及んでいた地域にもかかわらず、住民を殺害・逮捕し、現地部隊の武装解除に及んだ。これは、イギリス側とすれば、国境未画定地域の管轄以前に自国民の保護に関わる問題であったため、昆明の領事館を通じて楊文炳の罪状に対する審理を停止するよう要請した[28]。結果、国民政府が楊文炳らの身柄の引き渡しに応じたため、事態の深刻化は避けられた。しかし、中国に対する不信感を強めたビルマ政庁は、在昆明の領事館とSOE（Special Operation Executiveの略称。第二次大戦中にイギリス政府が設置した特殊作戦機関で、主に敵地における諜報や非正規戦などを担った）支部の報告を集め、コーカンに関する事件をまとめた報告書をSEACに提出した。報告書では、中国がコーカンを自国領とするために二司を誘惑し、果たされなかったために彼を排除することを決定したとされた[29]。

　ビルマ政庁が不信感を募らせたのには理由があった。例えば、宋子文外交部長は、楊文炳の身柄の引き渡しはあくまで政治的判断によるものであるとの姿勢を示し、コーカンの帰属に触れないことで領土交渉に問題が波及しないよう図った。また、中国遠征軍当局はより直接的な手段で事態の打開を試みていた。このとき遠征軍司令長官部（司令長官：衛立煌）は、事件後にイギリス軍将校の工作が活発になっていると指摘し「イギリスはついに自由に〔楊文燦を〕利用し、コーカンをビルマ領と見ているようである」（〔　〕は引用者補）と警告した[30]。これを受けて軍事委員会軍令部は、コーカンへの影響力を保持しようと外交部に書簡を送った。そこで軍令部は、楊文燦を現地部隊指揮官に任命した中国が楊への指揮権を有する、と主張した。次いで、コーカンの主権について言及することは不利としつつ、「コーカン以南の国境未画定地域へのイギリスの蚕食を防ぐ」ために、楊のコントロールと国境未画定地域における政治活動を強化するよう提案した[31]。軍令部は、領土問題への抵触を避けつつ現地を実力で掌握しようとしていた。

　結局、楊文炳の身柄引き渡しは、軍令部が事態を収拾した後だった。後に外交部はコーカンのイギリスへの帰属を認める声明を出したが、イギリス側は、一連の事件を通じて中国軍がコーカンを支配するに至ったのではないかとの懸念を中国側に伝えた[32]。

　これまで見てきた通り、遠征軍とコーカンは日本軍に対抗するべく連携を

進めてきていた。にもかかわらず、なぜ事件は発生したのだろうか。ビルマ政庁は楊文炳らから得た情報などをもとに事件を調査した。その報告書からは、中国軍側の言い分とやや異なる状況が見えてくる[33]。楊文炳は、国民政府側が中国へのコーカンの服属を断り、派遣された中国軍部隊も日本軍の襲来を受け撤退したことに強い不満を抱いていた。そこで中国の支援を諦めて自ら遊撃部隊を組織したところ、反乱騒ぎが発生したという。楊の証言には遊撃部隊設立の経緯など中国側の見解と異なる点がいくつか存在する。また、中華民国旗を掲げないことや、抗日に参加する住民を殺したり劣悪に扱ったことなど、対日協力以外の逮捕理由があったと証言している。

こうした楊文炳の言い分について、ビルマ政庁の調査報告はおおむね事実と認めたうえ、日本軍との関係に至っては、「ほかに選択肢がなかった」と容認する姿勢をとった。さらに、楊文炳を密告した楊文泰が処刑されたことについては、その背後にあって裏切りを使嗾した中国軍による隠蔽工作との見方を示した。楊文炳は中国軍とビルマ政庁がコーカンをめぐって主導権争いを演じていることを見抜き、自らに対する支持をビルマ側からとりつけることに成功したのである。

蒋介石や外交部が細心の注意をはらったものの、国土の回復を主眼において行動する遠征軍を掌握しきれず、国境紛争は次第に悪化した。1945年6月には佤佤・班弄を含む一帯に入ったイギリス軍と現地に駐屯する中国軍との間で銃撃戦が発生するなど武力衝突に及ぶ場合もあった[34]。コーカン土司をめぐる中英の争いも継続し、戦後に土司の座を取り戻した楊文炳は、華僑のビルマへの流入を厳しく取り締まるなどビルマ政庁に協力し続け、中国側でも不満が高まった[35]。遠征軍の強引な姿勢は、コーカン土司から見ても歓迎されるものではなく、むしろ土司たちをイギリスとの協力に向かわせてしまったのである。

四　再占領と管轄権をめぐる議論

1942年にビルマおよび雲南西部の拠点を失って以来、重慶政府は反撃に備えるなかで、現地の占領および行政の管轄を検討していた。ここでは拖角と

佤佚など班洪周辺の地域を分析対象とする。拖角は怒江と邁立開江との間で片馬の西方に位置し、佤佚は北部の国境未画定地域からはるか南、現在の雲南省滄源佤族自治県北東の山岳地帯（佤佚、阿佤などの別称がある）にある。

占領地域の処遇をめぐる議論は1943年5月には始まっていた。まず問題となったのが拖角であった。拖角は特に怒江東岸からビルマ・タイ国境に至る交通の拠点で、国境地域の移動など軍事上の重要地域であった。イギリスが大使館を通じ拖角に進駐した中国軍に民政官と連絡将校を派遣することを求め、重慶政府内で検討が始まった[36]。議論を主導していたのは蔣介石と外交部と軍であった。このうちで蔣介石と外交部は中英関係に支障をきたすことを避けるため、イギリスの提案を受け入れるべきとした。重慶政府はビルマを失ったことで、抗戦を支える輸送ルートの再構築を余儀なくされており、インドを擁するイギリスの支援を必要としていた。そうした状況下で、あえてイギリスとの同盟関係を傷つけかねない行動をとることはできなかった。そこで外交部は、イギリスの民政官が現地に派遣されることは「国境未画定地域の主権について、わが方には影響し得ない」と明言した[37]。続いて1943年12月には、蔣介石もイギリスの軍官に対して国境問題を提議しなくてよいとする指示を出すに至った[38]。いずれもイギリス側の求めに柔軟に応じることで、対英関係を安定させようとしたのであろう。

これに対し、国境問題も含めイギリスへの警戒感をあらわにしたのが軍であった。軍令部はイギリスの要請をただちに検討し、軍事委員会と外交部に報告した[39]。軍令部の現状認識は、全面的に遠征軍の報告を引用したものであった。同部は、国境未画定地域では中国語が使用されており、現地で祖国の徳を宣伝して民衆の好感を広く得られれば国境交渉に有利に働くと述べ、政治工作の強化を説いた。このような認識に基づき、イギリスによる民政官の派遣を現地の民政に対する干渉とみなした軍令部は、「軍事作戦の利便」を理由に、派遣された要員はみな現地指揮官の下におかれるものとした。そのうえで、「将来の中緬国境の未画定地域の確定やその他を妨害することにならないよう」イギリス側には問題を留保するよう要請するべきであると外交部に具申した。そして1943年11月、軍令部は、軍事委員会内で連合軍関係を担当する外事局と協議して「イギリスの民政官の派遣を許可するが、拖角をビ

ルマ領とは承認しない」と決議するに至った40)。

　以上から見て、軍令部はイギリスとの間で本格的な国境問題の議論に突入するのを避けながら、部隊の駐屯や宣撫工作によって軍事的・政治的なプレゼンスを確保しようとしていたと見られる。軍令部は遠征軍の活動をある意味で利用することで国境地域をめぐる政治・外交への関与を強めた。しかし、コーカン土司の事例からもわかるとおり、軍令部の態度はいささか強引すぎ、必ずしも現地の支持を得られるものではなかったといえよう。

　反攻作戦が進行する1944年後半に至ると、中国政府内の国境政策をめぐる分裂はさらに広がった。1944年6月頃、蔣介石が述べたとされる発言は大きな意味があった。何応欽は宋子文に宛てた書簡において、蔣介石が拖角地区について「イギリスがその領土において主権を行使することについて同意する」と述べたと伝えた41)。蔣の発言は、従来曲がりなりにもイギリスとの交渉のなかで主張してきた拖角や江心坡の領有権を放棄することを意味していた。これを受けて外交部も、イギリスの民政官の行動は「現地の軍事行動を妨げない範囲で、極力維持・保護されなければならない」とした42)。1944年9月には、宋子文外交部長が国境交渉の新方針を明らかにした43)。それは、イギリスとの対立回避を第一に重視するものとなっており、事実上、蔣介石や何応欽および外交部は、拖角地域をイギリス領として認めるに至ったのである。さらに、コーカンへの民政官の派遣について、蔣介石はイギリスの属領で主権を行使することに同意するとした44)。

　政府中央において対英関係優先が既定路線となりつつあるなか、軍令部は強硬な態度を維持し続けていた。1944年9月、軍令部の参謀が「自分は軍令部第1庁で工作しており、第1庁こそはわが国の国境問題を主管している」45)と外交部に申し入れ、国境問題の主導権が軍にあることをアピールした。そして10月には、すでにビルマ領として確定している拖角などには駐兵しないとしつつ、イギリスが民政官を派遣した場合には国権に基づいて同じく派遣する、と改めて主張し46)、あくまで国境問題で争う構えを見せた。

　ただし、軍令部のこうした強硬姿勢は蔣介石の支持を得られていない時点で実効性を伴っていなかった。事実、10月には拖角への駐兵を否定しており、軍令部自身も国境問題を軍事的に解決する余地はないと理解していたに違い

ない。それでも強硬な姿勢を続けた理由として考えられるとすれば、それは政府の外交政策への発言権である。当時、軍令部と外事局は、いずれも国民政府の軍事外交に携わっていた。しかし、前者は対外情報収集、後者は連合国軍相手の接待を主な職掌とするにとどまり、外交への関与は制度上限定的であった。過激な発言の裏をあえて読めば、軍令部や外事局が外交問題に対する発言力を高めるべく対英関係で強気に出たと考えられるのである。国境問題の主管云々といった口ぶりからも、軍令部の関心のありようが見てとれる。

　他方、国境地帯で作戦を進めていた遠征軍は、中央政府内部での論争を横目に、現地を実力で掌握しつつあった。1944年8月の時点でさえ、遠征軍はビルマ政庁から民政官の派遣を厳しく制限しており、コーカンでは現地での行動を了解するよう求める連合軍の要請が無視され続けていた。SEACは現地にウィルソン・ブランド准将率いる調査団を派遣しようとしたが遠征軍の回答を得られず、蔣介石に許可を出すよう求めるに至った[47]。

　遠征軍による現地の実効支配は、占領機構を中核として推進された。1943年以降、遠征軍第20軍は拖角などの遊撃戦区に要員を派遣し、江心坡や片馬など周辺地域も含めた辺区工作を進めようとしていた。そこで拖角に軍事・行政・教育・建設・衛生・総務の部局からなる公署を設立し、さらに現地に3つの行政区を設定して保甲制を導入した[48]。さらに、遠征軍は佧佤・班弄一帯でも支配を確立しようと試み、地方行政機構を設立して現地の生活を改良し政治の基礎を樹立するよう提案した[49]。現地の作戦を担った93師はかねてより民心掌握の必要性を説き、ビルマ国境に遊撃部隊を派遣するほか、宣撫工作のための人員を派遣していた。

　こうした民心掌握と現地の支配を一体として考える93師の見方は遠征軍の上位の司令部にも見られる。1944年9月、遠征軍司令長官の衛立煌は、第20集団軍総司令の霍揆章が提案した佧佤の占領に関する意見を蔣介石に提出した[50]。霍揆章の意見とは、現地の状況により中央の政令を推進するのに困難があるため、中央の法令の宣伝、教育の実行、遊撃部隊と軍政の一元化、経済建設の実施などを任務とする「1つの強力な軍政機関」を設置するというものであった。ただし、佧佤のビルマへの帰属に言及していることから、霍

もさすがに越境活動が国境侵犯とされる危険を考慮していたと見られる。

中央側でこの提案に回答した軍事委員会辦公庁は、当然のことながら第20軍の真意を察知していた。辦公庁は遠征軍に対し中英間の決定を引き合いに出し、ビルマ領内に軍政機関を設置することはすべきでないとしたうえで、佧佤付近の国境上に設置するよう答申した。辦公庁の意見は、蒋介石と外交部、蒙蔵委員会、軍政部など各機関の賛同を得ていた。ただし、軍令部だけは佧佤の早期占領を唱えただけでなく、江心坡など他の地域も同様に占領を進めるべきであるとした[51]。遠征軍の行動は、軍令部が政府中央において自身の意見を主張する機会にもなっていたのである。

結局のところ、遊撃戦区の設置や辺区工作によって現地を掌握するという手法が中央の承認を得ることはなかった。1944年10月に遊撃総指揮部が解散すると、遊撃部隊は遠征軍司令部直轄に改変され、現地要員も片馬から撤退することとなった。辺区工作に関する報告書はこれをもって片馬の経営を放棄したと結論している[52]。

一方で、中央政府の統制にも限界があり、ビルマ領内での表立った活動を抑制するにとどまった。行政機構が撤廃されたとはいえ、軍がビルマ国境地域に地歩を固めたのは明白だったうえ、遠征軍93師所属部隊やゲリラからなる兵力もビルマ側に残していた。イギリス軍によれば、彼らは現地を拠点に略奪や、麻薬の売買、兵器・物資の横流しを行った。また、彼らは1945年4月からタイ国境に近い剣譚にも進出した[53]。さらにゲリラは国境地帯で産出される金・銀を高価格で取り引きする「貿易」に従事し、利益をあげていたという。

ところで、遠征軍が国境地帯に築いた拠点は1945年以降も残存している。そして、国共内戦で敗れた国民党軍の一部が割拠したことにより、同地は台湾の国民党政府による「大陸反攻」の拠点となっていった[54]。さらに1950年代には、朝鮮戦争を契機にアメリカが現地の国民党遊撃隊を支援するなどアジア冷戦の枠組みに組み込まれたが、60年からの中国・ビルマ両国による掃討作戦で大打撃を蒙った[55]。

五　イギリス植民地側から見た国境問題

　ビルマに駐留する中国軍の存在や重慶政府主導の民族運動は、植民地宗主国と対立する可能性をはらんでおり、イギリスやフランスも中国側の動きを認識していた。1943年11月、昆明のイギリス領事館とフランス領事館はベトナム人による革命組織について協議した。かつてコーカンにおける事件について調査したオグデン領事（Alwyne George Ogden）が協議について報告書をまとめている。それによれば、雲南に避難したベトナム人がビルマ人とともに重慶政府の士官学校で学んでいることや、訓練を受けたベトナム人たちは華僑とともに南寧の中国軍に仕えていること、重慶政府の情報部（おそらく軍事委員会調査統計局を指す）がベトナム人組織を積極的に支援し、帰国の手段を提供しているなどと、会議で指摘されている[56]。

　さらに、オグデンはビルマの状況にも言及し、中国に対する警戒感をより明確に表している。オグデンは中国が設置したと思われる語学教育の学校で、ビルマ人を中国に引きつけようと中国語と国民党の教義（おそらく三民主義）を教えている可能性があるとした。コーカン土司やパンロン土司の息子が誘われて重慶に行き「大学に入る」のを強制されたのだという。オグデンはこうした中国側の浸透に対し、あらゆる手段を用いビルマに干渉しようという試みに対し断固として対処する準備をすべきであるとした。

　ここで興味深いのはヴィシー政権下において仏印が日本と協力関係にあることを例にあげながら、ビルマと仏印の状況は異なっているとしたくだりである。オグデンによると、中国の一般的な見方では、イギリスやフランス、オランダは植民地を守れなかったことになっていた。そして、中国はそれら植民地を救い再建するためか、あるいはかつて中国の一部であったビルマ、仏印、チベットを取り戻すためにビルマで日本と戦うのだとされた[57]。オグデンは、日本との協力関係におかれた仏印とビルマの立場の違いを鮮明にすることで、中国軍がビルマ領内に進駐するのを敵に対する行動として正当化するのを防ごうとしたのであろう。結果的に見れば、イギリス側はむしろ遠征軍や軍令部の国土回復を強調する主張を中国の意図として捉えていた。ビルマ国境地域に対する軍の強硬な姿勢は、イギリス側の警戒をあおり、国境

地域の緊張が継続する一因にもなっていたのである。

おわりに

　重慶政府は主に「民族」と戦時の占領行政という2つの観点を相互に絡ませながらビルマとの国境問題に対処しようとした。しかし、その具体的な方策をめぐっては、東南アジアに植民地を有するイギリスとの同盟関係を重視する蒋介石や外交部と、戦争を機に少数民族を取り込んで領土拡大と辺境防衛の強化を図る軍事委員会軍令部や遠征軍、雲南省との間に違いが生じていた。結果、重慶政府は前者の方針を選択し、イギリスとの関係において国境問題が噴出するのを抑制した。「戦後」を目前に控えた重慶政府にとって、対英関係の維持は現実的に見て植民地の処遇やごく一部の領土問題など以上に重要であった。

　重慶政府内各アクターのアプローチは、国境を接する植民地およびその宗主国との関係をいかに考えるかで大きく異なった。イギリスやフランスが戦後も植民地を維持すると見た蒋介石らは、国境問題の紛糾を避けた。一方、戦争によって植民地の統治体制が弱体化したと認識していた軍は、戦争終結後も現地に影響力を確保し得ると考えていた。ただし、軍内部でも中央と出先の遠征軍とでは態度や関与の方法に幅があり、中央の軍令部などは、政府内での権力拡大など別の観点から問題に関与しようとしていたとも見られるため、一貫した問題意識の有無やその程度について留意しなければならない。いずれにせよ、重慶政府の国境政策は、蒋介石ら中枢の指導者から外交部など官僚、軍中央と現地部隊、地方政府まで、多様なアクターの影響下にあり、各要因の濃淡によって異なる表情を見せた。ビルマ国境問題が複雑化した原因の一端であろう。

　中国遠征軍は中国と少数民族との関係や、植民地体制の動揺、国境の再画定を積極的に自らの国境政策に反映させ、軍事占領から現地の支配を確立しようとした。戦争終結後、その残存部隊やゲリラが現地に居座ったことに起因する紛争のほか、コーカンなどを拠点とする中国商人の流入が拡大し、国境問題は継続した。そして、国共内戦を経てアジア冷戦に至るなか、国民党

勢力が掌握する辺境地域は、台湾やアメリカにとって、中国の周縁で活動する格好の拠点となっていった。第二次世界大戦の所産により、中国－ビルマ国境地域は中国大陸の周縁に残された「中華民国」という特異な側面を帯びるようになるのである。

注

1) 主にビルマ作戦をめぐる国際関係面では齊錫生『剣抜弩張的盟友―太平洋戦争期間的中美軍事合作関係（1941-1945）』台北：中央研究院、2011年；呉圳義「中英対収復緬甸問題岐見―自緬甸淪陥至開羅会議」中央研究院近代史研究所編『抗戦建国史研討会論文集 1937-1945』（上）台北：中央研究院、1985年；張紅「従緬甸戦場看抗戦時期的中英関係」『民国檔案』1999年第3期がある。作戦では浅野豊美「北ビルマ・雲南作戦と日中戦争」戸部良一、波多野澄雄編『日中戦争の軍事的展開』慶應義塾大学出版会、2006年；楊維真「抗日戦争中的滇西戦場（1942-1945）」『中華軍史学会会刊』第13期、2008年；何光文『滇西抗戦史論』昆明：雲南大学出版社、2007年；Yunhu, Zang, "Chinese Operations in Yunnan and North Burma", Peattie, Mark & Drea, Edward & Hans Van de Ven ed. *The Battle for China*, Stanford：Stanford University Press, 2011 がある。
2) Paul H. Kratoska, *Southeast Asian Minorities in the Wartime Japanese Empire*, Florence: Taylor and Francis, 2013 を参照。
3) 孫代興、呉宝璋『雲南抗日戦争史』昆明：雲南大学出版社、2015年、120-140頁および王文成「滇西抗戦與雲南龍潞辺区土司制度的延続」『抗日戦争研究』1994年第2期。
4) 土司制度の変容については、武内房司「清末土司システムの解体と民族問題」『歴史学研究』700号、1997年がある。清末民初の土司をめぐる国際関係については、望月直人が研究を進めている。特に同「保商局の越境―清末雲南・ビルマ辺境における社会科学変動と国際関係」村上衛編『近現代中国における社会経済制度の再編』京都大学人文科学研究所、2016年は、本章の扱う中国遠征軍のいわば「先達」ともいうべき中国武装商人団と国境問題の関係について指摘しており、示唆に富んでいる。
5) 前掲、齊『剣抜弩張的盟友』278-280頁。対日戦略をめぐる連合国内の関係については赤木完爾『第二次世界大戦の軍事と戦略』慶應義塾大学出版会、1997年を参照した。
6) 香港の占領と戦後国際関係については下記の文献があり、いずれも国民政府が脱植民地化や国土回復を主眼に香港問題に取り組もうとしたものの、英米との国際関係のなかで譲歩せざるを得なかったことを指摘している。Andrew Whitfield, *Hong Kong, Empire and the Anglo-American Alliance at War, 1941-45*, New York：Palgrave, 2001；林大輔「第二次世界大戦期の香港問題、1941年-1945年―帝国・脱植民地化・降伏受理をめぐる英米中関係」『法学政治学論究』92巻、2012年。
7) 前掲、望月「保商局の越境」を参照。

8）外交部欧州司→外交部、1941年8月6日、台湾・国史館蔵外交部檔案『緬滇北段界務』典蔵号：020-011109-0029。
 9）箱田恵子『外交官の誕生―近代中国の対外態勢の変容と在外公館』名古屋大学出版会、2012年、135-142頁。
10）同上。
11）外交部欧州司→外交部、1941年8月6日、前掲、外交部『緬滇北段界務』。
12）前掲、何『滇西抗戦史論』93頁。
13）前掲、王「滇西抗戦與雲南龍潞辺区土司制度的延続」151頁；前掲、何『滇西抗戦史論』97頁。
14）外交部欧州司→外交部、1941年8月6日、前掲、外交部『緬滇北段界務』。
15）同上。
16）宋希濂『鷹犬将軍―宋希濂自述（上）』台北：李敖出版社、1990年、223頁。
17）政治部→外交部、1942年12月31日、台湾・国史館蔵外交部檔案『緬属果敢県請入属我国版図』典蔵号：020-011109-0102。
18）軍令部→外交部、1943年8月28日、前掲、外交部『緬滇北段界務』。
19）蒋介石→外交部、1942年8月5日、前掲、外交部『緬属果敢県請入属我国版図』。
20）イギリス側の史料によれば、少数ではあるが遠征軍から部隊が派遣されたという情報もある（"Kokang Mutiny, 1943", The National Archives of the U.K, WO208/459）。
21）韓定国→何応欽、1943年2月7日、前掲、外交部『緬属果敢県請入属我国版図』。
22）前掲、宋『鷹犬将軍』227頁。
23）前掲、王「滇西抗戦與雲南龍潞辺区土司制度的延続」151頁；前掲、何『滇西抗戦史論』97頁。
24）第11集団軍総司令部→蒋介石、1943年10月、台湾・国史館蔵外交部檔案『英方擬派員随我軍入緬』典蔵号：020-011103-0004。
25）同上。『中国の命運』とは1943年に蒋介石が自身の名義で発表・出版した。実際には陶著作である。第11軍の報告書は初版第1章の「中華民族の生存空間」を定義した部分に依拠したと見られる（蒋中正『中国之命運』秦孝儀主編『総統蒋公思想言論総集』台北：中国国民党中央委員会党史委員会、1984年）。
26）政治部→外交部、1942年12月31日、前掲、外交部『緬属果敢県請入属我国版図』。
27）しかしながらクラトスカによれば楊文燦は中国側に協力せず、むしろ排除しようとしたという（Kratoska, op. cit., p.46）。
28）外交部→外交部駐雲南特派員公署、1944年2月23日、前掲、外交部『緬属果敢県請入属我国版図』。
29）Government of Burma Chief Secretary→Under Secretary of State for Burma, TNA (U.K.) WO208/459.
30）軍令部→外交部、1944年2月25日、前掲、外交部『緬属果敢県請入属我国版図』。
31）同上。
32）イギリス大使館→外交部、1944年8月3日、『緬属果敢県請入属我国版図』。

33) "Kokang Mutiny, 1943" TNA（U.K.）WO208/459.
34) Allied Land Forces South East Asia→Headquarters of the 20th Army, 10 August 1945, TNA（U.K.）WO203/1755.
35) 国民党中央執行委員会→外交部、1946年9月、前掲、外交部『緬属果敢県請入属我国版図』。
36) 軍令部→外交部、1943年5月12日、前掲、外交部『英方擬派員随我軍入緬』。
37) 外交部→軍事委員会、1943年5月13日、前掲、外交部『英方擬派員随我軍入緬』。
38) 外交部→軍令部、1943年12月1日、前掲、外交部『英方擬派員随我軍入緬』。
39) 軍令部→軍事委員会・外交部、1943年5月、前掲、外交部『英方擬派員随我軍入緬』。
40) 外交部欧州司→外交部、1943年11月25日、前掲、外交部『英方擬派員随我軍入緬』。
41) 何応欽→宋子文、1944年7月9日、前掲、外交部『英方擬派員随我軍入緬』。
42) 外交部→何応欽、1944年8月4日、前掲、外交部『英方擬派員随我軍入緬』。
43) 宋子文→尹明徳、1944年9月20日、前掲、外交部『緬滇北段界務』。
44) 外交部→イギリス大使館、1944年8月11日、前掲、外交部『英方擬派員随我軍入緬』。
45) 外交部欧州司→外交部、1944年9月20日、前掲、外交部『英方擬派員随我軍入緬』。
46) 軍令部→外交部、1944年10月30日、前掲、外交部『緬滇北段界務』。
47) クラトスカによれば、結局イギリス側はウィルソン・ブランド准将を長とする視察部隊を派遣することに成功したが、現地の中国遠征軍との関係は悪化したままであった（Kratoska. op. cit., p.50）。
48) 尹明徳→外交部、1945年1月31日、前掲、外交部『緬滇北段界務』。なお、遊撃戦区とはすなわち、1943年6月に設立された滇康緬遊撃総指揮部であったと思われる。ちなみに保甲制とは、中華民国において施行されていた基層社会を管理・動員するための制度である。
49) 軍事委員会辦公庁→行政院、1944年9月27日、台湾・国史館蔵行政院檔案『遠征軍長官部請於卡佤区設置軍政機構』檔号：014000001624A。
50) 霍の提案は、回民などの動向に関する先述の93師による報告をもとに作成された。衛立煌→蔣介石、1944年9月6日、前掲、外交部『遠征軍長官部請於卡瓦区設置軍政機構』。
51) 軍事委員会辦公庁→外交部、1944年12月2日、台湾・国史館蔵外交部檔案『遠征軍長官部擬在卡瓦区設置軍政機構』檔号：020-011109-0099。
52) 尹明徳→外交部、1945年1月31日、前掲、外交部『緬滇北段界務』。
53) SACSEA→Headquarters of the Force 136, "Chinese Guerillas – Kengtung & Manglun States", TNA（U.K.）, WO203/5632.
54) 国民党の遊撃隊については覃怡輝「李彌将軍在滇緬辺区的軍事活動」『中華軍史学会会刊』第7期、2002年に詳しい。
55) 遊撃隊と「大陸反攻」をめぐる米台関係を論じた石川誠人によれば、アメリカはその後、東南アジアの安定をはかる方針に基づき、台湾に部隊の撤退を迫った（石川「アメリカの許容下での「大陸反攻」の追求—国府の雲南省反攻拠点化計画の構想と挫折」

『日本台湾学会報』10号、2008年)。
56) British Consulate-General Kunming, Tour to Northern Burma, 2 July 1945, British Library, IOR/M/3/1507.
57) *Ibid.*

第14章

日中終戦前後の国民政府と東南アジア
――重慶当局の戦後ラオスに対する構想および実践を中心に

王文隆

(柳英武訳)

はじめに

　戦後の世界秩序構想に関する研究の多くはいくつかの主要な会談をめぐって論じられている。例えば、カイロ会談、テヘラン会談、ポツダム会談等々の研究であるが、次は降伏、占領、講和会談等のテーマに関する研究である。昨今の台湾の研究のみをとりあげてみると、上記のテーマに関して多くの議論が行われているが、最近では琉球問題およびそれと関連する尖閣諸島問題に関しても言及されている。すなわち、戦後秩序に関しては、戦争犯罪に関する国際軍事裁判、戦争責任、体制改革、秩序の再建など主に敗戦国に関連する問題が論じられてきた。
　大日本帝国の降伏はナチス・ドイツの場合と大きく異なる。ドイツは連合国軍に徹底的に破壊され、領土はすべて占領され、さらには連合国軍側に分割占領された。ところが、大日本帝国を打倒したのは原爆であった。琉球（沖縄）を除けば、昭和天皇が降伏を宣言するまで日本本土は連合国軍に占領されたことはなく、かつ海外には大量の派遣軍が残されていた。このような基本

構造の相違は東アジアとヨーロッパの戦後秩序の再建に多くの差異をもたらした。

戦争末期になり、戦勝の兆しが次第に現れ始めると、日本の戦争責任に対する追及、日本に戦後賠償を求める作業が重慶で相次いで展開され，中国の戦後構想がそれぞれまとめられるようになった。東アジアにおいては日本占領、朝鮮独立、琉球の帰属問題、台湾および澎湖諸島の返還等については、他の連合国メンバーとの間で大きな差異はなく、相違点は執行方案と細部のみであった。中国国民党は中華民国の執政党として、戦後秩序の構想において、4大連合国の一員として、声を発する機会を得た。特に、距離的に近くやや実質的な影響力をもつ東アジアにおいて、実際にその構想の実現が可能となる空間を得た。

しかし、東南アジアに関しては中国とその他の欧米の国々との考えは必ずしも一致するものではなかった。東南アジアにおいては、日本勢力の退場は欧米の勢力がアジアに再び戻る1つの機会を得たことを意味した。すなわちフランスはインドシナに、イギリスはマレーシア、海峡植民地、インドおよびビルマに、オランダはインドネシアに、アメリカはフィリピンに戻るということであった。ところが、清末以来の中国国民党の発展は、地理的に中国に近く、かつ密接な関係にあった東南アジア地域に対する中国の構想に影響を及ぼした。

中華民国は日中戦争終結前後、東南アジアに出現した新局面をどのように認識し、どのような構想を立てていたのか。その構想はその後実現したのか。もし、実現したとしたらどの程度実現したのか。実現できなかったとしたら、構想を断念させた原因は何だったのか。東南アジア地域の範囲は広く、各地域の差異も少なくないことから、本章は紙面の都合上、中華民国のラオスに対する構想を中心に議論を行う。

ラオスは中華民国の隣国であるが、中華民国とラオスの関係に関する研究は多くない。あるとしても国境問題や民族問題に関する研究が主流であり、歴史的な見地からの研究は手薄である。中華民国とラオスの関係を扱った台湾の研究には陳鴻瑜の『中華民国と東南アジア各国外交関係史（1912-2000年）』があるが、ラオスに関しては1章を設けてとりあげているのみであり、それ

以外の研究はベトナムを論じる際に少し付け加えられる程度である。特に日中戦争期を扱った研究はほとんど皆無である。

　本章が用いる重慶当局という言葉には、重慶国民政府および中国国民党の２つの組織が含まれているが、本章では、日中戦争終結前後の中国国民党およびその傘下の人々のラオスに対する構想、および重慶国民政府による実践をあわせて扱う。

一　三・九クーデタ（仏印処理）前の中華民国とラオスの関係

　ラオスはもともと清帝国の藩属国であり、ラーンサーンとも呼ばれていたが、18世紀の初頭、ヴィエンチャン王国、ルアンパバーン王国、シエンクワンおよびチャンパーサック王国の４つの小王国に分裂した。フランスは中仏戦争を利用してベトナムを保護国にした後、内陸に手を伸ばし、タイとの間で1893年に勢力範囲を確定したほか、1907年にメコン川の左岸を割譲するようにタイに迫った。これにより、ラオス全土がフランスの保護国になったが、もともと分裂していたラオスの小国は存続し続け、それぞれフランスと保護協定を締結した[1]。

　中日間での盧溝橋事変（支那事変）勃発後、1938年初頭になり重慶国民政府は日本との交渉を断念し、同年２月に許世英（1873-1964）駐日大使を本国に召還した。中日双方は宣戦布告なしで戦争に突入したが、英、仏、蘭諸国は東南アジアに膨大な植民地をもっており、アメリカも東アジアで商業や貿易で膨大な利益を得ていたが、欧米は中立の立場で傍観するのみであった。こうしたなかで、ソ連は重慶国民政府に借款を提供し、志願部隊を戦場に投入した[2]。また、重慶国民政府はドイツ、イタリアとの関係を断ち切ることを急がなかった。むしろフランスとの関係もさらに維持しようとしたが、このことによって重慶国民政府は海岸線に対するコントロールを失ったものの、仏領インドシナを利用して、昆明より近いハイフォンから戦略物質を転送できるようになった[3]。フランスは中立的な立場をとると何度も声明を出していたが、日本の航空機がベトナムを通過し、インドシナ雲南鉄道沿線を爆撃し、戦略物質の運送を妨害することを黙認していた[4]。

1940年6月、ドイツに占領されたフランスに、ナチスの傀儡であるヴィシー政権が樹立されフランスの国政を担った。反対派の指導者シャルル・ド・ゴール（Charles de Gaule）はイギリスに亡命し「自由フランス」を結成し抵抗したが、「自由フランス」結成初期はイギリスのみがその地位を認めていた。世界各国ではヴィシー政権がフランスを代表する唯一合法的な政権だと認められており、世界各地に駐在していたフランスの公使・領事館もヴィシー・フランスに忠誠を表明していた。

　植民地仏領インドシナは母国の支援を失い、日本の武力脅威下に曝され、ヴィシー政権の懐に入った。インドシナ総督ジョルジュ・カトルー（Georges Catroux, 1877-1969）は日本の要求に屈し、1940年6月20日にインドシナ雲南鉄道の運送をとりやめ、日本軍がハイフォンを通過する貨物等に関して検査を行うことを許可した[5]。1940年9月、後任のインドシナ総督ジャン・ドゥクー（Admiral Jean Decoux, 1884-1963）はインドシナが日本に直接占領されることを防ぐため、日本との間で協定を締結し、日本の桂南会戦に協力することで合意した。

　この合意で、日本は仏領インドシナの空軍基地3カ所（フート、ザラーム、ラオカイ）が利用可能となり、ハイフォンでの日本軍の上陸が許可され、6000人以下の軍隊の通過が認められた[6]。これによって日本軍の「仏印進駐」が始まった。日本軍は航空機を常時派遣し、雲南からベトナムにかけての地帯を爆撃したが、インドシナ雲南鉄道がその被害に遭うことが多かった。重慶国民政府も、日本軍がインドシナ雲南鉄道で兵士を運び雲南に進撃することを防ぐため、日仏協定が締結されてまもなく、国軍に命じて河口鉄橋を爆破させ約80キロに至るレールを取り壊し、このルートを放棄した[7]。外交部は駐仏大使・顧維鈞（1888-1985）を通じてヴィシー・フランスに抗議する照会を送ったが、それ以上は何の手だても打てなかった[8]。ヴィシー・フランスの駐華大使ヘンリー・コスミ（Henri Cosme、1885-1952）は北平から重慶に赴き、蒋介石委員長に事情を説明し、ヴィシー・フランスの立場に対する理解を求めた[9]。ドゥクーも中国や日本が宣戦布告をする前に、インドシナ総督が日本軍のベトナム進駐を認めたことは侵略ではないと弁明した。しかし、重慶国民政府から見れば、ヴィシー・フランスが仏領インドシナを中立地域だと

弁明しても、実質的には中立の地位を失っていた[10]。ラオスはインドシナの一部にすぎず、ベトナムのように重視されることはなかった。この点はフランスにとっても中華民国にとっても同じであった。

1942年11月、ドイツは北アフリカ戦線での失敗に対応するため、イタリアと共同でフランス全域を戦闘地域としたが、これによりヴィシー・フランスは自由を失った。ヴィシー・フランスは1944年6月、連合国軍がフランスに対し攻撃を開始すると瓦解し始めた。連合国軍がパリを解放しドイツ国境まで進撃した時、仏領インドシナはド・ゴールの自由フランスの支持に回ることを考え始めた。時を同じくして重慶国民政府も、東南アジアに出現した新局面にどのように対応すべきかを考え始めた。

日中戦争中期、重慶国民政府は仏領インドシナに対して2つのルートで接触していた。その1つは軍事系統を通じた接触であったが、第4方面軍の張発圭（1896-1980）がその責任者であった。第4方面軍は総部を柳州においていたが、張発圭の支持の下、ベトナムの反仏分子が柳州でベトナム革命同盟会準備委員会を発足させ、グエン・ハイ・チャン（1878-1959）が準備委員会主任委員になり、同年10月1日、正式に組織として成立した[11]。

もう1つは党務系統を通じた接触であったが、かつて戴笠の下で活動したことのある邢森洲（1895-1974）がその責任者であった。彼の元の名は谷栄、字は衛華であるが、1895年に広東省文昌県（現在の海南省文昌市）文教鎮で生まれた。中医学校卒業後、シンガポールに渡り開業すると同時に、党報『新国民日報』に入り活動した。シンガポール華僑界を代表し1924年第一次中国国民党全国代表大会に参加し、後に情報工作にも関わるようになり、軍統〔国民政府軍事委員会調査統計国〕香港支部を指揮したこともあった。1941年に太平洋戦争が勃発すると海外部特派員の名義で党中央より東南アジア地域に派遣されたが、華僑と連絡し情報収集を行い、当該地域における政治的要職についている人物とも接触した。その活動範囲は英領ビルマ、マレーシア、海峡植民地、タイ、仏領インドシナ等に及んだ。長年当該地域において活動したため、戦後の東南アジアに関してある程度の構想をもっていた。

ラオスが注目されたのは、実はタイとの関係を念頭に置いたためであった。1945年1月29日、邢森洲は重慶に戻り活動報告を行う間に、「わが国の内政外

交に関する意見」を書き、蔣介石総裁と呉鉄城（1888-1895）に進呈した。この意見書から中華民国の東南アジアに対する構想に対して彼が特別な考えをもっていることを確認できる。意見書の内容の1つはタイを懐柔し、中華民国の東南アジア地域における盟友とするということであった。もう1つは、戦後の講和会議でラオスに属しているメコン川北部の迴思、猛信、南他等の地域を中華民国の領土に編入し雲南省鎮遠県の尚勇地域と隣接させ、中国とタイが迴思と昌盛で直接つながるようにすれば、平時は2国間の陸路交通が便利になり、英領ビルマと仏領インドシナが国境を口実に行う干渉、つまり、中華民国とタイ間の貿易に対する妨害を防ぐこともでき、戦時は国軍がこのルートを利用すれば英仏領の周辺を経過せず、直接タイに入ることができるということであった[12]。意見書を受け取った呉鉄城は、一方では秘書の張壽賢を今後邢森洲との連絡窓口とし、他方では総司令の何応鈞とこの問題について相談するように邢森洲に指示したほか、今後この構想について考えを深めるため、関連地図を作成し提出させるよう命じた[13]。

二　中泰回廊開拓の構想

　邢森洲の考えには戦略的構想もあれば、歴史的な理由もある。前者に関していえば、邢森洲が注目しているのは、中国国民党の執政のもとにある中華民国の戦後東南アジア地域に対する戦略構想であり、タイが中華民国の当該地域における最も重要な戦略的パートナーになることを期待していた。これは少なからず共産党勢力が東南アジアに潜伏していることと関係していた。タイは第二次世界大戦期間中、日本との協力を選択したが、戦争末期になり、日本軍が劣勢に置かれるようになると、重慶および邢森洲を含む中外の機密ルートから連合国軍と接触した[14]。その他、自由タイがタイ国内で活動しており、邢森洲が指揮していた情報機関とも接触があった。タイは反共の国である。1933年以来厳しい反共法令が発布され、タイ国内での共産党の活動を制限していた[15]。そのため、1942年にタイで共産党組織が結成されたが、合法的な活動はできなかった[16]。しかし、仏領インドシナおよびその他のインドシナ半島の英領地域では共産党が活躍していた。したがって、共産党に対

して懐疑の念を抱いていた中国国民党にとって、戦後は反共国家であるタイと協力することが安心できる選択肢だったのであろう。

　後者に関しては、ラオス国内の民族はラーオ族のほかに、雲南境界に隣接している地域にタイ族、漢族、イ族、ミャオ族、ヤオ族、クーム族等が散居していた。清末、中国とラオスの間で国境が確定される前は、雲南に隣接する地域に土司を設置し管理しており、これらの民族のなかには祖先が中国から来ているという伝説が多く残されている[17]。しかし、「西力東漸」にともない、1885年の清仏戦争後、ベトナムは清帝国の朝貢国ではなくなり、フランスの植民地と化した。フランスは1887年にインドシナ総督府を設けたが、1867年にはカンボジアを保護国にし、1898年にはラオスもインドシナの管轄に帰した。清仏間の境界を定めるため、1893年より双方は数回の境界測量を行ったが、その最中に、日清戦争が勃発し、戦後日清の間で下関条約が締結され、清帝国は台湾、澎湖列島以外に、遼東半島も日本に割譲することになった。露、独、仏がこれに干渉し、遼東半島を日本に割譲すると、朝鮮の独立が有名無実になるとして、日本に遼東半島を放棄するように勧告し、そうでなければ日本との戦争も辞さないとした[18]。日本はやむを得ず、遼東半島を返還したが、各国が中国分割に乗り出すスタートとなった。遼東半島を返還させた露、独、仏の3国はその功を自負し、清国から利権を獲得しようとした。ロシアは「露清密約」で旅順・大連の租借権と中東鉄道の敷設権を獲得し、ドイツは膠州湾を租借し、フランスは広州湾の租借権を獲得したほか、中越の間で境界測量が行われていることを好機と捉え、清国に土地を要求した。

　フランスが目を付けたのは雲南とラオスの境界にあり、豊沙里の北に位置しているシーサンパンナの勐烏、烏得であった。シーサンパンナのタイ語での元の意味は「十二千田」であるが、景洪、勐遮、勐混、勐海、景洛、猛臘、勐很、勐拉、勐捧、勐烏、景董および勐龍の計12個の田賦〔田畑への土地税〕徴取単位（パンナ）で構成されており、元代より雲南の車里に属すようになり、宣慰司が当該地域を支配していた。ところが、フランス公使アラン・コルネイユ（A᾿Gerard）は勐烏および勐烏に属している烏得一帯はベトナムに近いのでベトナム領土への編入を希望した。清帝国とフランス間の交渉事項は国境問題以外に貿易問題もあったが、貿易問題で譲歩しすぎると他の国もそれに

乗じてさまざまな要求をする恐れがあったため、国境問題でフランスの要求を満足させ、感謝の意を表すとともに両国の関係を強化しようとした[19]。これによりシーサンパンナは分裂した。しかし、領土は分割されてもかつて土司が管理していたラオス北部に対する影響はまだ残っていた。当該地域では、住民のなかに先祖が中国から来ている人々がいるという説が少なからずある。雲南の車里、あるいは広東、広西両省から来たとしている人もあり、ひいては湖北、湖南から来たとしている人もいる[20]。

　邢森洲がラオスの土地のことを考えたのは、ラオス指導者の態度とも関連していた。日本軍が進駐し仏印を占領すると、ラオス王とその尚書の甘骨（Nhammao）はラオス国内で日本人に扶植された組織をつくった。ラオス王の代表が昆明に派遣されたが、フランス人の脅迫にあい自由を失ったので、ラオスはフランスや日本から離脱し自治の地位を獲得しようとした。邢森洲の報告書を見ると、ラオスはフランスや日本に抑圧されており、邢森洲が派遣した人との接触を通じて、中華民国に保護を求める意思を表したようである。中国国民党秘書長の呉鉄城は、張発圭が率いている第2方面軍[21]と連絡するとともに、邢森洲に関連ルートを通じてカンボジア、ラオス、ベトナム当局に連合国軍に協力し行動を起こす準備をさせ、戦後の地位は各国の努力状況を見て決めることにした[22]。ところが、邢森洲は戦後、中華民国の東南アジアでの戦略を考え、反共のタイとの協力を希望していた。邢森洲は、雲南とラオスの境界をまたがっている民族がいること、およびかつてラオス領内の一部を土司が管理していたという特徴を利用し、戦後、ラオス北部の領土を中国の管轄下に置き、雲南よりタイに通じる回廊の開拓を提議した。

　邢森洲は、清末にやむを得ずフランスに渡した勐烏、烏得に関しては争う姿勢を示さず、雲南の尚勇より勐龍、南他、勐信、迴腮一帯に至る土地を手に入れようとしていた。その目的は失われた領土を取り戻すためではなく、タイとの国境隣接を成し遂げるためであった。目的の実現方法は、アメリカがベトナムに、イギリスがタイに進撃する際に、邢が指揮する華僑義勇隊が、長年雲南のシーサンパンナに駐屯している中国軍第93師および第1方面軍と共同作戦を展開し、ラオスの北部に進駐して占領の既成事実をつくった後、兵を退けるというものであった。もしフランス側が異議を唱えれば、土地交

換の方法で解決できるので、ベトナム莱州に近い広西省の山岳地帯の土地をフランス側と交換するとした[23]）。

邢森洲の構想は上層部まで伝わったが、実質的な支持をとりつけることができなかった。第 1 方面軍および第93師の盧漢が何応欽より受けた命令は、雲南南部の現陣地を守り、ベトナムより出撃する日本軍を食い止め、東に進む中国軍を援護するということであった。もし日本軍が国軍の東進を妨害する目的でベトナムから北上し雲南に侵攻したならば、張発圭傘下の第 2 方面軍が広西からベトナムの海防を攻め落とす。さらに、もし日本軍の進路が百色、南寧ならば第 1 方面軍の進撃と同時に張発圭の部隊がハイフォンに進撃し占領する予定であり、ラオスへの進撃は考えていなかった[24]）。

三　三・九クーデタ（仏印処理）から占領降伏まで

1943年以後、太平洋の海上空域での戦闘で連合国軍が優勢を獲得するようになりつつあり、アメリカは太平洋上で飛び石作戦を展開した。1944年10月よりフィリピンの戦いが始まったが、1945年 3 月までにルソン島の多くの地域が米軍の手中に落ち、山間地帯のみに日本軍の残軍があった。仏領インドシナが転じて連合国軍側に付けば、当該地域に駐留している日本軍が挟み打ちになる恐れがあるので、日本は明号作戦と呼ばれた三・九クーデタを起こし、仏領インドシナ総督の統治を覆し、直接インドシナを掌握し、ベトナム人チャン・チョン・キムに政権を組閣させた。同年 4 月、日本軍はラオスのルアンパバーンに入った。ラオス王は1945年 4 月 8 日に独立を宣言し、日本に協力するようになったが、フランスの保護を受けていたラオス国内の他の小国もフランスの支配から離脱した。

雲南と仏領インドシナの境界を鎮守していたのは中国軍第 6 軍第93師であったが、軍長は甘麗初、師長は黄埔二期出身の呂国銓であった。1937年に編成された際に、第93師は小銃3900丁、機関銃121丁、重機関銃93丁、迫撃砲24門、その他専属の砲兵営 1 個をもっており、第 6 軍のなかでは最強の戦力を誇っていたが、傘下に277、278、279の 3 団があった[25]）。1941年12月の太平洋戦争勃発後、中央軍が雲南に入った時から、第93師の277団が佛海（現在の勐海）県

に進駐し、師部を設置した。ビルマ遠征の第1回目の作戦で失敗した第93師は佛海県に撤退し、その後車里、佛海、南嶠一帯を主に守っていた。第93師は1942年より、雲南－ベトナム、雲南－ビルマ境界で日本・タイ連合軍と戦ったが、1942年2月にビルマ境界内の蛮露閣、同年3月にメコン川沿岸に進攻し、6月に丙江および勐麻で敵を撃退し、12月に勐瓦で作戦行動を行った。1943年は勐府、打洛で作戦を遂行し、1944年には大勐龍戦役が勃発したが、1945年に大勐龍より勐瓦に対して反撃している[26]。この期間中に仏領インドシナ軍と戦い、フランス軍官を捕えたこともある[27]。

　第93師は中華民国、ビルマ、ベトナム3国の境界に駐留し、タイ軍に最も近い国軍の部隊で、防衛戦を主としていた。現在確認できる史料から見ると、呂国銓は、タイが重慶と裏で通じるための窓口の役割を果たしていた[28]。1943年2月18日、呂国銓はタイ国王がタイ軍第1軍に送る密電を傍受したが、その内容は日本軍がバンコクに進駐した後、タイ軍をビルマに進攻させているため、多くの死傷者が出ているとし、第1軍の軍長は素早く中国軍と接触し、戦闘行為中止の件について相談せよというものであった。

　電報を受け取った蒋介石は、軍令部に通知し対応を指示したのみであった[29]。蒋介石の指示を受けた軍事委員会は、まず龍雲、呂国銓に電報を送り、タイ軍との連絡は機密事項であるため、日本軍に傍受され機密が漏洩しないようになるべく無線を使わず連絡するよう要請した[30]。その他、軍令部は何参謀をタイとの境界に派遣し交渉を進めたが、その報告によると、タイ軍が和平方針に関してタイ国王の裁可を得ており、タイの特使が2月28日に和平条件を携えて交渉する予定であった[31]。呂国銓は3月19日に龍雲に電報を送り、対日作戦計画があればすぐに知らせてほしいとした[32]。

　1944年6月、タイ側は呂国銓に連絡し、駆逐機200機の提供を求め連合国軍側に付く意向を表し、連合国軍側が将来反攻を行う際にタイ領内で必要とする飛行場の場所を教えるよう求めた。また、タイ陸軍も連合国軍側の反攻作戦に参加するとした。しかし、タイ側の態度に曖昧な点もあったので、連合国軍は反攻計画については情報を提供しなかった。タイ側は連合国軍の反攻計画について再三情報提供を求めた[33]。タイは1944年10月、呂国銓を通じて、6名から成る代表団を軍服姿で重慶に派遣する旨を伝えており、この件に関

する交渉記録やタイにおける日本軍の戦力配置地図が残されている[34]。

　1944年12月、中国戦区中国陸軍総司令部が昆明で成立し、翌年の三・九クーデタ勃発後、陸軍総司令部の何応欽が昆明に赴きベトナム攻撃部隊を組織した[35]。張発圭が三・九クーデタ後作成したベトナム攻撃計画では、フランス軍と盟友の立場で共同作戦を行うことが想定されていたが、その裏ではベトナムの独立を扶植・支援することも考えられていた。ところが、ベトナムの独立を扶植するということになると、どの党派を扶植するかが問題になる。もともと中国国民党の念頭にあったのは体制、思想面で中国国民党をモデルとしているベトナム国民党であった。

　1945年6月、ベトナム国民党と大越党が合流し、代表団を組織して中国を訪問し、6月25日に重慶に到着し蔣介石委員長に会った。代表団は中国が戦後ベトナムの独立に協力することを要求したが、蔣介石もこれに積極的な反応を見せ、アメリカとベトナムの間に立ち、ベトナム民族の自由獲得に協力することを約束した[36]。日本軍が仏領インドシナを占領している期間中、中国国民党と重慶国民政府はベトナム問題に力を注いだが、一方では中国領内に入ったフランス軍の処遇問題等フランスとの関係を処理し、他方ではベトナムの党派勢力を扶植し、ベトナム独立運動に協力しようとした[37]。日本軍はラオスを占領した後、シーサンパンナに駐屯していた第93師との直接的な衝突はなかったようである。ラオスは日本軍に占領された後、日本軍に支援されて1945年4月8日に独立を宣言し、日本が当該地域に派遣した高級顧問の指導を受けた[38]。

　蔣介石のベトナム問題に対する考え方は、ラオス問題に対する考えにも影響した。

　連合国側はベトナム北部を中国の統轄下に置くことを考えたことがあった。アメリカの大統領フランクリン・ローズヴェルト（Franklin Roosevelt）は記者に対し、かつて蔣介石にインドシナが必要かと聞いたという。ところが、蔣介石は当地の住民は中国人ではなく、中国に同化されることを望んでいないので、その独立を支援すべきだと考えていた[39]。このような考え方の源流は中国国民党総理の孫文と関係があるかもしれない。孫文は『三民主義』において、近代以後、列強が帝国主義のもとで中国を侮辱してきたことに言及し

ている。孫文は「民族主義第六講」で中国と欧米の帝国主義の比較を行い、隆盛を誇っていた時代に中国が行ったのは「済弱扶傾〔弱い者を救い危うい者を助ける〕」の優良政策であったがために、安南、ビルマ、朝鮮、シャム等の国がその独立を維持することができた。しかし、西力東漸に従い、西洋列強の砲艦に帝国主義を乗せたことによって、安南はフランスに滅ぼされ、ビルマはイギリスに滅ぼされ、朝鮮は日本に滅ぼされた。したがって、中国が強国となっても、帝国主義の道を選択せず、長年行ってきた「済弱扶傾」の政策を用いて列強に抵抗し、弱い者を助け、かつて中国が経験した苦痛を周辺国家に押しつけてはならないとした[40]。このような認識は必ずしも歴史的事実と完全に一致しているわけではないが、中国国民党の帝国主義に対する反感、および今後中国が強国になった際にめざす国のイメージ、その他、中国が今後強くなっても周辺国家を侵略しないというメッセージが含まれていた。

　このような孫文の意向に従った結果であるかもしれないが、1945年6月25日、蔣介石はベトナム国民党代表団潘針一行を接見した際に、中国軍がまもなくベトナムに入るが、中国はベトナムが独立し自由を獲得することを助けると述べた[41]。ところが、ポツダム会談で、もともと中国戦区に属していたタイとベトナムを北緯16度線を境界に南北に分断し、16度線以北に中国戦区、16度線以南は東南アジア戦区に確定した。この件は、蔣介石に事前の相談なしに公布されたものだったため、蔣介石には不愉快であったが英米の意向を受け入れるしかなかった[42]。しかし、蔣の計画のなかで、ベトナムの独立に関する方針は変わることがなかった。

　日本降伏後、ホー・チ・ミン（Hồ Chí Minh）が率いるベトミンは1945年9月2日、ハノイでベトナムの独立を宣言し、フランスもインドシナへの復帰を急ぐなか、中国軍は最高統帥の命を受けて、中国戦区に確定された北緯16度線以北の仏領インドシナで日本軍の降伏を受け入れ、第1方面軍盧漢がその責に任じられ、3勢力がベトナムで角逐することになった。その他、行政院がベトナム占領軍顧問団を派遣することになり、外交部が行政院を代表し人員を招集したが、14の原則を制定し、ベトナム派遣の顧問団に訓令を出し、仏越の間で中立を維持することを要求した[43]。陳鴻瑜によれば、当時、国民政府はベトナムに対して次の6つの原則をもって臨んだ。

⑴　中国はベトナムに対して領土的野心をもたない。
⑵　中国は始終ベトナムの民族解放運動に共感しているが、現段階の情勢に鑑み、ベトナムがまず自治を実現し最終的に独立に至ることを望む。
⑶　中国は仏越の内部紛糾に対して中立的立場をとるが、平和交渉で問題を解決することを望む。
⑷　中国が降伏を受け入れる区域内での華人の生命財産に対して中国軍が保護を与える。
⑸　中国軍が降伏を受け入れる区域内の治安維持の条件を満たせば、ベトナム民族の各種活動に対して中国軍は干渉しない。
⑹　仏越間の感情が悪化しているので、フランス軍が完全に国軍に代わることができるようになるまで、フランス軍の進駐を認めない[44]。

　国軍が撤退するまで、国民政府は仏領インドシナにおける仏越の衝突に介入することを望まず、フランス軍の進駐によって起こり得る衝突の危険を避けようとした。
　蒋介石はその日記で、ベトナムが自治を実現し台湾が光復（日本統治下からの解放）となれば、中国の東南地域は侵略される可能性はないと、特に記している[45]。しかし、これはフランスが望んでいることではなかった。フランスはインドシナへの復帰を望み、国軍の進駐に対して少なからず妨害、干渉し、ひいては駐重慶大使メリアを通じて蒋介石に対して、以下数点の要求を提出した。⑴ラオスには日本軍が存在しないので中国軍はラオス領内に進駐しない、⑵物資、女性・子供を運送するためジャカルターベトナム間の航路をフランスに開放する、⑶都龍からの仏軍がベトナム北部に上陸することを許可する、⑷中国軍によるベトナム各党派の武装解除。上記のなかで第2点を除いて蒋介石は直接回答することを避けた[46]。
　北緯16度線以北の北ベトナムへの進駐命令を受けたシーサンパンナ駐留の第93師はラオスに入ることになり、一営の兵力のみ車里に残して全員がラオス国境内に入った。ベトナムで仏越間の衝突が頻発している時期であったので、ラオス領内も平安ではなかった。呂国銓が第93師を率いて1945年10月21日に国境を越えてラオスの勐西に入った際に、フランス軍が当地の住民を煽動

し、国軍に食糧を提供しなかった。その他、第93師の別の部隊が龍幡に進駐した際には、当地のフランス軍が阻止し、敵対行為をとった。国軍は自衛と任務遂行の目的で、この地のフランス軍を武装解除し、フランス軍の駐屯地を指定し活動を停止させた。呂国銓は任務完了のため、何応欽に電報を送り、類似の不当行為を行わないことを外交部よりフランス側に求めた[47]。また、フランスの華僑に対する圧迫行為も散見された。ティント（Tintoh）で華僑の家屋を焼き払い、素望では投弾し、その他、ラオスから川を渡りタイに向かう者に対して機銃掃射を行った。その結果、700余名の華僑は危険から逃れることができたが、140名の華僑が拘束された。呂国銓は国軍撤退前に、ラオス臨時政府の甘茂より、当該地域の秩序回復まで中国軍継続駐留の要請を受けた[48]。しかし、中国軍はラオス方面の要請に応じることができず、重慶の意思に従わなければならなかった。

　フランスのベトナム入りに関しては、北圻の占領を維持し日本捕虜の還送を完了するか否かという問題と関係なく、軍令部の計画で先にラオスと中圻をフランス側に返すことになったため、当地で中仏軍事委員会を設置し武装解除されたフランス軍の武器を引き渡す必要もなくなり、第93師は計画どおりラオスより雲南の思茅に撤退した[49]。その後、中仏の間で協定が結ばれ、第93師の大部隊は計画どおり勐倍を出発し、ビルマの芒喜を経由して雲南の佛海に入り、一部の部隊は思茅、普洱に、残りの部隊は車里、佛海に入った。第53軍はフランス軍との引き継ぎ事項終了後、蒙自、開遠に入り、第60軍はハイフォンを経由し海路で東北に向かった。最初に引き継ぎを行ったのは第93師であり、次が第53軍であった[50]。

　第93師が完全にラオスから撤退するまで、一部のラオス領土を獲得し中国とタイを直接つなげるという邢森洲の計画が実行されることはなかった。

おわりに

　重慶当局は巨視的な観点から、戦後東南アジアにおける中華民国の役割を構想していた。対日抗戦末期、中央党部海外特派員の邢森洲は、ラオスの一部の領土を雲南に編入し、中華民国の国境をタイと隣接させ、この回廊を通

じた反共のタイとの緊密な連携を期待し、そのために国軍が先行占領を行い、既成事実をつくることを提議したが、このような計画は少なからず戦後の共産党との競争を念頭に置いていた可能性がある。その後の歴史を見ても、中華民国の遷台後、インドシナ半島で反共のタイと緊密な協力関係にあったのも確かであった。

　邢森洲の戦略構想は理に適うところがあり、秘書長の呉鉄城に報告されてから、中央党部もこの問題について検討した。ところが、蒋介石は弱小民族を助けるべきだとする孫文の教えに基づき、北ベトナムを中華民国の領有とするというローズヴェルト大統領の提議を断り、逆にベトナムがフランスから離脱し、自治を獲得した後、独立を果たすことを望んだ。日本軍降伏後、中国軍は北緯16度線以北のインドシナを占領し接収にあたったが、この指導方針に変化はなかった。

　戦後の中国はまもなく国共内戦の渦に陥りながら、各地の接収問題を処理しなければならず、さらにベトナムに入った部隊が当地で徴税を行い、補給を賄うことができなかったため、問題は山積し、支出も膨大になり、軍隊をベトナムに継続駐留させる可能性は低くなった。したがって、理論上も、実務上も、中国軍がラオス北部を切り離し、中泰回廊を開拓することは不可能であった。ただ、運命の悪戯であろうか、1949年12月、盧漢は昆明で中共に投降し、邢森洲は拘束され、李彌は部隊を率いて西の蒙自に退却し、その後、江心坡一帯に入り、1950年1月末の元江戦役の後にはビルマに入った。第93師は雲南南部にいたため、最初は注目されなかったが、1950年2月半ば、南嶠で戦いが始まると、車里の南側の蛮宋から、ラオス国境に沿いビルマに入り、異国で奮闘する孤軍の一つとなった[51]。

注
1）李恩涵『東南亜華人史』台北：五南図書出版公司、2003年、142-143頁。
2）各国が中立を厳守したのは商業的立場からだったかもしれない。中立国の船舶のみが安全かつ侵害を受けずに戦争が勃発した東アジア地域で航行、運送を行うことができた。詳細は鄭雪飛『自由船、自由貨―戦時中立国海上貿易権力之争』北京：中国社会科学出版社、2004年、を参照されたい。アメリカは1938年半ばになりようやく日本の空軍（航空隊）が連続して中国の民間人に対して爆撃を行ったとして、勧告という

形式で航空機の輸出、爆弾等の機材を扱う会社の日本への関連商品の輸出を制限するようにしたが、「道義的な運送禁止」にすぎず、強制的ではなかった。イギリスは日本が中国の華南地域を占領し「東亜新秩序」を唱えた後、1938年12月、中国に50万ポンドの借款を提供しビルマ・ルートに必要な自動車を買えるようにした。しかし、1940年半ばに日本の圧力に屈し、ビルマ・ルートを一時閉鎖した。

3）抗戦期、ベトナムを経由した運送に関しては許文堂「第二次大戦期間中、日、仏在越南的交渉与衝突」『中央研究院近代史研究所集刊』44、2004年6月、63-101頁を参照されたい。抗戦期、経由運送の主力であった西南運送総処に関しては、夏兆営「論抗戦時期的西南運送総処」『抗日戦争研究』2003年第3期、79-112頁を参照されたい。

4）「外交部致経済部代電」（1939年9月27日）、中国第二歴史檔案館編『民国史檔案資料匯編：第五編（二）外交』南京：江蘇古籍出版社、1997年、605-606頁。

5）「国民政府対法国封鎖滇越鉄路等事件声明」（1940年6月23日）、前掲、中国第二歴史檔案館編『民国史檔案資料匯編：第五編（二）外交』632-633頁；顧維鈞『顧維鈞回顧録』4、北京：中華書局、1986年、336-337頁。日本側が派遣したのは西原一策少将等の40人であった。許文堂「第二次大戦期間中、日、仏在越南的交渉与衝突」『中央研究院近代史研究所集刊』44、2004年6月、78頁を参照されたい。蒋介石は交通の閉鎖がもたらした不利な影響を回避するために、ハノイ駐在西南運送総処宋子良主任に命じインドシナ総督ジャン・ドゥクーに会い軍事協力問題に関して協議を行うようにしたが、詳細な協議内容は今のところ不明である。秦孝儀編『総統　蒋公大事長編初稿　巻四下』台北：中国国民党史会、1978年、548頁。

6）陳鴻瑜『中華民国與東南亜各国外交関係史（1912-2000）』台北：国立編訳館、2004年、88-89頁；「仏印問題爾後の措置に関する件（1940年9月13日）」『日本外交年表竝主要文書』（下）、原書房、1966年、454-455頁。徐永昌はベトナムに保管していた物資を確保するため、運送を急ぐことを要求している。詳細は徐永昌『徐永昌日記』（台北：中央研究院近代史研究所、1991年）1940年9月3日、を参照されたい。

7）前掲、顧『顧維鈞回顧録』4、497頁；前掲『徐永昌日記』1940年9月15日。器材は叙昆線およびビルマ・ルートに使われたようだ。詳細は、1941年9月10日の『徐永昌日記』を参照されたい。

8）前掲『顧維鈞回顧録』4、456-457頁。

9）「蒋委員長在重慶接見法国駐華大使戈思黙聴其報告日法間簽訂関於日本在越南軍事便利協定之経過後表示、中法友誼仍継続不変談話記録」（1940年10月26日）、中国国民党史会編『中華民国重要史料初編：対日抗戦時期—第三編・外交（二）』台北：党史会、1981年、770-772頁。

10）「外交部次長傅秉常在重慶接見法国駐華大使館参事博徳商談関於中国入越趨逐日軍事談話記録（摘要）、前掲、中国国民党史会編『中華民国重要史料初編：対日抗戦時期—第三編：外交（二）』775-776頁。日本の仏印進駐後、ヴィシー・フランスはドイツがインドシナに増兵することを期待したが、ドイツに断られた。この時期のヴィシー・フランスの対応に関しては下記の文献を参照されたい。Ellen J. Hammer, *The Struggle*

for Indochina, Stanford: Stanford University Press, 1955, pp.14-36.
11）前掲、陳『中華民国與東南亜各国外交関係史（1912-2000）』、191頁。
12）「対於内政外交意見書」(1945年1月29日)『特種檔案』中国国民党文化伝播委員会党史館所蔵、特11/3.12。
13）「渝密機函375号」(1945年2月17日)『特種檔案』中国国民党文化伝播委員会党史館所蔵、特11/3.12。
14）E. Bruce Reynolds, *Thailand's Secret War: The Free Thai, OSS, and SOE during World War II*, (London: Cambridge University Press, 2005)〔原文ページ数不明〕。
15）"Act concerning Communist Proclaimed by the King of Siam, 2 April 1933," in Rajendra Kumar Jain（ed.）, *China and Thailand, 1949-1983*, Hyderabad: Sangam Books, 1987, p.3.
16）一説では1927年に共産党に対する粛清が行われてから、中国の多くの左翼分子がタイに逃げ込み、小グループを発足させたとしている。しかし、実際に代表大会が行われたのは1942年12月1日なので、この日をタイ共産党が正式に成立した日だとみなしている。詳細は下記の文献を参照されたい。Judith A. Stowe, *Siam Becomes Thailand: A Story of Intrigue*, London: Hurst & Company, 1991, pp.45-46.
17）周建新・範宏貴「中老跨国民族及其族群関係」『民族研究』2000年第5期、97-110頁。
18）林享芬『従封貢到平行—甲午戦争前後的中韓関係（1894-1898）』台北：致知学術出版社、2014年、71-72頁。
19）「総署奏中法続議界約商約専條請派員畫押摺」(1895年6月19日・旧暦5月27日)『清季外交史料』114、1-2頁。
20）周建新・範宏貴「中老跨国民族及其族群関係」『民族研究』2000年第5期、97-110頁。
21）張発奎はもともと第4戦区を引率していたが、1944年の桂南戦役以後、日本軍が柳州、桂林および南寧に進撃し占領したため、部隊は広西省西部の百色に移駐し、第2方面軍司令となった。
22）「邢森洲致呉鉄城代電」(1944年8月24日)『特種檔案』中国国民党文化伝播委員会党史館所蔵、特15/4.54。
23）「邢森洲致呉鉄城勝利機字第16号」(1945年3月8日)『特種檔案』中国国民党文化伝播委員会党史館所蔵、特11/3.1.11。
24）何応欽『八年抗戦之経過』台北：文海出版社、1946年、193頁。
25）軍政部調製「第一期整理部隊番号及統計表（附編成単位表）」(1939年5月)、「陸軍整備（四）」『蔣中正総統文物』国史館所蔵、002-080102-00069-004；「摘報検査独立砲兵関於各団概況表」(1939年7月)、「全面抗戦（十四）」『蔣中正総統文物』国史館所蔵、002-080103-00047-007。
26）謝世忠『国族論述—中国與北東亜的場域』台北：台大出版中心、2004年、58頁。
27）「甘麗初電蔣中正称史迪威拠呂国銓我軍襲撃燈悪生擒法軍官一員之情」(1942年3月23日)『蔣中正総統文物』国史館所蔵、002-090105-00008-110。
28）「遠征軍在反攻準備期間守勢作戦指導案」(1943年10月12日)、「遠征軍司令長官任内

資料（三）」、「陳誠副総統文物」国史館所蔵、008-010701-00070-014。
29)　国史館編『事略稿本』52、540-541頁。
30)「蔣中正電龍雲、呂国銓侍六祖第7262号電」（1943年2月20日）、「対韓菲越関係（二）」『蔣中正総統文物』国史館所蔵、002-090103-00010-409。
31)　前掲、国史館編『事略稿本』52、667-668頁。
32)「龍雲電蔣中正」（1943年3月22日）、「対韓菲越関係（二）」『蔣中正総統文物』国史館所蔵、002-090103-00010-415；「蔣中正電呂国銓」（1943年6月6日）、「対韓菲越関係（二）」『蔣中正総統文物』国史館所蔵、002-090103-00010-417。
33)　前掲、国史館編『事略稿本』57、225-226頁。
34)「衛立煌電蔣中正」（1944年10月31日）、「対韓菲越関係（二）」『蔣中正総統文物』国史館所蔵、002-090103-00010-425。
35)　陳修和「抗戦勝利後国民党軍入越受降記略」『文史資料選輯』7、北京：中華書局、1960年9月、16頁；蔣永敬『胡志明在中国——一個越南民族主義的偽装者』台北：伝記文学出版社、1971年、232頁。
36)「越南党派活動」（1945年8月10日）『特種檔案』中国国民党文化伝播所、特11/17.9。その他、中国国民党とベトナム独立運動に関しては羅敏『中国国民党與越南独立運動』北京：社会科学文献出版社、2015年を参照されたい。
37)　雲南地域に入った仏領インドシナの部隊はラオスの豊沙里一帯で日本軍と交戦後撤退したが、ガブリエル・サバティエ将軍に引率されていた。この件は徐永昌より蔣委員長に報告されたが、連合国軍に準ずる待遇をすることになった。詳細は「徐部長永昌呈蔣主席」（1945年5月11日）、「革命文献：対法、越外交」『蔣中正総統文物』002-020400-00050-001；「侍従室致魏徳邁備忘録法越軍隊入中国境界案」（1945年6月13日）、「革命文献—対法、越外交」『蔣中正総統文物』002-020400-00050-003。
38)（泰）姆耳瓊賽『老拙史』福州：福建人民出版社、1974年、413-417頁。
39)　前掲、陳『中華民国與東南亜各国外交関係史（1912-2000）』、106頁。
40)「民族主義第六講」中国国民党中央委員会党史委員会編『国父全集第一冊』台北：近代中国出版社、1989年、53-54頁。
41)「蔣総裁接見越南国民党代表団談話紀要」（1945年6月25日）『特種檔案』中国国民党文化伝播委員会党史館所蔵、特11/15.72。
42)「蔣中正日記」1945年8月、上月反省録、胡佛研究所所蔵。
43)「占領越南軍事及行政設施原則」（1945年10月）『国民政府檔案』国史館所蔵、001-012300-0016。
44)　前掲、陳『中華民国與東南亜各国外交関係史（1912-2000）』、118-119頁。
45)「蔣中正日記」1945年9月、上月反省録、胡佛研究所所蔵。
46)「外交部電倫敦外交部長王世傑、法国巴黎銭泰大使」（1945年9月21日）、「我派駐越南占領軍」『外交部檔案』国史館所蔵、020-011003-0037。
47)「盧漢函蔣中正我軍占領区内之越南概況」（1945年10月27日）、「革命文献：対法、越外交」『蔣中正総統文物』002-020400-00050-019；「何応欽電蔣中正呂国銓師入越当地

法軍阻我前進並採敵対行為等情」（1945年11月13日）、「革命文献―対法、越外交」『蔣中正総統文物』002-020400-00050-021。
48）「呂国銓電蔣中正」（1946年1月22日）、「対韓菲越関係（二）」『蔣中正総統文物』国史館所蔵、002-090103-00010-333；「盧漢電蔣中正」（1946年1月24日）、「対英法徳義関係（一）」『蔣中正総統文物』002-090103-00011-160；「盧漢電蔣中正」（1946年4月18日）、「対英法徳義関係（一）」『蔣中正総統文物』002-090103-00011-167。
49）「王世傑呈蔣中正法方入越我方応採態度建議両項」（1945年11月28日）、「革命文献―対法、越外交」『蔣中正総統文物』002-020400-00050-023。
50）「蔣中正電何応欽霍揆彰盧漢我駐越軍応将所有防務即交法方接替等節」（1945年3月1日）、「革命文献―対法、越外交」『蔣中正総統文物』002-020400-00050-028。
51）覃怡輝『金三角国軍血涙史―1950-1981』台北：聯経出版公司、2009年、35-36頁。

特論

南京大虐殺と難民の宗教生活

張連紅

(土肥歩訳)

はじめに

　南京大虐殺の期間中、20人あまりの西洋人たちが南京にとどまったが、その多くは宣教師やキリスト教徒だった。彼らは、安全区で難民の保護と救済に尽力しただけでなく、人類史上最も暗い時期に多くの宗教活動を展開し、極限の恐怖におびえる難民のために祈り、難民の心を一定程度慰めた。本章は、南京大虐殺の期間中に南京にとどまった西洋人宣教師の日記、書簡そして報告書などに依拠しながら、南京大虐殺期間中の難民の宗教生活について初歩的な考察を行う[1]。

一　南京大虐殺時期のキリスト教コミュニティ

　1937年8月13日、第二次上海事変が勃発した。同月15日、日本軍は、南京に対する空襲を開始した。戦局の進展によって、日本軍の南京空襲の規模と頻度は、次第にエスカレートしていった。日本軍は、11月12日に上海を占領すると、すぐさま南京に向けて進撃を開始した。日本軍は、南京を攻撃する過

程で何度も警告を発して、南京に滞在する外国人に退去を求めた。各国の領事館も、自国民の安全を考えて、危機の迫る南京から離れるように職員に何度も促した。

しかし、日本軍による占領までに、南京市内にはなお20人あまりの西洋人がとどまり、その大部分はアメリカの宣教師とキリスト教徒だった[2]。宣教師が記録した書簡や日記からわかることは、彼らが難民に福音をもたらし、救済するために南京にとどまったということである。例えば、アーネスト・フォスター（福斯特／Ernest H. Foster）の書簡[3]やミニー・ヴォートリン（魏特琳／Minnie Vautrin）の日記[4]に、その旨が記されている。

南京市内にとどまった20人あまりの西洋人のうち、アメリカ出身の14人は、すべてキリスト教徒だった。彼らの経歴は、以下のとおりである。

マイナー・サール・ベイツ（貝徳士／Miner Searle Bates）は、連合キリスト教伝道団〔the United Christian Missionary Society. ディサイプルス派によって組織された伝道団体――訳注。以下同〕から南京金陵大学歴史系教授として派遣されていた。ジョージ・フィッチ（費呉生／George A. Fitch）は、1906年に牧師となって上海キリスト教青年会で活動し、後に南京キリスト教青年会の責任者となった人物である。南京大虐殺の期間中に国際赤十字会の主席であったジョン・マギー（馬吉／John G. Magee）は、1912年に聖公会から牧師として中国に派遣され、聖公会の聖パウロの礼拝堂で活動していた。フォスターは、1919年に聖公会の宣教師として揚州の「馬漢〔音訳〕」学校で教師として働いており、南京陥落の1カ月前に揚州から南京に来て、マギーとともに南京にあった聖パウロ礼拝堂で活動した。ジェイムズ・マッカラム（麦卡倫／James H. MaCallum）は、1921年に中国にやってきてから、伝道やコミュニティ活動を中心に行い、南京大虐殺期間中は金陵大学病院の管理スタッフとして南京にとどまっていた。ウィルソン・ミルズ（密爾士／Wilson P. Mills）は、1921年から1931年にかけて、中国キリスト教青年会で活動し、後に南京長老会の海外伝道託事部に所属した。ルイス・スマイス（斯邁思／Lewis S. C. Smythe）は、1934年に連合キリスト教伝道団から金陵大学に教員として派遣されていた。ヴォートリンも、1912年に連合キリスト教伝道団から宣教師として中国に派遣され、安徽省合肥の中学校教員を務めた後、1916年には南京の金陵女子文

理学院に招聘され、教育系主任、教務主任、校長代理を歴任した。ヒューバート・ソーン（宋煦伯／Hubert L. Sone）は、南部メソジスト教会から宣教師として金陵神学院に派遣されていた。チャールズ・リッグス（里格斯／Charles H. Riggs）は、農業の専門家として金陵大学で教員を務めていた。金陵大学付属の鼓楼病院に勤めていたアメリカ人スタッフ4人のうち、ロバート・ウィルソン（威而遜／Robert O. Wilson）は、1936年に教会から金陵大学病院に派遣され、外科医として診療にあたっていた。C・S・トリマー（特里黙／C. S. Trimmer）は、金陵大学鼓楼病院の医師だった。グレース・バウアー（格雷斯・鮑而／Grace Bauer）[5]とイヴァ・ハインズ（伊娃・海因茲／Iva Hynds）は金陵大学鼓楼病院の看護師であり、メアリー・トゥワイネン（戴瑪麗／Marry Twinem）は、金陵大学の神学教授だった夫ポール・D・トゥワイネン（Paul D. Twinem）が1923年に亡くなった後も、金陵大学で仕事を続けた。のちに、彼女は中国籍に帰化し、南京大虐殺が行われていた12月17日に金陵女子大学に移動して、ヴォートリンとともに難民保護を支援した。

　これらのアメリカ人の多くは、教会から中国に派遣されていた。なかでも、マギー、フォスター、ミルズ、ソーンの4人はいずれも専任の牧師で、ベイズ、スマイス、ヴォートリンらは、アメリカと関係のある教会組織に派遣され、伝道に従事すると同時に金陵大学や金陵女子文理学院で教員を務めた。

　これ以外に、ドイツ人商人や、安全区委員会主席のジョン・ラーベ[6]、会計のクリスティアン・クレーガー（克勒格而〔／Christian Kröger〕）、そして〔上海保険公司南京支店の支店長だった〕会計監査のエドゥアルト・スペルリンク（施佩林〔／Eduard Sperling〕）がいた。さらには、南京に戻った外交官たちもいた。彼らもまた、ほとんどがキリスト教徒だった。

　日本軍が南京を占領する前夜、南京にとどまった難民のなかにも、多くのキリスト教徒がいた。民国時期、南京におけるキリスト教の発展のスピードは速く、南京にあった19の教派には、統計によれば中国籍の牧師が66人もいたという[7]。その大部分は、金陵神学院を卒業し、伝道活動を担っていた。もっとも、南京大虐殺の期間中、南京にとどまった中国籍牧師の人数は20人前後だったが、南京にとどまったキリスト教徒の数はそれよりも多かったはずである。宣教師の努力によって、南京のキリスト教信者は、南京国民政府

の成立以降増加し続け、1912年の時点で320人、1928年の時点で1443人だったのに対して、1934年に3178人まで激増し、1935年の統計でも2387人だった[8]。そのうち1937年に南京にとどまったキリスト教徒は、南京聖公会のマギーとフォスターの記述によると、数百人ほどだったと推定される[9]。

南京大虐殺が行われていた時、南京にとどまった中国籍の牧師やキリスト教徒の多くは、南京安全区国際委員会の活動に携わり、その多くが国際委員会のスタッフや難民収容所の所長などを務めた。例えば、許伝音、沈玉書、陳嶸、斉兆昌、韓湘琳、姜正雲、盧孝庭、J・L・陳牧師、陳文書（フランシス・陳、F・J・陳、ペンネームは陳斐章）、陶仲良（Tao Chung Liang）[10]、C・T・蔣牧師、カチェスター〔卡特切斯特〕・范牧師、董保羅牧師（金陵神学院院長の息子）[11]、ルーシー・陳（Lucy Chen）、蔣女史（Miss. Chiang）、邵女史などである。金陵女子文理学院の難民収容所を例にとれば、程瑞芳、王耀庭、王瑞芝女史（金陵神学院の学生で、1938年11月30日に金陵女子大に転居し、ヴォートリンの難民管理を支援しながら、宗教活動を行った）、羅憲珍（伝道スタッフの1人）、薛玉玲（日曜学校の教員）らがいた。

日本軍が南京を占領した後、約25万人の南京の難民の大部分は、南京安全区に避難した。南京安全区国際委員会は25カ所の難民収容所を設置し、そのうち11カ所は、金陵大学、金陵女子文理学院、そして金陵神学院などキリスト教関係の機関だった。これらのキリスト教関係の機関に避難した難民の人数は、難民区の3分の2を占めた。

〔もともと、〕戦前の南京では、キリスト教の礼拝堂が広範囲に分布していた。市内の主要な教会には、白下路の聖パウロ礼拝堂（太平南路396号）、道勝堂（下関礼拝堂、中山北路408号）、中華基督教会の鼓楼礼拝堂（鼓楼公園1号に位置する）、中華基督教会南京区会の漢中堂（莫愁路392号）などがあった。このほかに、金陵大学、金陵女子文理学院、金陵神学院の3カ所のキリスト教系大学などがあった。南京大虐殺の期間、安全区内で通常どおり活動できた礼拝堂は2カ所しかなかったが（そのなかで西洋人宣教師が常に出入りしていたのは鼓楼礼拝堂だった）、それでも、「南京市内が恐怖で覆われていた2週間の間でさえ」日曜日ごとの礼拝活動が停止されることはなかった。1938年1月1日から、南京の11カ所のステーションでは、「8カ所で日常的な活動が行われ、

そのうちいくつかは活動内容を拡大させた」[12]。1938年2月2日、白下路の聖パウロ礼拝堂も礼拝活動を再開させ、活動に参加したのはわずか16人ではあったが、「その日以降、この地域の軍事的な要因を除いて、この礼拝堂で行われた通常の礼拝と伝道活動が、再び中断されることはなかった。私たちは毎日祈りを捧げ、毎週日曜日に普段と変わらず礼拝を行い、木曜日と金曜日の午後には、キリスト教徒ではない人々のために伝道を行った」[13]。このほかに、テキサス石油公司の経理ハンセンや、ドイツ人のシュルツ・パンティン（舒而茲・潘廷／Schultsz Pantin）の住居、さらに珞珈路17号、同25号など、安全区にあった西洋人の住居では、南京大虐殺の期間中でも、臨時の宗教活動が行われていた。安全区外の西南部に位置した双塘長老会礼拝堂では、避難した難民が多い時で2000人に達した。「2月18日の安全区国際委員会の解散にともない、難民が続々と家に帰り始めると、宗教活動を行う区域は拡大し始めた」[14]。例えば、聖公会は、最も多くの難民を抱える金陵大学と金陵女子文理学院の2カ所の収容所付近で伝道活動を行いやすくするために、聖パウロ礼拝堂と下関礼拝堂の中間にあった中英文化協会の家屋を借りて、新たな伝道所を設置し、1938年4月から活動を開始した。

二　難民収容所における宗教活動

キリストの福音を伝えることは、難民のたましいに慰めを与えることである。南京にとどまった西洋人宣教師は、福音伝播を自らの使命として、たとえこのうえない恐怖におびえる日々を過ごしたとしても、難民が主に祈りを捧げて、苦難から逃れられる機会を求めることを諦めなかった。南京が陥落した後に、金陵女子文理学院は伝道活動を行うのに最適な難民収容所だと認識された。〔マギーとフォスターも、〕「南京の難民を対象とした伝道活動のなかで、最も有名なものは金陵女子文理学院で行われた活動だった」[15]としている。

ヴォートリンの日記の記述によれば、12月13日の南京占領以降、日本軍は、金陵女子文理学院の難民収容所を繰り返し襲撃した。そのため、ヴォートリンは、宗教的な活動を組織するための時間をほとんどつくれなかった。12月24日のクリスマスイブの時でさえ、ヴォートリンは、難民収容所でごく簡単

なクリスマス礼拝しか行えず、参加できた人も極めて限られていた。参加者は、舎監だった程瑞芳の妻と彼女の４人の孫だけだった[16]。25日、クリスマスの早朝、「南側の音楽教室で、フランシス・陳が主宰するたいへんすばらしい礼拝集会が開かれた。歌った賛美歌は、いずれも今の私たちには意義深く、心に慰めと勇気を与えてくれた。ビッグ・王〔ヴォートリンの中国語教師〕を含めて私たち９人が出席した。近ごろは、祈禱会で語る話をあらかじめ用意することなど誰も考えていなかった。私たちは、心の赴くままに祈っている」。その日の午後２時、「例の小さなクリスマス礼拝堂で、王女史の主宰により、キャンパスの使用人たちのために、とてもよいクリスマスのお祈りができた。３時から羅女史〔日本語訳では「妻さん」〕が、近隣のキリスト教徒やキャンパスにいる難民家族のためのクリスマス礼拝を行った。薛女史も〔日本語訳では「午後７時からハウチさんが」〕、日中に学校に通っている小学生や奉仕団で彼女の手伝いをしている学生たちのために、クリスマス礼拝を行った。とはいえ、大人数を手がけるのは不可能だったため、大多数の難民にはこのような活動をしてあげられなかった」[17]。ちなみに、同じ日の程瑞芳の日記にも、以上の内容に相当する記載がある[18]。なお、この日から、金陵女子文理学院の難民収容所では宗教活動が再開され、現存する資料から見れば、これは、日本軍の南京占領以降、安全区の難民収容所で行われた初めての宗教活動だった。

1938年１月初旬、ヴォートリンは次のように報告している。「アメリカ聖公会〔the American Church Mission〕の牧師の支援を受けて、私たちは、女性を対象として、午後の集会を開きました。毎日午後２時になると、170人ほどの女性たちが集まりました。その大部分は若い女性たちで、南側の研究室で行われました。15歳以上にならないと参加を許されず、子供連れの参加は認められませんでした。私たちは、難民が暮らしている建物ごとに順番に行い、前日の夜から入場券を配布しました。私は、これまで、これほど厳かな集会に参加したことはありません。同じ時刻に、私たちは科学館で子供を対象にした集会を開きました。……また、日曜学校の教員１名も、これらの集会を執り行っています」[19]。

その後、金陵女子文理学院の難民収容所での宗教活動は進展し、ヴォートリンは、女性の難民を対象として、特別な宗教クラスをいくつも設置した。

ヴォートリンは、「私たちのキャンパスでは、こうした宗教活動が進められています。これは、昨年12月に人々が体験した恐怖をいくばくか取り除き、さらには、その大部分を取り除くことになるでしょう」[20]と認識していた。1938年1月17日から、金陵女子大学の難民収容所に、聖公会の牧師5人が招かれ、「難民に対して毎日説教を行った」[21]。毎日2回の集会が開かれ、そのうち1回は成人を、もう1回は子供を対象とした。難民は、礼儀正しく敬虔な態度で伝道を聞き、一部の女性たちは、簡単な賛美歌を学んだ。1938年2月末、難民が受けた教育の能力に応じて、ヴォートリンは、王女史とともに『イエス・キリスト伝』(『耶蘇伝』)を学習する聖書学習クラスを開いた。そのうち、高校と中学には2つの班を設け、6年生には2つの班を、5年生(70人)には2つの班を、3、4年生(300人)には4つの班を設け、合計で10班を数えた。別に設けられた12班は、初等教育程度の教養があるか教育を受けたことがない人たちを対象とし、そこに参加した人数は1000人を超えた。

1938年4月、ヴォートリンは、金陵女子大学の同窓生に対して、次のように報告した。「教員たちは、学生たちとともに、賛美歌と聖書を分かち合うことを望んでいました。苦しい日々のなかで、これはすばらしい慰めとなりました。すべての教員は、日曜学校の教員だった薛女史と私を除いて、ほかはみな難民で、そのうちの一部は招待した人々でした。彼女たちは、難民になることが何を意味しているのかを、知っていました。私たちの午後の祈禱礼拝は続けられ、現在は礼拝堂で行われています。参加者は150人から400人までとまちまちですが、日曜日に最も多くなりました。あなた方は、300人の難民女性が『いつくしみふかき』を歌う様子を、ぜひ聞いてみるべきです。彼女たちは、その歌も、それを歌うことも、好きなのです」[22]。ヴォートリンは、苦しい日々に賛美歌を学び、聖書を学習することが難民にとって最もすばらしい慰めであると認識していた[23]。だからこそ、多くの難民は、この6週間を期限とする計画が終わると、この楽土から離れるのは心底つらいと考えるようになった[24]。1998年以降、筆者たちは生存者にインタビューを行ったが、当時金陵女子大学に避難していたある老婆は、同大学で聖書を暗唱し礼拝に参加した情景を今も心に刻み込んでいた[25]。恐怖と戦争の日々に身を置き、身寄りのない難民にとって、神への信仰は心に慰めをもたらしたのだった。

金陵女子文理学院の難民収容所において、ヴォートリンらは、さまざまな学習クラスを設け、そのなかでも宗教は大きな比率を占めた。伝道を聞き、賛美歌を歌い、聖書を朗読し、宗教的な祝祭日を過ごすことなどは、ヴォートリン自身にとって、大きな関心事だった。1938年3月12日の日記には、彼女が担当した授業の様子が描かれている。「9時、私は自分のクラスの子供たちに会った。彼女たちは、各地の私立学校（旧式の私塾）で1年間から4年間学んだ子供たちだった。私はもともと35人のクラスだと思っていたが、43人いることがわかった。何人かの顔からは強い責任感を見てとることができた。クラスのおよそ半数が、最初の課題として、主の祈りを書き写して暗記した。私が気づかなかったような充実した意味が主の祈りに加えられた。私たちの次の課題は、『いつくしみ深き友なるイエスは』を暗記することだった。その次は、第121篇の賛美歌〔日本語訳では「詩篇の第121篇」〕をとりあげるつもりである」[26]。

　金陵女子文理学院の難民収容所に隣接していた金陵大学の難民収容所は、南京大虐殺の期間中、最も多くの難民を受け入れた。その伝道活動は、金陵大学の教授である陳嶸（陳宗一／Chen Tsung-ih）が担った。陳教授は、聖公会のメンバーで、金陵大学の難民収容所における礼拝活動を一貫して担当し、同時に教育を受けた青少年のために聖書朗読クラスを開設した。金陵大学の難民収容所で洗礼を受けた人々はかなり多く、その効果は十分だった。例えば、ある時およそ40人が聖パウロ礼拝堂に新たな信者として迎え入れられたが、そのうち33人は陳教授の信者だった。金陵大学では難民に伝道を行う牧師や伝道スタッフも豊富で、例えば1月25日の火曜日、フォスターは金陵大学で聖書に関する授業を担当した。その内容は「マタイによる福音書」第19章であり、1月28日の午後には、その故事の20節を学習した。毎回の授業に数百人が参加し、難民たちは真剣に聞き入った。1月30日には、難民のための祈祷が行われた。フォスターは、彼の妻に宛てた書簡のなかで、現在多くの人がキリスト教に対して興味を示しており、そのことに勇気づけられる、としている[27]。1938年4月、李医師（無錫の聖アンドリュー病院の医師）が鼓楼病院で難民に腸チフス、コレラ、そして天然痘の予防接種した際に、南京メソジスト教会のフランク・ゲイル（弗蘭克・蓋而／Frank Gale）牧師は、難民に

対して伝道活動を行った[28]。金陵大学の難民収容所は、揚州から逃れてきた福音派の職員である邵女史、蔣女史、そして下関区のルイス・陳女史とマギーから支援も得ていた。陳女史と蔣女史は、金陵大学の難民収容所の児童を対象に補習クラスを開き、平均120人が参加した。福音派の邵女史は、1938年3月1日から、金陵大学の難民収容所に暮らす女性や既婚女性に対して伝道活動を行った。彼女が毎晩6時半に聖書を解説する授業を担当したところ、聴講者数の平均は30人から40人だった。毎日午前中、彼女は女性3人のために英語で聖書を朗読し、難民たちに賛美歌を教えた[29]。これ以外に、マギーとフォスターが在籍する聖公会のメンバー、そして一部の信者たちは、毎週5回（5日間）、金陵大学鼓楼病院の病院区を訪問し、毎週日曜日の午後に鼓楼病院の病院区で祈りを捧げ、南京国際赤十字会によって設置された難民病院では、簡単な宗教儀礼を行った[30]。

　1938年2月18日に南京安全区が解散すると、多くの難民収容所は次々に閉鎖された。収容所で受け入れられず、帰る家もない女性が金陵女子文理学院や金陵大学など少数の難民収容所にとどまったのを例外として、多くの難民たちは帰宅の途についた。そのため、もともと安全区の外にあった礼拝堂は、従来の宗教活動を再開した。例えば、1938年5月1日月曜日、太平南路にあった聖パウロ礼拝堂は、新しい信者の入信儀式を盛大に行い、38人が参加した。これほど多くの信者が同時に入信活動を行うのは、聖パウロ礼拝堂にとっては初めてのことだった[31]。

三　難民のキリスト教認識の変化

　南京大虐殺の期間中、市内に包囲されていた難民たちは、南京にとどまった約20人の西洋人宣教師に唯一の希望を託した。西洋のキリスト教系大学、宣教師の住宅、そして会社は、難民が身を隠す最善の選択肢となった。例えば、金陵大学と金陵女子文理学院は、最も多い時でそれぞれ約3万人と約1万人の難民を収容した。一方、戦争の苦難に直面したキリスト教徒たちは、無私無欲の博愛精神で奉仕に全力を注ぎ、その様子が南京の難民を深く感動させた。「西洋のキリスト教会に対する感謝の気持ちは、安全区と伝道団体に

身を隠す場所を求めた人々の心のなかに、残り続けていました」[32]。難民の目には、西洋人宣教師は彼らが唯一頼りにできる「救世主」のように映り、数人の外国人男性がどこかに行くたびに、難民たちは、小鳥が親鳥を見るようなまなざしで、彼らを取り囲んだという[33]。南京大虐殺が発生する前、中国の民衆は、西洋人を見ると、彼らを「外国の悪魔〔洋鬼子〕」と蔑んだ。しかし、南京大虐殺以降、人々は心の底から彼らに対する呼び方を変えた。ある日、ヴォートリンは、外出先から戻る路上で、ある興味深い体験をした。「1人の少年が、自転車で走って行く私の姿を見るや、大声で『外国の悪魔』と叫んだ。ところが、さほど離れていないところにいた別の少年が、『何てことだ、華姉さんなんだぞ！』ときつい口調でたしなめた」[34]。

南京にとどまったアメリカ人宣教師は、「現在のように、南京の民衆が、キリスト教会に対してこれほど友好的になったことはなかった」と広く受けとめていた[35]。ベイツは、多くの人がキリスト教徒の支援に対して感謝と尊敬の念を抱いており、宗教活動は限定的な効果しかもたないものであるが、それでも今回の意義は重大であると見ていた[36]。宣教師たちは、金陵女子文理学院の多くの難民がキリスト教の活動に誠意をもって参加しているのを見て感動し、「このように多くの若い女性たちが、覚えた賛美歌を自発的に歌い、集中して説教を聞いている。注目すべきことは、皆さんがよくご存じのとおり、これらの多くの人たちが数カ月前まではキリスト教に対する知識をほとんどもっていなかったことです。これは、どれほどわれわれを励ます光景でしょうか！」[37]と述べている。難民にとって、南京にとどまった外国籍の人々は救世主だった。人々は、牧師が伝道するなかで、天に祈りを捧げ、自身の悩みと憂鬱をしばし忘れたのである[38]。

一部の宣教師も、こうした事実を切実に感じ取っていた[39]。ヴォートリンも、ある報告のなかで、「過去数十年（キリスト教徒ではない人々が抱いていた）偏見と冷淡さは、彼らの視界と心中からかなりの程度なくなりつつある。彼らは、宗教によってのみ与えられるものを、渇望することでしょう」[40]と指摘している。まさに宣教師の認識どおり、南京安全区国際委員会が管理した各難民収容所での宗教活動が活発になるにつれ、キリスト教の活動に参加する難民の数は日に日に増えていった。一部の難民は、南京大虐殺の期間中に危

険に遭遇すると、西洋人宣教師に助け求め、宗教理論を勉強してから洗礼を受けて、信者となった。おそらく南京の難民たちは、キリスト教に興味を覚えたというよりも、むしろ日本軍の暴力行為に直面した困難な状況下で、彼らに救いの手をさしのべた外国人に深く感激し、こうした西洋人への感激ゆえに、神を信仰するようになったのだろう。

　例えば、1938年１月から２月にかけて、「日常的な活動に参加し、聖書学習クラスに出席するようになったのは1000人近くに上り、日曜日になると、1400人も集まった」[41]という。また、金陵女子大学では、聖書学習クラスの座席数が限られていたため、出席者数を毎回200人に制限したといい[42]、金陵女子文理学院では、200人から300人ほどが教会に加入する意思を示したという[43]。さらに、イースター当日（1938年４月17日）には、35人が聖公会の礼拝堂で洗礼を受けた。それと同時に、聖公会は、各ステーションで64人の新たな信者を受け入れた。聖パウロ礼拝堂と下関でも、60人の信者を受け入れる準備を進めたといわれている[44]。統計によれば、1938年の南京において、キリスト教を信仰する人が激増し、その人数は１万1575人に達した[45]。この年の信者数は、民国期を通じて最も多かった。当時の南京市の人口総数を30万人前後と想定した場合、キリスト教徒は、総人口の約４％だったといえる。これに対して、戦前のキリスト教信者数が最多を記録したのは1937年だったが、それでも総人口の約１％にとどまった。

　信仰は特別な力を生み出した。絶望の淵にあった難民に希望をもたらしたのである。ヴォートリンの日記には、74歳のあるキリスト教徒が長い距離をかけて南京に戻ってきたというエピソードがある。その最後に、彼女が成功した理由について、「それは祈りであり、神が私たちに力をお与えくださり、幼い子供たちを守らせたのである」、「これは彼女が信仰を堅持している証しである」として、彼女の輝きと感謝に満ちた容姿を見れば、誰も彼女の答えに疑問を抱くことはできないだろう、と記している[46]。金陵女子文理学院の卒業生の陳瑪麗（金陵大学校長陳裕光の妹）は、かつて書簡のなかで、キリスト教徒にとって喜ぶべきことは、心のなかにある「恒久的な平和」であり、その「平和」は、〔必要悪ならぬ〕必要とされる恐怖を、祝福という慰めと保護という霊薬へと転化するだろう、と述べたことがある[47]。もちろん、礼拝を行

うことや聖書を読むことは、残虐な日本軍の行動を抑制できたわけではなかったし、教育を受けた人々に侵略軍を追い払うための本当の武器を手に入れさせたわけでもなかった。しかし、血なまぐさい体験をした難民たちが精神的な慰めを必要としていたことは、確かだった。キリスト教徒についていえば、災難を通じて、「彼らは、救世主としてのイエス・キリストを信仰しさえすれば、国家が搾取され、日本の軍事指導者の支配下にあるという原罪のなかから、そして、自分自身が身勝手で貪欲であるという原罪のなかから、救いを得ることができると、さらに強く信じた」という[48]。

　もちろん、一部のキリスト教徒が日本軍の残酷で人道をわきまえない凶暴な行為に直面して神への信仰心を動揺させたことは、確かである。金陵大学附属中学の難民収容所所長（第2区区長）だった姜正雲は、長老会の信者で、金陵中学の難民収容所の活動を担当していたが、彼は日本軍がそこで暮らしていた女性難民を強姦するのを目撃しながらも、阻止することができず、無力さを痛感した。12月17日、彼は、ジョージ・フィッチに送った書簡のなかで、「私はキリスト教の長老会メンバーの1人であり、1924年に金陵神学院を卒業しました。私は、彼女たちを助けに行きたかったのですが、そうした権限をもっていませんでした。私は哀れな人間です。どうかキリスト教の博愛の精神によって解決策をみつけ、（苦境に置かれた人々を）救い出してくださいますようお願い申しあげます」[49]と述べている。

　一部の信者は、日本軍が凶悪な行為を行っているという、この残酷な現実を受け入れることができず、生きる勇気を失うことさえあった。神が人類に福音を授けてくださるからこそ、キリスト教は人々に神を信じるようにというのだが、邪悪な日本兵が白日の下で強姦と殺人を行い、横暴にふるまっていた時、キリスト教徒の盧孝庭は、その生命で日本軍の恐ろしい支配に抗議するほかなかった。盧孝庭の自殺は、当時としては、典型的な事例であった。盧は、南京郊外に位置する江寧県の湯山鎮と東流村で、伝道牧師を務めた経歴をもち、大虐殺の間、フォスターと寝食をともにしていた。劣悪な条件の下で、彼は、立派な精神的な素質を示し、喜んで人々を助け、見返りを求めることはなかった。フォスターとマギーは、彼に対して好印象を抱き、マギーはかつて彼に神学院で勉強するように勧めようとしたこともあった。そのよ

うな盧は、中国の歴史において、死をもって暗黒の社会と闘った人々からも影響を受けていた。南京が占領される前に、彼は時局をかなり悲観するようになり、大虐殺の期間中は難民が受けた苦しみを実際に見聞してしまったため、鬱々として人づきあいを避けるようになり、発生していることすべてに対して、苦痛と絶望を感じるようになった。フォスターは、盧が自殺しようとしているのを知ると、中国のために生きねばならないと彼を励まし、暗闇に立ち向かうというキリスト教の教えは生きることでしか実践できず、死んでは実践できない、と告げた。12月31日に「難民登記」に応じた時点で、盧は40歳を過ぎていたし、マギーたちから保護を受けていたため、登記にはまったく問題はなかった。しかし、まさにその日に、彼は独自のやり方でこの世に別れを告げようと、早朝に部屋を後にした。そして数日後、盧の遺体は近隣住民によって、付近の池のなかから発見されたのだった。彼は、フォスターに1枚のメモ、ささやかな詩文、そしてお金を残した。そのメモには、神は彼の行動を罪とはみなさいないだろう、と書かれていた[50]。

四　宗教の違いを超えて

　中国の伝統文化において、菩薩は、人の苦難を救済し、平和を守る象徴である。「生き仏」も、善行を積む慈悲深い人に対する最高の賛辞である。もし1人の凡人がこの肩書を得たならば、その人物は徳行において非凡な行いがあったということである。近代以来、西洋の侵略によって、中国では民族主義が蔓延し、その時に民衆の間では、外国人を「外国の悪魔」と呼ぶ風潮があった。しかし、日本軍による南京大虐殺が起きた悲惨な時代のなかで、西洋人宣教師として、敬虔なキリスト教徒として、ヴォートリンもまた「生き仏」という肩書を得ることになった。

　当時、80歳を過ぎた老婆が、金陵女子大学の西側に住んでいた。19歳から寡婦暮らしを始めたその老婆は、肉食をしない敬虔な仏教徒だった。彼女の娘は、金陵女子大学の羅女史に対して、当時この老婆はヴォートリンのために毎日10回の叩頭を行い、この「生き仏」が金陵女子大学の難民収容所を管理し、それによって収容所内の若い女性たちがずっと守られるよう祈りを捧

げていた、と語った51)。南京の女性たちにとってみれば、「生き仏」ヴォートリンは、悪魔を追い払い、災い転じて福となす守護神の化身だったのである。

アメリカのキリスト教会の同僚たちの誤解を避けるために、ヴォートリンは、金陵女子文理学院の友人たちに、このことについて説明を加えたことがあった。「あなたたちからの手紙の一部を読んで、不安に感じることがあります。それは、私が金陵女子文理学院の難民キャンプで行っている活動が高尚すぎると、あなたたちが考えているのではないか、ということです。もし驚き慌てた中国人女性たちが私と『女性菩薩』との間に何らかの類似点をはっきりとみつけているのであれば、それは、千本の腕を広げて（難民を）助けるというイメージでしょう。こうした腕は、〔実際のところ〕私のものではありません。疲れ知らずで、しっかりとした信念をもった、この難民キャンプにいる同僚たちのものです。すべての人々は、東洋にいるか西洋にいるかに関係なく、金陵女子文理学院の学生や同窓生、教職員、スタッフ、そして信者たちによる祝福と〔彼ら、彼女たちの〕一貫した思想によって、励まされ支援を受けることができるのです。私たちは、こうした支援の力を確かに感じ取っていました」52)。ヴォートリンは、非常に謙虚に、難民キャンプの同僚たちとキリスト教系大学である金陵女子文理学院のメンバー全員に、その功績と努力を帰そうとしたのであった。

マギーとフォスターも、仏教の尼僧がキリスト教会の活動に参加していた実例に言及している。この実例は、一時的に安全区内の難民キャンプに身を寄せていた尼僧が、キリスト教会の伝道活動に積極的に参加したいと求めてきたことを伝えている。安全区では、ある臨時難民キャンプが、ドイツ人のシュルツ・パンティンの住居に隣り合う２棟の住宅に設けられ、「おもに、J・L・陳牧師と、四所村および三牌楼教区の会衆が転入してきた。面積がそれほど大きくなかったパンティンの住居にも、最も危険な時期には100人近くが居住し、その大部分は女性たちだった。これらの避難してきた人々のなかには、尼僧たちがいた。女性たちがそれまで避難していた場所で日本兵が騒ぎを起こすと、尼僧の１人は、私たちが彼女たちを受け入れるようにと懇願しに来た。そこで、私たちは女性たちを受け入れることに同意したのだった。数人の尼僧と若い尼僧は、陳先生の伝道活動に参加した。これらの尼僧たちは、

私たちミッションの女性スタッフがパンティン氏の住居で行っていた伝道集会にも参加した。陳先生の信者たちが下関に移った後も、一部の尼僧はハンセンの住居で行っていた伝道活動に引き続き参加した」。マギーとフォスターは、これらの尼僧がいつかは彼らの信者になるだろうと認識していた53)。

　ある特定の時期についてではあるが、上述のように仏教を信仰する難民がキリスト教に対する認識を変えていったこと以外にも、西洋人の宣教師の日記には、キリスト教を信仰する日本人将兵との交流の記録が綴られている。西洋人宣教師の目には、キリスト教を信仰する日本の将兵は、普通の将兵と比べて、知的で礼儀正しく、交流しやすいように映り、さらに、彼らは危険に苛まれていた南京の難民たちに積極的に救いの手をさしのべる意思を示しているように思われた。ヴォートリンの日記には、神戸のミッション・スクールを卒業し、キリスト教徒の妻子をもつ日本軍の将兵から訪問を受けたとの記録がある。〔ヴォートリンは、〕「私たちは初めて真剣に戦争について、そう、戦争がいかに両国を傷つけるか、そして日増しに怨みを募らせるのかということについて話をした。彼がいうには、戦争が起きた理由は、両国の相互理解の欠如にあり、彼も戦争は間違っていると考えているという。最近、彼は模範刑務所の看守として派遣されて来ると、私にある人物の名前を告げた。そして、夫と子どもを探している女性に、その人物を探しに行くようにと言った。翌日、私は、彼女の男性親族と面識がある数人の女性たちを探し出して、彼女たちにわれわれの難民収容所の書簡をもたせて、その男性を探しに行かせた」54)と記している。

　1938年2月20日日曜日、南京の聖パウロ礼拝堂が占領されてから初めて礼拝を行った。そこには、キリスト教徒の日本兵も1名参加していた。そこで、フォスターは、彼のために写真を1枚撮影した。この日本人は、その礼拝堂に石けん、毛布そしてビスケットを贈った55)。ヴォートリンは日記のなかで、2月27日の日曜日、聖パウロ礼拝堂での礼拝に、このキリスト教徒の日本兵が参加した、と記している56)。フォスターは妻子に宛てた手紙で、彼の家に非常に愉快な日本人の中尉を1人招待した、とも綴っている。この人物は、日本の早稲田大学を卒業し、1年間軍役に就いた後、アメリカにわたって5年間勉学に励んだという。交流は非常に楽しいものだった〔と、フォスターは

記している〕57)。

　日本軍が南京を占領した後、南京のキリスト教会は、日本語の聖書を大量に発注して、南京に駐留する日本軍兵士に配布しようと試みたが、この試みはすぐに阻止された。ただし、日中両国のキリスト教徒による好意的な助け合いによって、「中国の敵を1人の誠意ある友人に変える」という事例も存在した。例えば、〔当時従軍していた〕ある日本人牧師の孫が南京で病気にかかった時、彼は南京のキリスト教会に所属する祖父をもつ中国人信者を訪ねた。この中国人の家では、牧師とその妻子がニワトリを殺して温かいスープを作り、彼に食べさせた。そして、手厚く看病されたことで、日本兵の病気はすぐによくなった。この日本兵は、1938年9月に上海に戻ると、長文の感謝状を書いた。それによれば、「私たちは、どこにいようとも、主のうちにある友情をよりどころとして、決して離れ離れになることはありません。私たちは、あなた方、あなた方の教会、そして、あなた方の国家のために永遠に祈り続けます」58)とあった。

おわりに

　宗教は一種の信仰であり、一種の感情でもある。中国を侵略した日本軍が南京大虐殺を行っていた間、中国の人々は苦しみ、災難に直面した。その際、キリスト教の宣教師たちによる宗教活動は、南京の難民たちの心を大いに慰めることになった。それと同時に、南京大虐殺という人類に降りかかった災難は、南京におけるキリスト教の伝道という側面からすれば、信者を最も急速に拡大させることにつながった。異なる宗教でも意思疎通できること、宗教が民族や国家の限界を突破できること59)について、われわれは今後考察しなければならないだろう。

注
1）管見の限り、学術研究として南京大虐殺期間の難民の宗教生活を専門的に考察した論考は、まだ存在しない。日本では、松谷曄介「安村三郎—南京国際救済委員会唯一的日本成員」(2015年に南京師範大学で行われた「社会群体視角下的抗日戦争与中国社

会国際学術研討会」の会議論文集所収）、同「中国占領地域に対する日本の宗教政策──キリスト教を中心とした政策・組織・人物の連関性」（博士論文、北九州大学大学院提出、2013年）、渡辺久志「南京国際救済委員会に派遣された日本人─安村三郎」（『戦争責任研究』第58巻、2007年）など、数本の関連論文が存在する。
2）各種資料を総合すれば、南京陥落時には26人の外国人が南京にとどまっていた。しかし、そのうち3人の記者と1人の映画会社スタッフは、15日には南京を離れた。残りの外国人のうち、5人はドイツ人、1人はオーストリア人、2人は白系ロシア人、14人はアメリカ人だった。安全区設立や難民に対する保護・救援活動は、主としてドイツ人とアメリカ人によって行われた。アメリカ人の多くは、本国のキリスト教会から派遣され、教育活動、医療活動、管理活動などに携わっていた宣教師であった。
3）「福斯特致妻子（1937年11月2日）」。同史料は、彭剣『別無選択─南京大屠殺期間留寧美国伝教士心態研究』（華中師範大学提出修士論文、2002年）より転載した。
4）ミニー・ヴォートリン（南京師範大学南京大屠殺研究中心訳）『魏特琳日記』南京：江蘇人民出版社、2000年、57頁。
5）2007年12月にバウアーの日記（1937年11月25日から1941年9月15日）が発見され、現在整理が進められている。
6）ラーベは、幼いころに、故郷の〔ハンブルクにある〕聖ミヒャエル教会で洗礼を受けた。南京滞在中、ラーベは毎日朝晩の祈禱をかかさなかったが、礼拝堂へ行くことは少なかった（黄慧英『南京大屠殺見証人─拉貝伝』上海：百家出版社、2002年、7－8頁）。
7）南京地方志編纂委員会編『南京民族宗教志』（下巻）南京出版社、2009年、401頁。この統計データには正確な年が書かれていないが、各教派については具体的な人数の統計がある。
8）同上、402頁。
9）ジョン・マギー、アーネスト・フォスター「1938年南京市民与基督教会関係」張憲文主編『南京大屠殺史料集』（第70冊）南京：江蘇人民出版社、2010年、909頁。
10）「金陵神学院職員状況報告（1937-1938）」同上、855-899頁。同報告に見られる陶仲良（Tao Chung Liang）と趙仲良（Tsao Chung Liang）の2人は同一人物と考えられる。
11）「福斯特致妻子（1938年2月17日）」同上、901頁。
12）「1937年冬南京基督教工作報告序言（1938年2月18日）」同上、918頁。同書において、この報告は、第12冊（126-129頁）、第69冊（311-313頁）、第70冊（520-522頁）の3カ所に掲載されている。史料の翻訳者が異なるため、読者の参考までに記す。
13）前掲、マギー、フォスター「1938年南京市民与基督教会関係」912頁。
14）「関於基督教徒在南京工作的初歩報告（1938年2月18日）」張憲文主編『南京大屠殺史料集』（第69冊）南京：江蘇人民出版社、312頁。
15）前掲、マギー、フォスター「1938年南京市民与基督教会関係」913頁。
16）前掲、ヴォートリン『魏特琳日記』209頁。

17) 同上、210-211頁。訳注：1937年12月1日から1938年3月31日にかけてのヴォートリンの日記は、すでに日本語で刊行されている（ミニー・ヴォートリン著、岡田良之助・伊原陽子訳・笠原十九司解説『南京事件の日々―ミニー・ヴォートリンの日記』大月書店、1999年、79-80頁）。以下、ヴォートリンの日記については、岡田・伊原訳本も参考にした。同時に、同訳本の日付と頁数も注で示しておいた。
18) 程瑞芳「程瑞芳日記」張憲文主編『南京大屠殺史料集』（第3冊）南京：江蘇人民出版社、2005年、22頁。
19) ヴォートリン「第一個月的述評（1937年12月13日-1938年1月13日）」章開沅編訳『天理難容―美国伝教士眼中的南京大屠殺（1937-1938)』南京：南京大学出版社、1999年、377頁。
20) 前掲、ヴォートリン『魏特琳日記』349頁。
21) 前掲、程「程瑞芳日記」33頁。訳注：1937年当時の正式名称は、金陵女子文理学院。
22) ヴォートリン「作為難民営的金陵女子文理学院（1938年1月14日-3月31日）」前掲、章編訳『天理難容』390頁。
23) 同上。
24) 南京師範大学南京大屠殺研究中心主編『魏特琳伝』南京：南京出版社、2001年、193頁。
25) 張連紅・許書宏「丁栄声口述（1998年12月31日）」張憲文主編『南京大署殺史料集』（第26冊）南京：江蘇人民出版社、2006年、478-480頁。
26) 訳注：原注は欠落している。前掲、ヴォートリン『南京事件の日々』202頁（1938年3月12日）に該当する記述が見られる。
27) 「福斯特致妻子（1938年1月28日）」前掲、張主編『南京大屠殺史料集』（第70冊）923頁。
28) 「福斯特夫婦照片集―1937-1938」同上、942頁。
29) 前掲、マギー、フォスター「1938年南京市民与基督教会関係」913頁。
30) 同上、915頁。
31) 「福斯特致妻子（1938年5月5日）」前掲、張主編『南京大屠殺史料集』（第70冊）906-907頁。
32) ヴォートリン「基督徒在行動―展示中国的記録（節録）」朱成山主編『海外南京大屠殺史料集』南京：南京出版社、2007年、276頁。
33) 郭岐「陥都血涙録」"南京大屠殺"史料編集委員会・南京図書館編『侵華日軍南京大屠殺史料』南京：江蘇古籍出版社、1990年、19頁。
34) 前掲、ヴォートリン『魏特琳日記』331頁〔前掲、ヴォートリン『南京事件の日々』234頁（1938年3月30日）。「華」とはヴォートリンの中国名「華群」に由来する〕。
35) 前掲、マギー、フォスター「1938年南京市民与基督教会関係」909頁。
36) 「関於基督教徒在南京工作的初歩報告（1938年2月18日）」前掲、張主編『南京大屠殺史料集』（第69冊）312頁。
37) 前掲、マギー、フォスター「1938年南京市民与基督教会関係」913頁。

38）ヴォートリン「第一個月的述評（1937年12月13日-1938年1月13日）」前掲、章編訳『天理難容』377頁、史邁士「致朋友函（1938年3月8日）」同上、344頁。
39）前掲、ヴォートリン「基督徒在行動―展示中国的記録（節録）」278-279頁。
40）同上、280頁。
41）「関於基督教徒在南京工作的初步報告（1938年2月18日）」前掲、張主編『南京大屠殺史料集』（69冊）312頁。
42）「福斯特致妻子（1938年1月28日）」前掲、張主編『南京大屠殺史料集』（第70冊）942頁。
43）前掲、マギー、フォスター「1938年南京市民与基督教会関係」915頁。
44）同上、909頁。
45）前掲、南京地方志編纂委員会編『南京民族宗教志』402頁。
46）前掲、ヴォートリン『魏特琳日記』483頁。
47）「恵勒編集的信札」前掲、張主編『南京大屠殺史料集』（第70冊）132頁。訳注：陳瑪麗は英語名 Mary Chen の音訳であり、実際の中国語名ではない可能性が高い。
48）ヴォートリン「基督徒在行動―展示中国的記録（節録）」前掲、朱主編『海外南京大屠殺史料集』280頁。
49）「姜正雲致費呉生（1938年12月17日）」前掲、張主編『南京大屠殺史料集』（第69冊）376-377頁。
50）「馬吉致妻子函（1937年12月31日）」、「福斯特致妻子函（1937年12月31日）」前掲、章編訳『天理難容』142、204頁。
51）前掲、ヴォートリン『魏特琳日記』365頁。
52）「魏特琳致金陵女子文理学院的朋友們（1939年3月）」前掲、張主編『南京大屠殺史料集』（第70冊）870頁。
53）前掲、マギー、フォスター「1938年南京市民与基督教会関係」910-911頁。
54）前掲、ヴォートリン『魏特琳日記』343頁。
55）「福斯特夫婦照片集―1937-1938」前掲、張主編『南京大屠殺史料集』（第70冊）938頁。
56）前掲、ヴォートリン『魏特琳日記』294頁〔前掲、ヴォートリン『南京事件の日々』186頁（1938年2月27日）〕。
57）「福斯特致妻子（1938年5月5日）」前掲、張主編『南京大屠殺史料集』（第70冊）906頁。
58）ヴォートリン「基督徒在行動―展示中国的記録（節録）」前掲、朱主編『海外南京大屠殺史料集』280-282頁。
59）現在、一部の資料と研究成果、例えば、山内小夜子による日本仏教界の研究や、ベイツの日本のキリスト教に対する観察などは、戦時中に日本の多くの宗教者が積極的に中国に対する侵略戦争に加担し、支持していたことを示している。

あとがき

　本書は「総論」にも記されているように、「日中戦争とそのアジアへのインパクト」を共通テーマに、「終戦70周年国際会議」の一環として、2015年12月26〜27日の間、台湾の中央研究院で開催された台北国際会議の成果に基づいている。

　この台北国際会議は、100人を超える参加者、80本を超える論文が提出されるという、予想を超える盛況であった。中央研究院での開催が可能になったのは、同院の黄自進教授の一方ならぬ尽力による。中国の社会科学院近代史研究所、ハーヴァード大学、ケンブリッジ大学、そして日本では日中関係史研究会が共催組織となった。日中関係史研究会は、「日中戦争の国際共同研究」日本組織委員会を兼ね、これまで5度の国際会議の準備主体となってきたが、第6回台北国際会議への参加にあたっても、その任務を引き継ぎ、久保、中村、波多野が組織委員会のコア・メンバーとして準備にあたった。

　台北会議は、3会場に分かれ、総計で12セッションが設けられた。参考のため、セッション名を記せば、第1日目が、「東北アジア地域政治」「日中関係の新視角」「戦後賠償・復員引揚げ」、第2日目が、「戦後の民族問題、植民地主義と中国の視点」「日本、華僑と東南アジア」「国民政府の政策決定と組織」「日中戦争に関する地方の見方」「戦争、宗教と生活」「1937年の南京」「日本の降伏と中国」「戦犯と戦争責任」「抗戦期の国家建設」と並び、それぞれ熱心な討議が行われた。

　これらのセッションで報告された論文のなかには、本書に収録したもの以外にも、新たな解釈や論点を示したり、今後の議論を促す論文が少なくなった。しかし、本書の刊行趣旨と編集上の都合から残念ながら掲載できなかった。

台北会議は、台湾と研究者と中国の研究者との学術交流が急速に深まっていることを強く印象づけるものであった。国際的な研究者交流の懸け橋となって獅子奮迅いただいた黄自進氏に改めて敬意と謝意を表したい。

　また、台北会議とその後の出版企画にあたっては、山田辰雄氏（慶應義塾大学名誉教授）および西村成雄氏（大阪大学名誉教授）に、いつもながら力強い支援と協力をいただいた。記して御礼申し上げたい。

　本書の出版にあたっては、公益財団法人りそなアジア・オセアニア財団の平成29年度出版助成を得ることができた。執筆者を代表して深甚の謝意を表したい。

　　　2017年8月6日
　　　　　　　　　　　波多野澄雄・久保亨・中村元哉

編者・執筆者紹介

波多野澄雄（はたの・すみお）
　国立公文書館アジア歴史資料センター長、筑波大学名誉教授。
　1947年生まれ。慶應義塾大学大学院法学研究科博士課程単位取得退学、博士（法学）。専攻は日本外交史。主要著作に、『太平洋戦争とアジア外交』（東京大学出版会、1996年）、『歴史としての日米安保条約』（岩波書店、2010年）、『国家と歴史―戦後日本の歴史問題』（中央公論新社、2011年）など。

久保亨（くぼ・とおる）
　信州大学人文学部教授。
　1953年生まれ。一橋大学大学院社会学研究科博士課程中退、修士（社会学）。専攻は中国近現代史。主要著作に、『戦間期中国〈自立への模索〉―関税通貨政策と経済発展』（東京大学出版会、1999年）、『戦間期中国の綿業と企業経営』（汲古書院、2005年）、『シリーズ中国近現代史(4)　社会主義への挑戦：1945-1971』（岩波新書、2011年）、など。

中村元哉（なかむら・もとや）
　津田塾大学学芸学部教授。
　1973年生まれ。東京大学大学院総合文化研究科博士課程修了、博士（学術）。専攻は中国近現代史、東アジア国際関係論。主要著作に、『戦後中国の憲政実施と言論の自由1945-49』（東京大学出版会、2004年）、『講座東アジアの知識人5―さまざまな戦後』（共著、有志舎、2014年）、『対立と共存の日中関係史―共和国としての中国』（講談社、2017年）、など。

戸部良一（とべ・りょういち）
　帝京大学文学部教授。
　1948年生まれ。京都大学大学院法学研究科博士課程単位修得退学、博士（法学）。専攻は日本近現代史。主要著作に、『ピース・フィーラー―支那事変和平工作の群像』（論創社、1991年）、『日本陸軍と中国―「支那通」にみる夢と蹉跌』（ちくま学芸文庫、2016年）、『逆説の軍隊』（中公文庫、2012年）、など。

裴京漢（ペ・きょんはん）
　新羅大学史学科教授。
　1953年生まれ。ソウル大学博士課程修了。専門は中国近現代政治史。主要著作に、『蒋介石研究―国民革命期における軍事政治の台頭過程』（ハングル、一潮閣、1995年）、『孫文と韓国―中華主義と事大主義の交錯』（ハングル、ハヌル出版社、2007年）、『汪精衛研究―近現代中国民族主義の屈折』（ハングル、一潮閣、2012年）、など。

加藤聖文（かとう・きよふみ）
　人間文化研究機構国文学研究資料館研究部准教授。
　1966年生まれ。早稲田大学大学院文学研究科博士後期課程修了。専攻は日本近現代史・東アジア国際関係史・歴史記録学。主要著作に、『満鉄全史―「国策会社」の全貌』（講談社選書メチエ、2006年）、『「大日本帝国」崩壊―東アジアの1945年』（中公新書、2009年）、『満蒙開拓団―虚妄の「日満一体」―』（岩波現代全書、2017年）、など。

浜井和史（はまい・かずふみ）
　帝京大学学修・研究支援センター准教授。
　1975年生まれ。京都大学大学院文学研究科博士後期課程指導認定退学、博士（文学）。専攻は日本近現代史、日本外交史。主要著作に、『復員関係史料集成』全12巻（ゆまに書房、2009－2010年）、『海外戦没者の戦後史―遺骨帰還と慰霊』（吉川弘文館、2014年）、「『英霊の凱旋』から『空の遺骨箱』へ―遺骨帰還をめぐる記憶の形成」『軍事史学』第51巻第2号（2015年9月）、など。

吉見崇（よしみ・たかし）
　東京大学大学院総合文化研究科学術研究員。
　1983年生まれ。東京大学大学院総合文化研究科博士課程修了、博士（学術）。専攻は中国近現代政治史。主要著作に、「戦後中国における検察改革の試み1945～1947年」『中国―社会と文化』第27号（2012年）、「中華民国国民政府の五院制と司法行政部の帰属問題―訓政期における司法権の独立をめぐって」『アジア研究』第60巻第1号（2014年）、「中国国民党政権による検察改革　1938-1945年」『歴史学研究』第927号（2015年）、など。

金子肇（かねこ・はじめ）
　広島大学大学院文学研究科教授。
　1959年生まれ。広島大学大学院文学研究科博士課程後期単位取得退学、博士（文学）。専攻は中国近現代史。主要著作に、『近代中国の中央と地方―民国前期の国家統合と行財政』（汲古書院、2008年）、『中国議会100年史―誰が誰を代表してきたのか』（共著、東京大学出版会、2015年）、「抗米援朝運動と同業秩序の政治化―上海の愛国業務公約を素材に」『歴史学研究』923号（2014年）、など。

水羽信男（みずは・のぶお）
　広島大学大学院総合科学研究科教授。
　1960年生まれ。広島大学大学院文学研究科博士課程後期単位取得退学、文学修士。専攻は中国近代史。主要著作に、『中国近代のリベラリズム』（東方書店、2007年）、『中国の愛国と民主―章乃器とその時代』（汲古書院、2012年）、『アジアから考える―日本人が「アジアの世紀」を生きるために』（編著、有志舎、2017年）、など。

アーロン・W・ムーア（Aaron W. Moore）
　マンチェスター大学東アジア歴史学部講師。
　プリンストン大学大学院博士課程修了。専攻は中国近代史、日中関係史。主要著作に、"From Individual Child to War Youth: The Construction of Collective Experience among Evacuated Japanese Children during WWII," *Japanese Studies*, 36(3)(2016). "Reversing the Gaze: The Construction of "Adulthood" in the Wartime Diaries of Japanese Children and Youth," In S. Frühstück, & A. Walthall eds., *Child's Play: Multisensory Histories of Children and Childhood in Japan and Beyond* (Berkerley: University of California Press, 2017).

呉啓訥（ご・けいとつ）
　中央研究院近代史研究所副研究員。
　1963年生まれ。国立台湾大学博士課程修了。専攻は近現代中国政治史、中華人民共和国史。主要著作に、「民族自治与中央集権」『中央研究院近代史研究所集刊』第65期（2009年）、「民族識別政策的歴史線索和政治面向」余敏玲編『両岸分治―学術建制、図像宣伝与族群政治』中央研究院近代史研究所（2012年）、"Caught between "Opposing Han Chauvinism" and "Opposing Local Nationalism"," Jeremy Brown and Matthew D. Johnson eds., *Maoism at the Grassroots: Everyday Life in China's Era of High Socialism* (Cambridge: Harvard University Press, 2015).

藤井元博（ふじい・もとひろ）
　防衛省防衛研究所戦史研究センター研究員。
　1986年生まれ。慶應義塾大学大学院文学研究科後期博士課程単位取得退学。専攻は東洋史。主要著作に、「重慶国民政府軍事委員会の「南進」対応をめぐる一考察　―「中越関係」案を手がかりに」『史学』82巻4号（2014年1月）、「重慶国民政府による広西省の統制強化と軍事機構―桂南会戦を中心に」『歴史学研究』919号（2014年6月）、など。

王文隆（おう・ぶんりゅう）
　中国国民党中央文化伝播委員会党史館主任。
　1976年生まれ。国立政治大学博士課程修了。専攻は中国現代史、中華民国外交史。主要著作に、『外交下郷、農業出洋―中華民国農技援助非洲的実施和影

響（1960-1974）』国立政治大学歴史学系（2004年）、「天津事件と日英中関係──抗日分子の裁判権をめぐって」『軍事史学』第43巻3・4号（2008年）、「台湾中学地理教科書的祖国想像（1949-1999）」『国史館学術集刊』第17号（2008年）、など。

張連江（ちょう・れんこう）
南京師範大学歴史系教授。
1966年生まれ。南京大学博士課程修了。専攻は中国近現代史。主要著作に、『幸存者調査口述』（上中下）（江蘇人民出版社、2006年）、『南京大屠殺全史』（上中下）（南京大学出版社、2012年）、『南京大屠殺研究──歴史与言説』（上下）（江蘇人民出版社、2014年）、など。

訳者紹介

丸田孝志（まるた・たかし）
広島大学総合科学研究科教授。
1964年生まれ。広島大学大学院文学研究科博士課程後期単位取得退学、博士（文学）。専攻は中国近現代史。主要著作に、『革命の儀礼──中国共産党根拠地の政治動員と民俗』（汲古書院、2013年）、『戦時秩序に巣喰う「声」──日中戦争・国共内戦・朝鮮戦争と中国社会』（共著、創土社、2017年）、など。

李仁哲（り・じんてつ）
（台湾）東呉大学推広部非常勤講師。
1982年生まれ。筑波大学大学院人文社会科学研究科博士課程修了、博士（学術）。専攻は近代日中関係史。主要著作に、「汪兆銘南京国民政府参戦問題に関する一考察」『東アジア近代史』第16号（2013年）、「抗日戦争の新たな歴史像の模索」『戦時期中国の経済発展と社会変容』（翻訳、慶應義塾大学出版会、2014年）、「无条件投降与日本」「辨析桐工作」『日本学者笔下的二战史』（翻訳、東方出版社、2017年刊行予定）、など。

柳英武（りゅう・えいぶ）
筑波大学人文社会科学研究科研究員。
1971年生まれ。筑波大学大学院人文社会科学研究科博士課程修了、博士（国際政治経済学）。専攻は東アジア国際関係史。主要著作に、「東アジアにおける近代条約システムの形成──1899年中韓通商条約の締結とその国際的意味」『筑波大学国際公共政策論集』第31号（2013年2月）、『東アジアにおける近代条約関係の成立』（龍溪書舎、2015年）ほか、訳書に潘洵著『重慶大爆撃の研究』（岩波書店、2016年）、など。

土肥歩（どい・あゆむ）
青山学院大学非常勤講師・東京大学大学院総合文化研究科学術研究員。
1983年生まれ。東京大学大学院総合文化研究科博士課程修了、博士（学術）。

専攻は中国近現代史。主要著作に、『華南中国の近代とキリスト教』（東京大学出版会、2017年）、「ミッション史料からみる珠江デルタ支流域の地域社会」『東洋史研究』第75巻第3号（2016年12月）、『南洋』と『地域社会』をむすぶキリスト教」『歴史評論』第765号（2014年1月）、など。

事項索引

あ行

アジア冷戦　239, 241
安全区（南京）　267, 270–272, 275, 276, 280
彝族　208, 209
一号作戦　29
インドシナ雲南鉄道沿線　249
インドシナ総督　250
ヴィシー政権　240, 250
雲南省　7, 216, 229–232, 241
　──滄源佤州自治県　236
英領インド　208, 209
英領ビルマ　209
エスニック・グループ　207–210, 213, 214, 219–222
延安政権（共産党）　29, 37
燕京大学ジャーナリズム学部　156, 157
遠東針布廠　140, 141

か行

外事局　236, 238
改土帰流　209, 210, 215
カイロ会談　48, 49, 51, 58, 59, 247
克欽族　215
華東紡績学院　145
カム・タイ語族　210
貨物税　121–124, 126, 128, 129, 131, 132
簡化稽徴　131
韓国光復軍　47, 52, 53, 55, 56, 59
韓国問題研究綱要草案　49
韓国臨時政府（重慶）　4, 5, 47, 52–60
『観察』　164
韓族　213
撣族　215
北樺太利権問題　27
共産党 → 中国共産党
キリスト教青年会（南京）　268
金陵女子文理学院　268, 270–272, 274, 275, 277, 280
金陵神学院　269, 270
金陵大学　268, 270, 271, 274, 275
軍事委員会　229–231
　──委員長侍従室第2処　157, 159, 160
　──辦公庁　239
軍令部　7, 231, 234, 236–238, 241
警管区制　106–116
警察（制度）　6, 106–116
景頗族　213
健康問題　190
憲政　105–109, 111, 115, 116, 155, 160
　──運動　160
憲法制定のための国民大会 → 制憲国民大会
康印公路　228–230
コーカン　229, 231–235, 237, 240
工業生産指数　136, 137

広告　163
工商同業公会　122, 125, 126, 128, 129, 131, 132
高理会議　214, 215, 217
国際共同管理（朝鮮半島）　49, 59
国際信託制度　41
国際赤十字会　268, 275
国産烟酒類税　122, 123
国防最高委員会　165
国民参政会　106
国民政府　6, 7, 48, 55, 69, 71-73, 76, 77, 105-108, 111, 112, 115, 210, 214, 222, 228, 259
　　──行政院　123
　　　　──教育部　7, 183, 185-192, 195, 197, 198
　　　　──経済部　128
　　　　──財政部　123, 131
　　　　──新聞局　155
　　　　──内政部　113, 115
　　──立法院　113, 128
国民党　→　中国国民党
国民党 6 全大会　155, 164
国連憲章　41
国共内戦　5, 66, 161, 192, 239, 241, 261
五五憲章　→　中華民国憲法草案
五族共和　208
五大国　172
近衛上奏文　37
近衛声明　35, 43
　　──第 2 次　34
鼓楼病院（南京）　269, 275
コロンビア大学　156

さ行

在華紡　138
サイパン陥落　14
サンフランシスコ会議　41
三民主義　162, 163, 240, 257
　　──青年団　157, 161, 162
シーサンパンナ(西双版納)　213, 253, 254, 257, 259
　　──・タイ族自治州　220
芷江会談　71-73
『時事新報』　156, 163
社会主義　162
シャン州　210, 215
上海市警察局　106, 108, 110, 111, 113, 115
上海档案館　144
上海紡織工業専科学校　145
上海紡織専科学校　144
重慶工作　12-19, 21, 22, 30, 40
重慶政権(重慶国民政府)　7, 11-13, 15, 20, 21, 27-29, 38, 43, 172, 227, 228, 235, 236, 241, 249, 260
重慶爆撃　154
自由主義　162, 165
首都警察庁　113
手令　165
商会（上海市）　123, 130
辛亥革命　211
『新華日報』　154
針布　139-142
『新聞報』　163
『申報』　163
人民解放軍　218, 219
人民代表大会　220
『新民報』　156
スティルウェル事件　173

制憲（憲法制定のための）国民大会　160，161
政治協商会議　105，109，111，161，219
西南連合大学　6，171
青年軍　7，186，194，196
青年党　161
誠孚紡織専科学校　144
税務署　125
設治局　209，217
戦国策派　171，178
戦後秩序　247
宣伝　152，156
宣撫工作　232，237，238
戦略物資　249
双十協定　73
総動員体制　166
『掃蕩報』　154，156
蘇州工業専門学校 → 上海紡織専科学校
外モンゴル　218
ソ連・東欧圏　139，140，142，149

た行

対外宣伝　156
タイ軍　256
『大公報』　154，156，159，163
対支処理要綱　74
対支新政策　32-34
傣族　211，213
大東亜共同宣言　34，36
大東亜新政策　32，33，36，37
第二次上海事変　267
大陸打通作戦　67
大陸反攻　239
大隆機器廠　138
地政学　177-179
中英続議滇緬界務商務条約　229
中央政治学校　158
　　――ジャーナリズム学部　156
中央通信社　156，159
『中央日報』　5，6，151-165，187
　　――党報社論委員会　158，159
　　――党報の企業化　155
　　――党報の株式会社化　164，165
中華民国訓政時期約法　108-111
中華民国憲法　105，106，161
　　――草案（五五憲章）　160-162
中華民族　207
中国遠征軍　230，233，234，241
中国共産党　7，73，77，107，151，160，189，195，215，218-220，222
中国軍第6軍第93師　255
中国国民党　5-7，105-107，109，111，115，121，132，139，151，161-165，186-189，192，195，196，198，199，241，248，249，257
　　――宣伝部　153，155，157-160，162，163
　　――組織部　165
中国戦域米軍（USFCT）　74，75
中国戦区中国陸軍総司令部　257
中国戦区日本官兵善後総連絡部　72
『中国の命運』　232
中国紡織科学研究院　144
中国紡織機械製造公司　139
中国紡織建設公司　139，144，145
中国紡織専科学校　144
中国紡績大学　145
中国民主同盟　107，161
中泰回廊　252，261
中仏戦争　249

朝鮮戦争　239
陳情　189
ディキシー・ミッション（延安視察団）　28
ティント　260
「適切な時期」　51, 58
滇緬公路（ビルマ・ルート）　210, 230
滇緬鉄道　210
東京工業大学　145
東西文化論争　171, 178
統税　121
東南アジア　241
東南アジア司令部　232
怒江　212, 213, 235, 236
土司制度　7, 214, 218-222, 228, 254
土地革命　180
豊田式 G 型織機　139

な行

南京安全区国際委員会　270, 276
南京政権（国民政府）　12, 13, 15, 16, 18-20, 22, 29
南京大虐殺　4, 8, 267-271, 274-276, 278, 282
南通学院　144
日華基本条約　32
日華同盟条約　13-15, 17, 32
日華平和条約　77
日ソ（蘇）中立条約　14, 16, 21, 32, 33, 35
日中戦争　4, 6, 8, 65, 121, 153, 166, 220, 248, 249
日中ソ提携（構想）　4, 35, 38, 40, 43
日中民間貿易協定　145, 146

日本-セイロン間貿易　148
日本人残留技術者　142, 145, 149
日本勢力の退場　248

は行

擺夷族　209, 215
白団　77
反共国家　253
汎タイ主義　210, 217
パンロン　231
東トルキスタン　218
引揚げ　81, 84, 85, 88
ビルマ国境問題　7, 230-232, 241
ビルマ政庁　232, 234, 235
ビルマ反攻　230
ビルマ・ルート　→　滇緬公路
広田・マリク会談　39, 40, 42
貧困優等生　186
復員　7, 81, 83, 92
仏印ルート　230
復旦大学ジャーナリズム学部　156
仏領インドシナ　8, 213, 249-252, 255, 257
不平等条約撤廃　159
フランス軍　260
フランスの植民地　253
北京政府　209
ベトナム革命同盟会準備委員会　251
ベトナムの独立　257
辺区工作　238, 239
北緯38度線　54
補助金　189
ポツダム会談　247, 258
ポツダム宣言　65, 66, 68

ま行

マーシャル計画　174
満洲（国）　15-18, 30, 36, 42
満州事変　228
ミズーリ大学ジャーナリズム学部　157, 158
『密勒氏評論報』→ *The China Weekly Review*
民主主義　106, 108, 109, 115, 162
民主党　161
民族識別工作　219
民族自治区　220
民族特別区　216
民盟 → 中国民主同盟
模範生　197

や行

約法 → 中華民国訓政時期約法

ら行

ラオス王　254
立憲主義　106
『立報』　163
連合（国）軍　227, 247, 255
「連合政府論」　160

わ行

早稲田大学　281
『和平日報』（旧『掃蕩報』）　156, 157, 162

英数字

CC（系）　152, 157, 161
SEAC　234, 238
SOE　234
The Chinese Weekly Review　158

人名索引

あ行

アチソン，ディーン　56
井口貞夫　91
今井武夫　70-72
殷海光　162, 163
尹明徳　211, 229, 232
ウィルソン，ロバート　269
ウェデマイヤー，アルバート　74
ヴォートリン，ミニー　268, 269, 271-274, 276, 277, 279-281
ヴォルマー，オーガスト　114
梅津美治郎　67
衛立煌　238
エマーソン，ジョン　28
王贛愚　174
王新命　160
汪精衛（兆銘）　12, 18-20, 153, 160, 172
王世杰　73, 161
王寵恵　161
岡崎勝男　88
尾形昭二　37
岡村寧次　67-69, 72, 75
オグデン，ジョージ　240

か行

何永佶　177
何応欽　71, 72, 237, 257, 260
霍揆章　238
何浩若　164

賀国光　217
顔恵慶　112
甘乃光　158
姜正雲　270, 278
魏道明　50
木戸幸一　36, 38
金九　47, 48, 53-55, 57, 58
クレーガー，クリスティアン　269
邢森洲　251, 260, 261
ゲイル，フランク　275
小磯國昭　4, 11, 14, 15, 17, 19, 22, 30
顧維鈞　50
洪思斉　177
孔祥熙　109, 111, 160
胡健中　157
呉国楨　111, 113, 116
顧樹林　187
呉鉄城　53, 55, 252
顧孟余　153

さ行

佐藤尚武　27, 28, 34, 37, 39, 42
重光葵　12, 15, 16, 18, 22, 27-29, 31-39, 88
邵毓麟　72
蔣介石　7, 15-17, 19, 20, 22, 49, 54, 57, 66, 73, 74, 78, 88, 105, 108, 109, 111, 153, 159-162, 165, 172, 173, 211, 223, 228, 230, 232,

236–239, 241, 250, 252, 256–259, 261
蕭毅粛　71
蕭乾　175
邵力子　161
昭和天皇　20, 68
沈昌煥　91
杉原荒太　35, 38, 39
スターリン，ヨシフ　31, 175
スパイクマン，ニコラス　176, 177
スペルリンク，エドゥアルト　269
スマイス，ルイス　268, 269
宣鉄吾　106, 109, 111–113, 115
曾虚白　156
宋希濂　211, 212, 230–232
宋子文　160, 234, 237
ソーン，ヒューバート　269
孫科　113, 114, 161
孫文　160

た行
チャン，ジョン・K（章長基）　136
張道藩　157
張方佐　144, 145
張厲生　114, 115
陳果夫　152, 157
陳嶸　274
陳誠　230
陳博生　157
陳布雷　156, 157, 159, 161
陳立夫　152, 157, 187
程瑞芳　270, 272
程滄波　156–158, 164
トゥワイネン，ポール・D　269
湯恩伯　77
陶希聖　157, 160, 161

董顕光　156, 158
東郷茂徳　39
陶百川　157, 159
トリマー，C・S　269
トルーマン，ハリー　56, 75

な行
ニクソン，リチャード　29

は行
ハーレー，パトリック　28
ハインズ，イヴァ　269
バウアー，グレース　269
ハウスホーファー，カール　177
馬星野　156–158, 160
畑俊六　31
潘公展　156–158
パンティン，シュルツ　271, 280, 281
費孝通　172–174, 176–178, 180
広田弘毅　40–42
フィッチ，ジョージ　268, 278
フォスター，アーネスト　268–270, 274, 275, 278–281
巫宝三　136
ベイツ，マイナー・サール　268, 276
方治　187
鄧裕坤　114, 115
ホー・チ・ミン　258
ホッジ，ジョン　56, 57

ま行
マーシャル，ジョージ　74, 76
マウントバッテン提督　232
マギー，ジョン　268–270, 275, 278–281
マサリク，ヤン　175

マッカーサー，ダグラス　56, 57
マッカラム，ジェイムズ　268
マッキンダー，ハルフォード　177
マハン，アルフレッド　177
マリク，ヤコフ　40, 42
ミルズ，ウィルソン　268, 269
宗像久敬　38
毛沢東　29, 73
モロトフ，ヴャチェスラフ　37, 39

や行
楊雲竹　51
葉公超　87
葉青　162, 163
葉楚傖　153, 157, 158
楊文炳　231, 233-235
芳澤謙吉　87
吉田茂　148

ら行
ラーベ，ジョン　269
雷海宗　172, 174-178, 180
羅隆基　179
陸鏗　160
李根源　210, 211, 229, 231, 232
リッグス，チャールズ　269
龍雲　208
劉光炎　156
冷欣　71
ローズヴェルト，フランクリン　49, 173, 257, 261
盧漢　213, 216, 217
盧孝庭　270, 278, 279
呂国銓　255, 256, 260

日中戦争の国際共同研究　6
日中終戦と戦後アジアへの展望

2017年11月15日　初版第1刷発行

編　者─────波多野澄雄・久保亨・中村元哉
発行者─────古屋正博
発行所─────慶應義塾大学出版会株式会社
　　　　　　　〒108-8346　東京都港区三田2-19-30
　　　　　　　TEL〔編集部〕03-3451-0931
　　　　　　　　　〔営業部〕03-3451-3584〈ご注文〉
　　　　　　　　　〔 〃 〕03-3451-6926
　　　　　　　FAX〔営業部〕03-3451-3122
　　　　　　　振替　00190-8-155497
　　　　　　　http://www.keio-up.co.jp/
装　丁─────渡辺澪子
印刷・製本───株式会社加藤文明社
カバー印刷───株式会社太平印刷社

Ⓒ 2017　Sumio Hatano,Toru Kubo, Motoya Nakamura
Printed in Japan　ISBN978-4-7664-2486-7

慶應義塾大学出版会

日中戦争の国際共同研究

1 中国の地域政権と日本の統治

姫田光義・山田辰雄編　日本の中国侵略を歴史的事実と認めながら、その侵略の政治的実態と抵抗のありようを、両者の対立関係だけでなく合作協力関係、権力の相互浸透といった状況を重層的・多面的に明らかにし、戦争の実態を客観的に解明する。　　　　　　　　　◎5,400円

2 日中戦争の軍事的展開

波多野澄雄・戸部良一編　日中戦争の軍事的な諸相について、戦略的意思決定、特定の軍事作戦、作戦に従事した軍隊に焦点をあてて分析を試み、日中戦争史を捉えなおす。日中戦争を実証的に分析した論文15編を収録。
品切

3 日中戦争期中国の社会と文化

エズラ・ヴォーゲル・平野健一郎編　中国の人々は戦争をどのように生きたか？　戦場となった中国で繰り広げられた「抵抗のための文化変容」を、政策も民間運動も含めた多様な側面から検証する。この分野の世界水準を示す論文集。　　　　　　　　　　　　　　　◎5,800円

表示価格は刊行時の本体価格(税別)です。

慶應義塾大学出版会

日中戦争の国際共同研究

4 国際関係のなかの日中戦争

西村成雄・石島紀之・田嶋信雄編　二国間、東アジア間関係を超え、欧米列強間の対外政策の変数としての視点を加えた分析が、日中戦争をめぐる国際関係を多層的に描き出す。　◎5,800円

5 戦時期中国の経済発展と社会変容

久保亨・波多野澄雄・西村成雄編　戦時経済の発展が戦後中国経済に継承したもの、総動員体制の整備・強化による社会的な統合が残した遺産などを、新たな資料と見過ごされてきた視点から多角的に検証し、最新の日中戦争像を提示する。　◎6,400円

表示価格は刊行時の本体価格(税別)です。